高等职业技术教育"十三五"优质教材——轨道交通工程技术类

铁路工程施工组织与概预算

主　编　罗立娜
副主编　蒋娜芳　金雅妮
主　审　耿大新

西南交通大学出版社
·成　都·

图书在版编目（ＣＩＰ）数据

铁路工程施工组织与概预算 / 罗立娜主编. —成都：
西南交通大学出版社，2020.10（2025.7重印）
高等职业技术教育"十三五"优质教材. 轨道交通工
程技术类
ISBN 978-7-5643-7529-4

Ⅰ. ①铁… Ⅱ. ①罗… Ⅲ. ①铁路工程 – 工程施工 –
施工组织 – 高等职业教育 – 教材②铁路工程 – 概算编制 –
高等职业教育 – 教材③铁路工程 – 预算编制 – 高等职业教
育 – 教材 Ⅳ. ①U215.1

中国版本图书馆 CIP 数据核字（2020）第 144193 号

高等职业技术教育"十三五"优质教材——轨道交通工程技术类

Tielu Gongcheng Shigong Zuzhi yu Gai Yu Suan

铁路工程施工组织与概预算

主　　编／罗立娜	责任编辑／杨　勇
	封面设计／何东琳设计工作室

西南交通大学出版社出版发行

（四川省成都市金牛区二环路北一段 111 号西南交通大学创新大厦 21 楼　610031）
发行部电话：028-87600564　　　　028-87600533
网址：https://www.xnjdcbs.com
印刷：四川森林印务有限责任公司

成品尺寸　185 mm×260 mm
印张　17.25　　字数　440 千
版次　2020 年 10 月第 1 版　　印次　2025 年 7 月第 4 次

书号　ISBN 978-7-5643-7529-4
定价　45.00 元

课件咨询电话：028-81435775

前 言
PREFACE

目前，随着我国铁路建设事业的飞速发展，铁路工程施工领域的现代化技术水平日新月异，新技术、新工艺、新设备不断涌现。铁路工程施工组织与概（预）算作为铁路基本建设各项管理工作的重要基础和主要依据，是工程项目管理工作中不可缺少的环节，指导施工项目全过程各项活动的技术、经济和组织，保证施工活动有序、高效、科学合理地进行。

为了适应铁路工程的高速发展，让学生全面系统地掌握施工组织设计与概、预算的相关知识，教材以"简明、适用、实用"为原则，依据《铁路工程施工组织设计规范》（Q/CR 9004—2018）和《铁路基本建设工程设计概（预）算编制办法》（TZJ 1001—2017），根据施工员职业岗位所需的技能和知识要求设置专业内容。整本教材采用模块化设计，结合平台教学资源，通过项目引领、任务驱动，实现学习过程与实践应用过程的一体化，以求达到"学中做，做中学，知行合一"的教学效果，与高职课程教学改革的需要相契合。

本教材由广州铁路职业技术学院罗立娜主编，由华东交通大学耿大新主审。具体编写分工如下：广州铁路职业技术学院罗立娜负责编写项目 1、2、5、8、9；昆明铁道职业技术学院金雅妮负责编写项目 3、4；广东交通职业技术学院蒋娜芳负责编写项目 6、7，其中，中铁十二局集团有限公司胡权周参与了任务 6.4 的编写工作，中国铁路广州局集团有限公司詹忠海参与了任务 6.5 的编写工作。

本教材为铁道工程技术专业、高速铁道技术专业、道路桥梁工程技术专业及相关专业施工组织与概预算课程的教学用书，也可供从事铁路工程项目施工管理、工务养护的技术人员自学或参考。

在教材编写过程中，编者参考了大量相关优秀教材、著作、文献等，在此向所引用及参考的相关文献编著者表示衷心的感谢。限于水平和时间，书中难免存在不足之处，恳请读者批评指正。

编 者

2020 年 5 月

目 录
CONTENTS

参考文献 ·· 267

第一篇　铁路工程施工组织

项目 1

总 论

截至 2019 年年底，中国已建成了世界上最现代化的铁路网和最发达的高铁网。全国铁路营业里程超过 13.9 万千米，其中高铁 3.5 万千米，高居世界第一。此外，中老铁路、雅万高铁、匈塞铁路等境外重点项目建设取得重大进展，在"一带一路"倡议和"走出去"的政策引领下，中国铁路的世界影响力空前提升。

铁路工程施工是整个项目建设各阶段中，投资量最大，涉及的部门、单位、人员、材料和机具最多，影响因素最广，管理难度最大的阶段，是建设项目管理的重点和难点。为了更好地组织铁路建筑施工，必须根据铁路工程施工的特点，严格按照施工程序，采用科学的技术方法和手段，有计划、有步骤地开展连续均衡的生产活动。

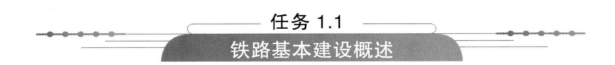

任务 1.1
铁路基本建设概述

1.1.1 铁路基本建设的内容

1. 铁路基本建设的概念和作用

铁路工程基本建设是铁路企业为了扩大再生产而进行增加（包括新建、改建、扩建、恢复以及添置等）固定资产以及与之相关的建设工程，它通常由以下几方面组成：

（1）建设铁路所需要进行的全部建筑工程，主要包括与铁路建设直接相关的各种永久性、临时性的建（构）筑物以及其他设备基础等。

（2）铁路各种大型设备的安装工程，主要包括为生产、运输、试验、安全与防护等项目提供所需的各种机械设备的安装、维护及调试等。

（3）在铁路建设项目内的各种材料，设备和工、器具的购置等。

（4）铁路建设项目的申请、规划、立项及勘测设计等工作。

（5）与铁路建设相关的其他附属工程的建设工作。如铁路企业人员的培训，征用土地以及相关机构的设置等。

铁路基本建设是国家基本建设的一个重要组成部分，它主要包括铁路的新建、改建和扩建，以及铁路工厂建设和机车、车辆、设备购置等，是建立和扩大铁路固定资产的重要手段。

它对改变铁路网结构、扩大铁路运力、调整劳动力的地区分布，促进国民经济的发展，有着十分重要的作用。

2. 铁路基本建设的分类

1）按项目的性质划分

（1）新建项目，是指铁路企业为扩大项目生产或再生产所要进行的各项建设工作。一个项目从无到有，从立项到实施以及扩大建设规模超过原固定资产的3倍以上，都统称为新建项目。

（2）扩建项目，是指原有生产企业为了扩大原有产品的生产能力或效益而新建的工程项目。如为增加原有铁路枢纽的能力而新建的联络线、编组站及复线等。

（3）改建项目，是指铁路企业为了提高生产效益、改进产品质量等而对原有设备或工程技术进行改造的活动。

（4）恢复项目，是指由于自然因素或人为因素，铁路固定资产受到损坏或报废，以后又按铁路基本建设投资规模新恢复建设的项目。

（5）迁建项目，是指现有铁路企业由于国家整体规划，改变铁路布局或环保、安全等特殊原因需要迁移到他处的建设项目。

值得注意的是，在以上5类性质划分过程中，一个建设项目只能定义为一种性质，而且在项目按照总体设计全部建成之前，其建设性质始终是不变的。新建项目在完成原总体设计之后，再进行改建或扩建，应另作为一个改建或扩建项目。

2）按项目的用途划分

（1）生产性建设，是指直接用于物资生产或直接为物质生产服务的建设活动。它主要包括工业建设、农田水利建设、交通及邮电建设、商业及物资供应建设以及地质资源建设等项目。

（2）非生产性建设，是指直接用于人民物质文化生活以及社会福利需要的建设活动。它主要包括住宅建设、文教卫生建设、公用生活服务事业的建设以及其他相关建设等。

3）按项目的投资主体划分

为了解决各种资金来源的渠道，并检查各项款源的投资分配情况，投资要以资金来源进行分组，可以分为：

（1）国家投资建设项目，指全部或主要由国家财政性资金、国家直接安排的银行和国家统借统还的外国政府和国际金融组织及其他资金投资的建设项目。

（2）地方政府投资建设项目，主要是以各级地方政府（含省、地、市、县、乡）财政性资金及其他资金投资的建设项目。

（3）企业投资建设项目，指企业（全民所有制企业、企业集团、集体所有制企业、乡镇企业等）用自有资金和自筹资金投资的建设项目。

（4）"三资"企业的建设项目，主要形式有中外合资企业、中外合作企业和外商独资企业投资的建设项目。

4）按照项目建设规模的大小划分

按照建设规模的大小，工业建设项目一般可划分为大、中、小型等三种，非工业建设一般可分为大中型项目和小型项目两类。具体划分的依据可以参照国家《基本建设项目大中小型划分标准》。如铁路大中型项目是指新建的干线、支线、地下铁道及原有干线、枢纽的重大技术改造投资在 1500 万元以上的，地方铁路 100 km 以上的，货运量在 50 万吨以上的。

5）按项目投资的构成划分

投资构成是反映铁路建设投资用于不同类型的项目，并反映铁路建设部门与国民经济其他部门之间的联系。按照铁路基本建设的投资构成划分可以分为建筑安装工程，设备、工具、器材的购置及其他费用。

（1）建筑安装工程，包括建筑工程和设备安装工程。这部分投资必须兴工动料，通过施工活动才能实现，是建立运输生产物质基础的生产活动，是基本建设的重要组成部分。建筑工程包括施工准备、基本工程、临时工程三类。设备安装工程是指建设项目中各种机械设备的装配安装工程，与设备相连的工作台、梯子等安装工程属于被安装设备的绝缘、保温、油漆等工作，以及为测定安装工作质量而进行的单个设备的各种试车工作等。

（2）设备、工具、器材的购置，是指购置或自制达到固定资产标准的设备、工具、器具，包括施工机具、器材的购置。对于新建或扩建单位的新建车间为生产准备所必须购置的不够固定资产标准的或自制的全部设备、工具器具，均属于此项。

（3）其他基本建设，是指不属于上述各项的基本建设投资，分属于增加固定资产投资和不增加固定资产投资。它包括土地征购、拆迁补偿、职工培训、建设单位管理工作、勘察设计工作、科学研究实验工作等。

6）按工程管理及造价的需要划分

铁路项目按工程管理及造价需要可划分为建设项目、单项工程、单位工程、分部工程以及分项工程等五个层次。

（1）建设项目，是指具体计划任务书和总体设计，经济上实行独立核算，行政上具有独立组织形式的基本建设单位。一个建设项目中，可以有几个单项工程，也可能只有一个单项工程。如新建铁路修建项目，既有线复线或电气、电气化改造项目，线路或个体工程改扩建项目等。

（2）单项工程，又称工程项目，是建设项目的组成部分，是指具有独立的设计文件，竣工后可以独立发挥生产能力或使用效益的工程。一个建设项目可以是一个单项工程，也可以包括若干个单项工程。如铁路建设在既有线改、扩建项目中的线路改建、站房扩建，新建线路中的施工区段等。

（3）单位工程，是单项工程的组成部分，是指具有单独设计，可以独立组织施工的工程。通常单项工程包括不同性质的工作内容，根据其是否能够独立施工的要求，可以将其划分为若干个单位工程。如铁路建筑中的一个车间，某段铁路中的一段路基、一座桥涵等。

（4）分部工程，是单位工程的组成部分，一般主要是按照建筑物的主要结构、主要部位以及安装工程的种类来划分。

（5）分项工程，是分部工程的组成部分，是通过较为简单的施工过程就能生产出来，并可以用适当的计量单位来计算的建筑或设备安装工程产品。

1.1.2　铁路基本建设的特点

铁路基本建设是一项综合性的经济活动，具有广泛的社会性，它不仅涉及生产和非生产建设等各个部门的相关利益，同时也涉及资源、财政、工农业生产、交通运输环境保护等外部因素。因此，在铁路建设中必须按照国家规划和发展要求，从实际出发。正确处理好经济与发展、技术与进步等各种因素之间的关系。

铁路工程基本建设的特点如下所述。

1. 工程量大

以京沪高速铁路为例，线路自北京南站至上海虹桥站，全线车站 24 座，正线总长 1 318 km，其中：桥梁长度约 1 140 km，占正线长度 86.5%；隧道长度约 16 km，占正线长度 1.2%；路基长度 162 km，占正线长度 12.3%；全线铺设无砟正线约 1 268 km，占线路长度的 96.2%，有砟轨道正线约 50 km，占线路长度的 3.8%；全线用地总计 5 000 km^2（不包括北京南站、北京动车段、大胜关桥及相关工程）。由此可见，铁路工程量巨大。

2. 建设周期长，资金需求量大

2001 年 3 月—2006 年 7 月经过十多万筑路大军历时 5 年的艰苦奋战，青藏铁路格尔木至拉萨段建成，至此世界上海拔最高、线路量长的高原铁路青藏铁路全线胜利建成通车，青藏铁路工程累计完成投资 285 亿元。郑西高铁线路全长 505 km，于 2005 年 9 月 25 日正式开工，2009 年 6 月 28 日全线铺通，工期接近 4 年，工程概算 353.1 亿元。一个铁路建设项目从规划到审批，从施工到竣工，从交工到运营，往往要经过几年的时间才能完成，动辄耗资上百亿元。

3. 技术类型多

铁路工程包括线路、桥梁、隧道、轨道等，结构形式多样，施工方法复杂多变。例如：线路包括路基和轨道，桥梁分为上部和墩台基础，隧道分为洞口和洞身；路堑施工方法有全断面开挖法、横向台阶开挖法等，桥梁施工方法有预制拼装法、顶推法等，隧道施工方法有新奥法、明挖法等。

4. 生产流动性大

一条新建或改建铁路往往要经过几个省、市或地区，铁路基本建设战线长，劳动强度大，生产的各个要素都是流动的，没有固定生产条件和生产对象，在空间布局和时间排列上很难做到，要均衡地、连续地、有节奏地进行生产比较困难。

5. 施工条件复杂

铁路工程施工条件复杂，互相制约因素多。铁路线路往往经过高山深谷、大江大河、盐碱沼泽、隔壁沙漠、永久冻土、原始森林、高原缺氧等特殊地区，工程艰巨，技术复杂，交通困难，生活条件差。铁路工程施工过程中还要处理好征地、拆迁、补偿以及道路、供电及水等问题。

6. 工程施工的标准化

铁路施工企业所承担的路基、桥梁、隧道、轨道以及房屋建筑、通信、信号、电力装备安全等工程任务应尽量采取标准化设计施工。施工企业在接受任务的同时，必须明确工程项目的施工标准，以组织安排一系列施工准备工作。铁路施工企业作业标准必须遵照施工有关规程，按照一系列设计文件所确定的标准施工，同时明确上级或建设单位的原则、目的、要求和整个工程的进程、工期等具体规定。

7. 既有线改造工程施工的特殊性

既有线改造工程属于特殊性工程，不仅有新线建设工程的一般要求，而且工程施工有其特有的困难，如不能较大程度地干扰正常运输秩序，影响运输生产能力，施工条件受限制，难以集中人力和物力等。

1.1.3　铁路基本建设的程序

铁路基本建设程序是指铁路建设项目从构想、选择、评估、决策、设计、施工、竣工验收、投入整个生产建设过程中，各项工作所必须遵循的先后次序法则，严禁各项目建设程序混乱。

我国的基本建设程序分为 6 个阶段，即项目建议书阶段、可行性研究阶段、设计工作阶段、建设准备阶段、建设实施阶段和竣工验收阶段。

1. 项目建议书阶段

项目建议书是业主单位向国家提出的要求建设某一项建设项目的建议文件，是对建议项目的轮廓设想，是从报建项目的必要性及大方面的可能性加以考虑的。在客观上，建设项目要符合国民经济长远规划，符合部门、行业和地区规划的要求。

2. 可行性研究阶段

项目建议书经批准后，紧接着进行可行性研究。可行性研究是对建设项目在技术和经济上是否可行进行的科学分析和论证，是技术经济的深入论证阶段，为项目决策提供依据。

3. 设计工作阶段

根据项目可行性研究报告的批复，项目进入设计阶段。一般项目进行两阶段设计，即初步设计和施工图设计。技术上比较复杂而又缺乏设计经验的项目，可在初步设计阶段后增加技术设计。

设计文件和资料是国家安排建设计划和项目组织施工的主要依据，一般由建设单位通过招标投标或直接委托设计单位编制。编制设计文件时，应根据批准的可行性研究报告，将建设项目的要求逐步具体化为指导建筑施工的工程图及其说明书。。

4. 建设准备阶段

（1）预备项目。初步设计已经批准的项目，可列为预备项目。国家的预备项目计划，是对列入部门、地方编报的年度建设预备项目计划中的大中型和限额以上项目，经过从建设总规模、生产力总布局、资源优化配置以及外部协作条件等方面进行综合平衡后安排和下达的。预备项目在进行建设准备过程中的投资活动，不计入建设工期，统计上单独反映。

（2）建设准备的内容。其主要工作内容包括：① 征地、拆迁和场地平整；② 完成施工用水，电、路等工程；③ 组织准备、材料订货；④ 准备必要的施工图纸；⑤ 组织施工招标，择优选定施工单位。

（3）报批开工报告。按规定进行了建设准备且具备了开工条件以后，建设单位应向建设行政主管部门申请开工，经国家发展和改革委员会统一审核后编制年度大中型和限额以上建设项目的开工计划，并报国务院批准。部门和地方政府无权自行审批大中型和限额以上建设项目的开工报告。年度大中型和限额以上新开工项目经国务院批准，国家发展和改革委员会下达项目计划。

5. 建设实施阶段

在设计文件审查批准后，成立组织建设单位，组织工程招投标，择优选择施工单位，编制开工报告。开工报告批准后，依据批准的建设规模、技术标准、建设工期和投资，按设计要求、合同条款、预算投资、施工程序和顺序、施工组织设计，在保证质量、工期、成本计划等目标的前提下组织建设。

6. 竣工验收阶段

当建设项目按设计文件的规定内容全部施工完成并满足质量要求后，须由建设单位会同设计、施工单位及工程质量监督等部门，依照工程建设规范、标准及设计文件进行竣工验收，以确认建设项目是否达到设计目标及标准要求。它是建设全过程的最后一道程序，是投资成果转为生产或使用的标志，是建设单位、设计单位和施工单位向国家汇报建设项目的生产能力或效益、质量成本、收益等全面情况及交付新增资产的过程。

工程验收后，项目承包企业应按照合同责任制的要求，对工程进行用后服务与保修。提供技术咨询，进行工程回访，负责必要的维修工作。工程施工承包企业应对保修范围和保修期限内发生的质量问题，按规定实施保修义务，并对造成的损失承担赔偿责任。

任务 1.2
铁路工程项目管理

1.2.1 铁路生产经营特征

1. 生产计划的依附性

铁路施工企业以提供铁路建筑产品的方式来满足铁路运输的发展需要。这种需要与市场上对其他产品的需求不同，铁路建筑产品的生产在总体上是根据国民经济和社会发展计划的需要，为实现国家的长远规划和铁路网建设安排进行的。铁路施工企业必须认真执行基本建设投资计划或中标协议，严格按国家基本建设程序组织施工生产。因此，铁路施工企业生产计划的依附性很强。国家对铁路基建投资的扩大或缩小，直接影响铁路施工企业生产任务的饱满或不足。

2. 生产经营的综合性

铁路施工企业一般来说大都规模大，专业多，技术队伍强大，机械设备多，占用资金多，原材料消耗大，作业内容复杂，标准化程度高，职业性强，建筑产品庞大。一条铁路线路的建筑物，是多项单件工程的组合，包括路基、桥梁、隧道、给排水、房屋建筑、通信、信号、电力机械等设备的安装。此外，铁路生产周期长，一项工程从开工到运营，要经过若干阶段和步骤，花费大量的人力、物力、财力和时间，并要层层检查、验收、把关，全过程需 2~5 年，甚至更长。

铁路施工企业无论是综合性的还是专业性的管理机构，只是在任务分工、技术力量、机械设备等侧重点上有所区别，其综合性特点基本一致。

3. 生产对象和条件的非固定性

铁路施工企业的生产对象按照国民经济和社会发展的需要及铁路网建设布局的安排而确定，属于契约型产品。它不同于一般工业产品，在一定时期内可以成批生产。表现在下面几个方面：

（1）产品一般具有不可比性。在不同的时期内，有不同的任务，不同的投资，不同的规模，投入的人力、物力和财力也不同。

（2）由于接受的任务不同，施工所处的地区环境复杂多变。施工企业生产的对象往往受到地形、地质、气候等自然条件制约，作业艰难，条件艰苦，而且施工工程的战线拉得长、区域面广，长则几十千米、几百千米，短则几千米，涉及城镇乡村、山区平原，哪里需要就到哪里施工。

（3）施工队伍流动性大。由于工程分布在沿线，各类单件工程之间的施工程序要有机的配合，互相制约，一环扣着一环。因此，合理地组织施工，科学地调配劳动力是个重要的问题。特别是重点工序或控制性单件工程，要集中人力、物力突破，使工程进度平衡，整个工程期限不受延误。

（4）施工企业生产、生活条件艰苦。施工队伍是一支不怕苦、不怕累、不怕脏、不怕险的英勇善战的队伍，无论严寒酷暑、地下空中、险恶地形或地质，始终坚守岗位，并能严格执行施工规范标准作业，一丝不苟，确保质量。

4. 工程施工的标准性和特殊性

铁路施工企业所承担的工程任务应根据沿途范围内客货运量的大小以及采用的索引动力等综合决策，尽量采取标准化设计施工。施工企业必须明确工程项目的施工标准，遵照施工有关规程，按照一系列设计文件所确定的标准施工。

既有线改造工程的施工应尽量减少对运输秩序的干扰，属于特殊性工程。因此，既有线改造工程应做到：

（1）施工组织要按运输的需要和可能安排，无论运料车辆的运行和运料车辆区间的装卸等，均应统筹规划，合理安排，按照计划实行，既不干扰运输，也不会影响施工作业进度。

（2）工程施工受到行车的干扰较多，施工单位应与运输单位有关部门共同协调，互相配合，互相支持，确保运输和施工作业安全。

（3）为了提高运输能力，一般应安排运输能力紧张的区间与站场优先施工，先难后易，分段施工，力争一次交付使用，迅速见效。

1.2.2　铁路工程项目管理特点

现阶段铁路工程的项目管理，主要是按中标的工程项目，组成项目管理机构，实行项目管理。这种项目管理以经理负责制为中心，以高效率高质量完成工程为目标，按工程任务要求对项目施工全过程进行计划组织、协调和控制。它有下列特点：

（1）有明确的特定目标。中标承担的铁路工程项目施工，尽管有多重目标，但最重要的是工期、质量、成本三项，对于项目管理者来说，这三项目标是最大的约束条件，必须追求项目施工快速、优质、低成本地完成。

（2）实行项目经理负责制。作为第一管理者的项目经理，必须充分发挥个人的聪明才智，利用自己的责权进行集中统一领导和科学管理。

（3）组织管理机构的临时性（一次性）。施工单位中标某项工程后，即要组建项目经理部选定第一管理者（项目经理），组建管理机构（管理层），调集施工队伍（劳务层），制订计划和部署施工。然而，这些组织机构和人员都不是固定的、一次性的，工程结束后，各回原单位另行分配工作。

（4）组织管理的有序性。按任务要求的一定程序、步骤、方法、标准施工，在特定的时间内达到预期的目标。

（5）项目管理是系统性的管理。实行项目管理的铁路工程项目，由管理者对各种资源包括人、财、物及技术进行统一使用和调配，组织有机整体，并按规定的程序和步骤进行信息传递、反馈，上下内外合作，为实现系统目标而运作，发挥系统整体优势。

1.2.3 铁路工程项目管理工作内容

1. 铁路项目管理各阶段的工作

铁路工程项目管理包括建设单位的建设项目管理、咨询（监理）单位的咨询（监理）项目管理、设计单位的设计项目（总体设计）管理和施工单位的施工项目管理。施工单位实施项目需要有建设单位、咨询（监理）单位和设计单位相应的项目管理部门的相互配合与密切协作，才能实现系统目标，把项目管理工作做好。

施工单位（企业）实行的项目管理可分为四个阶段工作：投标竞争、施工准备、组织实施、竣工验收。各阶段的主要工作如下：

（1）投标竞争阶段。进行市场调查，搜集可能承建工程项目招标的信息资料，研究招标文件，进行投标决策；决定投标后，进一步调查、收集详细资料，了解竞争对手情况，踏勘工程项目现场，了解工程情况及施工条件，向建设单位领取标书；进行风险分析和工程成本分析，根据有关工程的概（预）算定额，确定报价，制定投资策略和编报标书；投标谈判协商（或评标），中标后与甲方（建设单位）签订合同。

（2）施工准备阶段。施工准备是指施工单位为保证工程施工能够正常、持续地进行，而必须在正式开工前做好的各项工作。工程正式开工前，如已做好施工准备、具备开工条件，由施工单位提出开工报告，经建设单位同意并报上级主管部门批准后，方可正式开工。

（3）组织实施阶段。根据工程情况和施工需要对劳动力进行优化组合，科学施工，并做好工程进展的动态管理，及时集中力量攻克难点、重点工程；推广采用新技术、新材料、新工法，及时改进劳动组织和解决施工中出现的问题；对项目施工进度、工程质量、安全和成本等进行监控，严格执行各项标准和要求，认真填写工程日志，归纳管理好各项技术资料；处理有关合同变更、设计变更或工程索赔的事宜；做好竣工验收的准备工作。

（4）竣工验收阶段。进行工程收尾、内部检查、质量评定，补修完善各单元工程，使其全面满足合同要求；完成竣工文件编制，收集齐全各项技术资料，报请建设单位验收，按规定办理交接手续；进行财务决算和总结，对项目实施情况进行分析评价和奖惩评定；进行项目施工技术总结和工程总结；做好工程交付后保修期的工程报修和修缮等工作。

2. 铁路工程现场管理

1）现场计划管理

铁路工程现场计划管理，包括在施工组织设计中进行施工总体部署，编制施工总进度计划，制订施工现场的日常计划等。一般应编制年度计划、月度计划、旬计划和日班计划。现场施工计划以施工进度计划为主，为保证施工需要还有劳动力计划、材料计划、机械设备计划、责任成本计划、资金收支（财务）计划等。现场的各项计划应围绕施工进度计划做好综合平衡和组织协调工作。主要内容包括计划的编制、实施、检查和调整等。

2）现场材料管理

铁路工程现场材料管理，是指施工项目所需要的各种原材料自进入施工现场至施工结束为止的全过程管理。各种材料包括原料、材料、半成品、构配件、预制件、轨料等，以及不列入固定资产的低值易耗品，统称为物资。在施工企业内，由物资管理部门负责制订计划和组织实施。主要内容包括制订材料计划、采购、材料进场验收、库存保管、发放领用、使用监督和退库回收等。

3）现场技术管理

项目经理应根据工程项目的规模和复杂程度，确定技术负责人（或总工程师），建立项目技术管理体系，制定岗位技术责任制。主要内容包括施工技术基础管理、施工过程技术管理、工程试验和检测工作以及技术开发管理和技术总结。

4）现场成本管理

成本管理是施工企业管理的重要组成部分。通过成本管理，可使企业降低消耗，增加利润，提高经济效益。项目施工中的成本管理工作包括成本预测、计划、控制、核算、分析、考核、整理资料及编制报告等。

思考题

1.1　什么是铁路基本建设？

1.2　铁路基本建设有哪些特点？

1.3　简述铁路基本建设的分类。

1.4　铁路工程项目管理有哪些特点？

1.5　简述铁路工程项目管理各阶段的工作内容。

1.6　铁路工程现场管理包括哪些内容？

项目 2

准备工作与辅助工作

铁路工程基本建设，包括整个建设项目施工过程中所有环节在内，作业内容由准备工作、辅助工作、基本工作三部分组成。在这三部分工作中基本工作是铁路建设的主体工作，它将构成永久性建筑物。准备工作和辅助工作都是为基本工作服务的，本身不构成永久建筑物，但却是施工程序中的重要环节，是为拟建工程的施工建立必要的技术和物质条件，统筹安排施工力量和施工现场的根本保证。它们直接影响基本工作的速度和质量，在进行竣工决算时，其费用摊入永久建筑物的成本内。

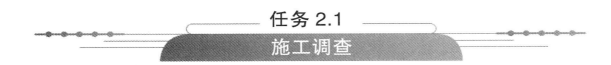

任务 2.1
施工调查

2.1.1 施工调查的意义

根据施工调查，可以了解和核对线路的全面情况、重点工程情况和沿线的施工条件等，确定符合实际情况的施工布置和施工方法，决定材料来源和运输方法、落实各项辅助工程和附属企业的设置，规划临时工程，作为编制施工组织设计和概预算的重要依据。施工调查的质量，直接关系到施工设计、施工组织设计和概预算是否经济合理。因此，施工调查既是设计单位勘察设计中的一项重要工作，也是施工单位在基本工程开工前必须进行的一项工作。

对设计单位而言，调查资料是设计必需的基础资料，它直接关系到构造物设计、施工组织设计及概预算文件的质量。在初步设计阶段，设计单位应对推荐路线方案做广泛的调查，并对其他比较线路方案进行必要的调查，以便提供方案比选的依据和资料。在施工图设计阶段，设计单位如发现个别资料不足或对某种情况需进一步了解时，可在现场核对时加以补充。

对施工单位而言，在投标前和中标后都要进行施工调查。投标前的施工调查主要目的是摸清工程条件，为制定投标策略和报价服务。中标后的施工调查则是建设项目施工准备工作的一个组成部分，主要目的是查明工程环境特点和施工条件，为选择施工技术与组织方案收集基础资料，以此作为准备工作的依据。根据施工设计图进行现场调查与核对，应着重于三个方面：① 通过调查，加强对现场情况的了解和熟悉；② 核对图纸，检查是否有错漏项；③ 通过调查，掌握和解决施工组织设计需要的第一手资料。

虽然各阶段施工调查的内容和深度不尽相同，但需要工程技术人员深入现场，依靠群众，广泛而充分地搜集沿线资料，为下一步工作做好充分的准备。

2.1.2 施工调查的内容

1. 调查有关工程项目特征与要求的资料

（1）向建设单位和主体设计单位了解并取得可行性研究报告、工程地址选择、扩大初步设计等方面的资料，以便了解建设目的、任务、设计意图。

（2）弄清设计规模、工程特点。

（3）了解生产工艺流程与工艺特点及来源。

（4）摸清对工程分期、分批施工、配套交付使用的顺序要求，图纸交付的时间，以及工程施工的质量要求和技术难点等。

2. 当地自然条件方面的资料

具体参见表 2.1 自然条件调查内容表。

表 2.1　自然条件调查内容表

项　目		调查内容	调查目的
气象	气象	1. 年平均最高、最低温度：最热月的逐月平均温度，结冰期、解冻期； 2. 冬、夏期室外计算温度； 3. 低于 −3 ℃、0 ℃、5 ℃ 的天数、起止时间	1. 防暑降温； 2. 冬期施工； 3. 估计混凝土、砂浆强度增长情况
	雨（雪）	1. 雨（雪）期起止时间； 2. 全年降雨（雪）量、最大降雨（雪）量； 3. 年雷暴日数	1. 雨（雪）期施工； 2. 工地排水、防涝； 3. 防雷
	风	1. 主导风向及频率 2. 大于 8 级风全年天数、时间	1. 布置临建设施； 2. 高空作业及吊装措施
地形地质	地形	1. 区域地形图； 2. 工程位置地形图； 3. 该区域的城市规划； 4. 控制桩、水准点的位置	1. 选择施工用地； 2. 布置施工总平面图； 3. 计算现场平整土方量； 4. 掌握障碍物及数量
	地质	1. 通过地质勘察报告搞清地质削面图、各层土的地质类别及厚度、地基土强度的有关结论等； 2. 地下各种障碍物、坑井问题等； 3. 水质分析	1. 选择土方施工方法； 2. 确定地基处理方法； 3. 基础施工； 4. 障碍物拆除和坑井问题处理
	地震	地震级别及历史记载情况	施工方案
水文地质	地下水	1. 最高、最低水位及时间； 2. 流向、流速及流量	1. 基础施工方案的选择； 2. 确定是否降低地下水位及方法； 3. 水的侵蚀性及施工注意事项
	地面水	1. 附近江河湖泊及距离； 2. 洪水、枯水时期的水位、流量、流速、流向； 3. 水质分析	1. 临时给水； 2. 制订水中基础施工方案； 3. 施工防洪措施

3．施工区域的技术经济条件

（1）当地水、电、燃料的供应条件。

（2）交通运输条件。

① 铁路：调查铁路接轨点（或接轨站的邻近车站）与新建铁路的关系、位置、材料基地条件、铺轨基地条件。新建铁路如与既有铁路邻近，应调查利用既有铁路运送材料的条件及施工干扰等。

旧线改造或增建第二线时，应该调查既有线的技术标准、区间行车密度、货流方向、行车间隙时间、办理货运的车站及作业能力等，提出可资利用的意见。

② 道路：调查与本工程施工运输有关的公路起讫点、长度、位置、与新建铁路关系、运输能力、技术标准（包括公路等级、桥梁载重等级、最小半径、限坡、渡口设备等）、公路管理部门对使现有公路改扩建计划。对现有乡村道路提出利用和改、扩建意见。旧线改造时应调查各站的通站公路标准、长度和新建的条件。

③ 航道：调查沿线通航河道的通航季节、运输能力、渡口码头、浮桥等设备能力、船只租用及航运计费办法以及地方对改善河道扩建码头等规划情况。

（3）过渡工程及可能的方案措施。

4．地方材料供应情况和当地协作条件

"当地建筑材料"是指铁路或道路沿线或附近可以开采或采购的天然建筑材料（包括砂、石、道砟等）。天然建筑材料品种繁多，如能就地取材，合理利用，可节约运费、降低成本。当地建筑材料的合理利用，对建筑结构类型与施工运输方案的选择有很大影响。

（1）砂、石情况：

对地方上（或营业铁路线上）已开采的砂、石场，需要了解其储量、产量、质量、品种，可供铁路施工用量及计费的办法、运输条件等。

新开砂、卵石、料石场，应调查产地位置与线路的关系，砂、石场的储量、产量、质量、品种、成品率、开采条件、运输及运距等，并取样试验。

对沿线隧道及路堑开挖出的石渣，凡符合工程用料标准的，应充分利用，以降低工程造价。旧线改造时，应调查提出利用拆除工程材料的意见。

道砟应根据道砟类型、铺砟数量、开采条件、运输方法、供应范围等选定。

缺砂、缺石、缺路基填料地段可扩大调查范围。

（2）砖、瓦、石灰情况：

调查沿线砖、瓦、石灰大量集中生产的单位地点、生产能力，可供铁路用量、强度试验资料，交通运输条件，交货地点、单价等。

5．社会生活条件

（1）周围地区能为施工利用的房屋类型、面积、结构、位置、使用条件，以及附近主副食供应、医疗卫生、商业服务、公共交通、邮电通信、消防治安机构的支援能力。

（2）附近地区机关、居民，企业分布状况及作息时间生活习惯和民俗情况。

6. 施工地区可供施工使用的施工机械设备情况（包括数量、规格、能力）等

7. 施工现场情况

如有无障碍物和待拆迁的设施，可供施工利用的原有建筑物及设施，可作为施工临时用地的面积大小，取弃土场地与运输估算等。

8. 当地市政公用服务设施情况

如当地供水供电、通信、生活、医疗等方面的条件，可为施工服务的能力。

9. 施工地区可能协作配合的条件

如其他建筑安装企业、建筑制品或构件工厂的可能协作配合条件，以及当地可作为临时工的劳动力情况等。

10. 施工地区对环境保护、防治施工公害方面的要求及技术标准等

如施工时吊装、运输、打桩、用火等作业所产生的安全问题、防火问题，以及振动、噪声、粉尘、有害气体、垃圾、泥浆、运输散落等对周围人们的影响及防护要求，工地内外绿化、文物古迹的保护要求等。

11. 其他调查

如概（预）算资料调查等。如果涉及国际工程、国外施工项目，那么调查内容要更加广泛，如汇率、进出海关的程序与项目所在国的法律、法规和政治经济形势、业主资信等情况都要进行详细的了解。

施工调查时，一般携带总体设计说明书，设计总概算，线路平、纵剖面详图和缩图，详细工点表以及重点工程的设计资料等，采用审阅图纸资料、现场勘察、沿线走访、查阅当地有关资料和政府现行文件的方法进行，并应附有座谈纪要、协商协议、政策文件等书面资料。

2.1.3　编写施工调查报告

施工调查完毕，应整理好资料，由调查组负责编写调查报告。施工调查报告包括以下内容：

（1）工程概况：地形、地貌、水文、地质情况；重点工程情况，施工的有利条件和影响因素，工程数量等。

（2）施工条件：工程的场地情况；沿线交通和供水、供电情况；主要材料和地方材料的供应条件，砂石料源情况；临时房屋和临时通信的解决条件等。

（3）使用地方劳动力和向地方施工单位发包工程的意见。

（4）有关编制概预算的资料。

（5）有关图表及说明。

（6）提出以下施工建议方案：

① 施工区段划分，施工队伍驻地、施工道路、临时工程的布置。

② 施工供水、供电网络和工地变、发电站设置。

③ 砂石料场选定和场地布置、运输、供应范围。

④ 重点工程施工方法及安排措施的意见。

⑤ 施工机具设备的配备和利用地方机械设备的意见。

⑥ 改善设计的建议。

⑦ 安全、质量控制要点。

（7）有待进一步解决的问题。

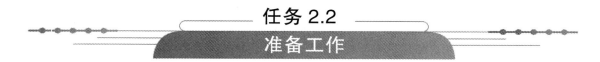

任务 2.2
准备工作

施工准备工作是保证工程顺利开工和施工活动正常进行而提前准备的各项工作，它是施工程序中的重要环节，应安排适当的期限及力量在实施基本施工作业前完成。

2.2.1　准备工作的任务

为了保证整个工程能够按计划顺利进行，必须提前做好各项准备工作。其基本任务是调查研究各种有关工程施工的原始资料、施工条件以及业主要求，全面合理地部署施工力量，从计划、技术、物资、资金、劳力、设备、组织、现场以及外部施工环境等方面为拟建工程的顺利施工创造一切必要的条件，并对施工中可能发生的各种变化做好应变准备。

不管是整个的建设项目，或是单项工程，或者是其中的任何一个单位工程，甚至单位工程中的分部、分项工程，在开工之前，都必须进行施工准备。施工准备工作是施工阶段的一个重要环节，是施工管理的重要内容。

2.2.2　准备工作的基本内容

施工准备主要是施工单位在工程中标后所进行的工作，其主要任务是为建设工程的施工创造必要的技术和物资条件，统筹安排施工力量和布置施工现场。施工准备的工作内容通常包括：技术准备、物资准备、劳动组织准备、施工现场准备、临时工程、辅助企业等。

工程施工对象的性质、规模不同，施工准备工作的内容和组成也不尽相同。然而施工准备工作的基本内容主要有两个方面：一是抓规划，编制施工组织设计；二是在施工组织设计的指导下，抓施工条件的落实。一般工程必需的准备工作主要有如下内容。

1. 组织准备

组织准备包括建立拟建工程管理领导机构，建立精干施工队伍，明确施工任务，建立健全各项管理制度，确立施工所应达到的目标等。现行施工项目管理制度采用项目经理负责制，项目部最高领导人为项目经理。组织准备主要包括如下内容：

（1）选定项目经理并签订承包合同。

（2）成立项目管理机构（领导管理机构、职能管理层和施工作业层）。

（3）组织特殊工种、新技术工种的技术培训以及对临时工的教育和培训。

（4）落实协作配合条件，组织专业施工班组，签订专业分包合同。

（5）向施工队组、工人进行施工组织设计、计划和技术交底。

（6）建立健全各项管理制度。

2. 技术准备

技术准备是施工准备的核心。任何技术差错或隐患都可能引起人身安全和质量事故，造成生命、财产和经济的巨大损失。技术准备主要包括如下内容：

（1）接收并核对设计文件，参加设计单位的技术交底。

（2）交接桩及线路复测。

（3）施工调查。

（4）编制施工组织设计。

（5）编制施工预算。

（6）编制作业计划及技术交底图。

（7）做好项目管理的基础工作，主要包括：

① 建立以责任制为核心的规章制度。a. 岗位责任制。如人人有基本职责，有明确的考核标准，有明确的办事细则。b. 经济管理规章制度，如内外合同制度、考勤制度、奖惩制度、领用料制度、仓库保管制度、内部计价及核算制度、财务制度等。

② 标准化工作。包括技术标准、技术规程和管理标准的制定、执行和管理工作。

③ 制定各类技术经济定额。根据项目管理的实际情况，制定出反映项目水平的消耗定额、状态定额和效率定额。

④ 计量工作。包括计量核定、测试、化验分析等方面的计量技术和计量手段的管理工作。

3. 物质准备

材料、构（配）件、制品、机具和设备是保证施工顺利进行的物质基础，这些物资的准备工作必须在工程开工之前完成。根据各种物资的需要量计划，分别落实货源，安排运输和储备，使其满足连续施工的要求。

（1）物质准备工作的内容：

① 建筑材料订货、加工、运输和进场。

② 构（配）件、制品的加工准备。

③ 建筑安装机具的准备。

④ 生产工艺设备的准备。

（2）物资准备工作的程序：

① 根据施工预算、分部（项）工程施工方法和施工进度的安排，拟订材料、构（配）件及预制品、施工机具和工艺设备等物资的需要量计划。

② 根据各种物资需要量计划，组织货源，确定加工、供应地点和供应方式，签订物资供应合同。

③ 根据各种物质的需要量计划和合同，拟订运输计划和运输方案。

④ 按照施工总平面图的要求，组织物质按计划时间进场，在指定地点、按规定方式进行储存或堆放。

4. 施工现场准备

施工现场的准备工作，主要是为了给拟建工程的施工创造有利的施工条件和物质保证。其具体内容如下：

（1）做好施工场地的控制网测量。

（2）搞好"三通一平"（路通、水通、电通及平整场地）。

（3）做好施工现场的补充勘探。

（4）修建临时房屋等临时设施。

（5）安装、调试施工机具。

（6）做好建筑构（配）件、预制品和材料的储备与堆放。

（7）设置消防、保安设施。

5. 资金准备

铁路工程资金准备是工程能否顺利进行的保证。资金准备包括建设单位资金准备和施工单位资金准备。施工单位在进行资金准备（筹措）时应考虑预收工程备料款、已完工程结算款、银行款、企业自有资金和其他项目资金的调剂占用。

2.2.3　准备工作的实施

1. 编制计划

编制周密的计划是保质保量完成施工准备工作的基本保证，在计划中列出工作内容、责任者及要求完成日期。作业条件的施工准备工作，应当在施工组织设计中予以安排，作为施工组织设计的基本内容之一，同时注重施工过程中关键节点安排。

2. 明确责任

由于施工准备工作范围广、项目多、时间长（有时比正式施工期限还要长），故必须有明确的责任制度，使施工准备工作得以真正落实。施工准备工作计划一旦制订，就要按计划将责任明确到有关部门甚至个人，以便按计划要求的内容及完成时间进行工作。各级技术负责人在施工准备工作中应负的领导责任应予以明确，以便推动和促进各级领导认真做好施工准备工作。现场施工准备工作应由项目经理部全权负责。

3. 适时检查

在施工准备工作实施的过程中，应定期进行检查，其目的是观察施工准备工作计划的执行情况。如果没有完成计划要求，应对其进行分析，找出原因，排除障碍，协调施工准备工作进度或调整施工准备工作计划。

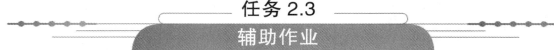

2.3.1 临时房屋

在铁路建筑中,为了确保施工任务的顺利完成,需修建一定数量的生产及生活用临时房屋,临时房屋可分为生活用房和生产用房。生活用房包括办公室房屋、职工宿舍、文化福利建筑等。生产用房主要包括机械房、工作车间、材料库房、机械棚、车棚等。在临时房屋的修建过程中既要满足施工需要,又要减少临时房屋的面积,降低成本。

1. 临时房屋修建原则

(1)尽可能组织均衡施工,以控制施工人员数量的突增突减,提高房屋的利用率。

(2)因地制宜,租赁和自建相结合。根据施工调查的资料,充分利用沿线已有房屋;提前修建部分正式房屋(即通车需要的永久性房屋或建筑物),以满足部分施工的需要。

(3)在修建临时房屋时,要节约用地,保护农田灌溉系统;生产用房与生活房屋分开建筑,结构应力求简单。

(4)临时房屋尽量利用拼装化房屋、活动工棚或帐篷,便于拆装倒用,以节省工时和费用。

(5)临时房屋的位置应与施工、农田水利及交通运输互不干扰;同时避开滑坡、泥石流、坍方等地质不良地段;考虑生活、生产用水及交通运输条件,尽量靠近铁路、公路和水源;避开高压线和高大树木,防止雷电事故;同时便于职工上下班。

(6)结构上要保证安全,考虑采光、防寒、防暑、防漏雨,满足生产生活的要求。

(7)临时房屋的修建与布置,应符合现行的有关防火、雷电防护等安全规定。

2. 临时房屋的布置与面积计算

1)生活用房

修建面积的计算应按施工单位的全员人数、房屋使用性质及机构设置情况分别确定。

生活用房的需要面积等于工人、职员、干部各自的平均人数分别与其相应的面积参考指标(见表2.2)的乘积之和。或根据历年各工程局的施工安排和现场统计资料,临时生活房屋的修建面积可按综合指标(每人 $8 \sim 12 \ \text{m}^2$)进行计算。

表 2.2 生活房屋修建面积参考指标

房屋用途	单位	指标	说　明
办公室	m^2/人	5	按室内办公人员计
会议室	m^2	20 ~ 60	
集体宿舍	m^2/人	2.5 ~ 3.5	
单身宿舍	m^2/人	4 ~ 5	

房屋用途	单位	指标	说　明
双职工宿舍	m²/户	18～20	按双职工的户数计
探亲家属宿舍	m²/人	15	按同时可能的探亲人数计
招待所	m²/床	3	按招待容量计
员工餐厅	m²/人	0.5～0.8	按全体职工计
厨房	m²/人	0.25	按就餐人数计，包括储藏室
浴室	m²/人	0.15～0.2	按全体职工计
厕所	m²	20～40	
职工生活供应站	m²	40～50	

　　现场工人平均人数可根据工程类别、项目、定额及施工期计算。从基本工程开始起至铺砟工程结束止，将这一期间所需生产工人工天总量除以相应的施工期限，即得施工期间工人的平均人数。临时工人、辅助生产工人和其他间接工人数也应计算在内。在计算时，如无具体资料，可按生产工人人数的20%～30%计算。职工、干部人数，可根据施工单位在册的人员人数确定，如无具体资料，可按生产工人的10%～15%计算。

　　用平均人数计算出来的房屋面积，应扣除可以利用或代用的房屋面积（如帐篷、活动房屋、租用的民房等）。当出工人数超过平均人数时，不足部分再以活动房屋或帐篷等补充。对流动性大的工程（如铺轨、铺砟等），可用挂有居住车辆的宿营列车，不必另修临时房屋。

　　2）生产用房

　　（1）机械房

　　机械房一般要求机体距墙的距离不小于 1 m，机体间的通道不小于 1.5 m。常用机械房修筑面积见表 2.3 所示。

表 2.3　常用机械房屋维修面积参考指标

名　称	单位	面积/m²	附　注
混凝土或砂浆拌和机房	m²/台	13～26	混凝土拌和机以 250 L、400 L 为例，砂浆拌和机采用下限为例
移动式空压机房	m²/台	30	以 6 m³、9 m³ 为例
固定式空压机房	m²/台	15	以 10 m³、20 m³ 电动的为例
发电机房	m²/台	20～30	小容量者用上限，大容量者用下限
水泵房	m²/台	3～8	一般水泵占用面积约 1 m²，多级离心泵约占 2.4 m²
锻钎机房	m²/台	25～29	
充电机房	m²/台	15	
电瓶车棚	m²/台	15	
卷扬机棚	m²/台	10～15	以 1～5 t 为例
联合掘进机棚	m²/台	96	
装渣机棚	m²/台	12	

注：土石方机械在严寒地区或特殊需要可酌情设棚。

（2）材料库房

材料库尽可能地靠近材料来源地，并充分利用铁路运输，尽量使正在施工或即将开工的工点材料供应最为便利，且运输费用最省。工地布置料库时，应便于材料进出。

材料库面积可由下式进行计算：

$$F = \frac{Q_x}{b_x \cdot K_f} \tag{2.1}$$

$$Q_x = \frac{M_x}{T} D_x \tag{2.2}$$

式中　F——材料库需用面积；

Q_x——材料储备量；

b_x——材料储存指标，见表 2.4；

K_f——面积利用系数，见表 2.5；

M_x——材料需用量，可根据材料消耗定额和工程量计算确定；

T——工作天数，指使用该材料的工程项目的计划完成天数；

D_x——储备天数（为使生产不间断而按一定储备量储备的天数），参见表 2.6。

表 2.4　材料储存指标

材料名称	单位	每平方米存料数量	放置高度/m	放置方法	仓库或敞棚
水泥（袋装）	t	1.3	2.0	堆垛	仓库
油毡	卷	15～22	1.0～1.5	堆垛	仓库
沥青	t	2.2	1.5～2.0	堆垛	敞棚
炸药（箱装）	t	1.2	1.8	堆垛	仓库
雷管（箱装）	t	0.7	1.0	堆垛	仓库
薄钢板	t	2.0～4.5	1.0～2.2	堆垛	敞棚
厚钢板	t	4.1～4.5	2.0	堆垛	敞棚
方、圆、角钢	t	2.9～4.2	1.2～1.5	堆垛	敞棚
大直径钢管	t	0.5～0.6	2.0	堆垛	敞棚
小直径钢管	t	1.5～1.7	1.2～1.5	棚架	敞棚
钢丝绳	t	1.2～1.3	1.2～1.5	堆垛	敞棚
电器制品	千件	0.12～0.8	2.0～2.5	料架	仓库
劳保用品	千件	0.2～0.3	2.0～2.5	料架	仓库

注：爆炸材料的堆放，应按照《铁路工程爆破安全规则》办理。

表 2.5　面积利用系数

仓库类型	利用系数
原材料架装备起来的封闭仓库	0.35～0.40
用大箱装备起来的封闭仓库	0.50～0.70
堆置桶装及袋装材料的封闭仓库	0.40～0.60
存放木料的露天场地	0.40～0.50
存放钢料的露天场地	0.50～0.60
存放砂石料的场地	0.60～0.70

表 2.6　材料储备天数

材料及成品名称	单位	储备天数	材料及成品名称	单位	储备天数
砂	m^3	30	卷材	卷	30
石	m^3	20	五金玻璃	t	40
石灰	t	30	沥青	t	30
水泥	t	30	金属结构	t	30
砖	千块	20	钢筋混凝土结构	m^3	30
木材	m^3	40	钢筋成品	t	10
钢材	t	40	粗木制品	m^3	15～30
金属管	t	40			

【例 2.1】某桥下部工程工期为 50 d，根据材料消耗定额及工程量计算出水泥需用量为 50 t，计算水泥库的需用面积。

解：查表 2.6，知 D_x=30（d）。

由公式（2.2），得：$Q_x = \dfrac{50}{50} \times 30 = 30$（t）

查表 2.4、2.5，知 b_x=1.3，K_f=0.5。

由公式（2.1）得：

$$F = \frac{30}{1.3 \times 0.5} = 46.15\ (m^2)$$

2.3.2　临时道路

在铁路工程施工中，当不能利用现有的道路进行工程运输时，必须在施工准备期间尽早修建临时施工便道，保证施工中的人员、机械设备、材料、生活物质等及时运往工地，并保证施工期间各种运输车辆畅通无阻。临时道路分为临时干线便道、临时支线便道及通往各工点与一些附属企业的引入线。

1. 布置原则

（1）临时道路应根据运量、运距、工期、地形和当地材料设备条件，采用多种形式，灵活布置。

（2）充分利用有利地形，便道应尽可能顺直通过，以缩短运距。

（3）尽量利用原有道路，如原有道路不能满足运输要求时，可进行改扩建。

（4）干线尽可能靠近修建的铁路，照顾重点工程，减少引入线长度。引入线应力求线路短、工程量小，尽可能接近材料产地及施工用料地点，避免材料倒运。

（5）运输便道不能占用铁路路基，并应尽量避免与铁路线交叉，以减少施工对行车的干扰。

（6）尽量避免穿过滑坡、崩坍、泥石流等地质不良地段和行车危险地带。如必须通过时，应选择合理线位，采取防治措施，保证运输安全。

（7）临时公路应尽量避免拆迁建筑物和穿过良田，少占农田，并注意保护农田水利及水土保持。

（8）在合理布局的情况下，可适当结合地方需要，使临时公路的修建与地方交通运输相结合。

2. 临时公路的技术标准

临时公路一般采用单车道（设会车点）或双车道，先确定道路技术标准和位置，再计算长度和工程数量。线路部分主要技术指标参见表2.7、表2.8和表2.9，路面部分技术指标见表2.10。

表 2.7　线路主要技术指标

顺序	项目		干线		引入线		说　明
			平原、微丘	山岭、重丘	平原、微丘	山岭、重丘	
1	计算行车速度/（km/h）		40	20			
2	路基宽度/m	单车道	4.5	4.5	4.5	4.5	干线交通平均每昼夜在 200 辆以下或条件比较困难的山区，采用单车道标准；交通量大于 200 辆时，应采用双车道标准
		双车道	6.5	6.5			
3	路面宽度/m	单车道	3.5	3.5	3.5	3.5	
		双车道	5.5	5.5			
4	错车道/m	间距	200～300		200～300		错车道应选择在驾驶员便于瞭望来车的地点；每边路肩保持 0.5 m 宽
		路面宽	≥5.5		≥5.5		
		长度	≥10		10		
		两端变宽缓和长度	10		5		
5	最小曲线半径/m		50	15	20	15	（1）地形特殊困难而又不通过大型车的引入线，最小曲线半径可采用 12 m；（2）位于平地或下坡道的长直线尽头，应尽可能不设小半径曲线，如不可避免时，应加设安全防护措施

顺序	项目		干线		引入线		说　明
			平原、微丘	山岭、重丘	平原、微丘	山岭、重丘	
6	竖曲线最小曲线半径/m	凸形	500	400	400	300	（1）纵坡变更处的两相邻坡度代数差小于1%时，应按表列半径设竖曲线；（2）竖曲线长度不足10 m的用10 m
		凹形	300	200	200	100	
7	最大纵坡/%		8	10	10	12	坡长较短，运量较小而工程又特别困难的山区引入线，最大纵坡可适当加大，但不得超过15%
8	视距/m	会车视距	100	40	40	30	在工程特殊困难或受限制地段，可采用停车视距，但必须设分道行驶标志
		停车视距	50	20	20	15	

表 2.8　路堤边坡

填料种类		路堤边坡的最大高度/m			边坡坡率		
		全部高度	上部高度	下部高度	全部高度	上部高度	下部高度
粉性土		12	6	6		1:1.5	1:1.75
砂性土		12	8	4		1:1.5	1:1.75
一般黏性土		20	8	12		1:1.5	1:175
砾石土、粗砂		12			1:1.5		
砾石土、卵石土		20	12	8		1:1.5	1:1.75
不易风化的小石（<25 cm）		8~20			1:1.3~1:1.5		
不易风化的大石（25~40 cm）		20			1:1		

注：① 路堤受水浸泡的土质边坡应采用1:2，并视水流情况进行防护加固。

　　② 沙漠地区路堤边坡一般采用1:1.75。

　　③ 不易风化的大石块边坡需码砌。

表 2.9　路堑边坡

土石种类		边坡最大高度/m	边坡坡度
一般均质黏土、砂黏土、黏砂土		20	1:1~1:1.5
中密以上粗砂、中砂		20	1:1.5~1:1.75
老黄土		20	1:0.3~1:0.75
新黄土		20	1:0.75~1:125
砾石、碎石土	胶结和密实	20	1:0.5~1:1
	中密	20	1:1~1:1.5
岩　石	风化	20	1:0.5~1:1
	一般	20	直立~1:0.5

表 2.10　路面的种类和厚度

路面种类	路基土壤	厚度/cm	路面种类	路基土壤	厚度/cm
泥结碎石路面	石质	8	碎砖路面		14~26
	一般土	16	炉渣、矿渣、贝壳路面	一般土	10~14
	松软土	26		松软土	14~30
级配路面	石质	8	砂土路面	一般土	15~20
	一般土	14		松软土	15~30
	松软土	24	石灰土路面	一般土	10~13

3. 铁路便线、岔线的技术标准

铁路便线和岔线可分为临时通车便线、临时运料便线和临时岔线。

临时通车便线，是在新建铁路长大干线的施工中，对影响全线铺轨的控制工程或地段，可修建铁路便线，先行铺轨通车，作为临时通车方案。或者在通车的线路上，增建或改建桥、隧、路基抬落道、线路交叉及换边等工程的施工时，为了减少运输与施工的干扰而修建临时通车便线。

在施工中为了解决某一重点工程的材料运输问题，在技术可行、经济合理的条件下，可在正线路基或局部增修的临时路基上铺设临时运料便线。

为了解决工程材料和设备的中转、存放、加工、组装以及其他施工需要，需设置岔线。如通往材料厂、成品厂、道砟场、存梁基地、轨节拼装场等的岔线及架桥岔线。

不管临时便线还是临时岔线，在修建时，技术标准均不要求很高，但必须确保行车安全，其有关技术标准可参考表 2.11、表 2.12 和表 2.13。

表 2.11　铁路便线技术标准

项　目	一般地段	困难地段	附　注
最大坡度	15‰	18‰	包括坡度折减值
坡段最小长度	200 m	100 m	
最小曲线半径	300 m	200 m	
竖曲线半径	5 000 m		

表 2.12　铁路便线路基宽度

路基宽度/m		半径小于 400 m 地段路基外侧加宽值/m	路拱类型
土质	石质		
4.9	4.4	0.2	上宽 2.1 m,高 0.15 m 梯形

表 2.13　轨道标准

钢轨类型	轨枕根数/km	道床顶宽/m	道床厚度/m		道床边坡
			土质路基	石质路基	
≥38 kg/m	≥1 440 根	2.8	0.25	0.20	1∶1.5

注：当曲线半径小于或等于 400 m 的曲线及缓和曲线地段，或坡度陡于 12‰ 的下坡制动地段，应增加轨枕数量。采用钢筋混凝土枕时，每千米增加 80 根；采用木枕时，每千米增加 160 根。

2.3.3 临时给水

临时给水工程是为承担施工过程中生活、生产及消防用水需求修建的临时工程。

1. 用水量计算

1）生活用水

每小时平均生活用水量 Q_s，可按下式进行计算：

$$Q_s = \frac{1}{24}(q_1 \cdot p_1 + q_2 \cdot p_2) \quad (\text{m}^3/\text{h}) \qquad (2.3)$$

式中 q_1——生产工人用水指标，一般采用 $0.04 \sim 0.06 \text{ m}^3/$（人·d）；

       p_1——生产工人人数；

       q_2——非生产工人用水指标，一般采用 $0.02 \sim 0.04 \text{ m}^3/$（人·d）；

       p_2——非生产工人人数。

2）生产用水

每小时平均生产用水量 Q_c，可按下式进行计算：

$$Q_c = \frac{1}{24}\sum \frac{q \cdot W_n}{t} \quad (\text{m}^3/\text{h}) \qquad (2.4)$$

式中 q ——生产用水指标，见表 2.14；

       W_n——工程或机械数量；

       t ——各项工程的工期（计划天数）。

表 2.14   生产用水指标

工程项目	单位	用水量/m³	工程项目		单位	用水量/m³
建筑安装工程			施工机械及运输工作			
机械施工土方	100 m³	0.35 ~ 0.4	铲运机、推土机		台时	0.07 ~ 0.075
机械施工石方	100 m³	3.5 ~ 4.5	挖掘机、倾卸汽车		台时	0.03 ~ 0.035
机械施工土石方	100 m³	1.8 ~ 2.2	湿式凿岩机		台时	0.24 ~ 0.3
钢筋混凝土桥梁	延米	17.9 ~ 24.8	内燃发动机	直流供水	kW·h	0.08
拱涵（单孔）	延米	6.7		循环供水	kW·h	0.025
单线隧道机械开挖（成洞）	延米	103 ~ 113				
单线隧道压浆	延米	1.9 ~ 2.6	空气压缩机		kW·h	0.025
混凝土	m³	1.2 ~ 1.3	汽车用水		辆·昼夜	0.4
浆砌石	m³	0.5 ~ 0.6	蒸汽机车	标准轨	台·昼夜	10 ~ 20
砌砖	m³	0.1 ~ 0.15		窄轨	台·昼夜	4 ~ 7

3）消防用水

消防用水储水量 Q_X 可用公式（2.5）计算：

$$Q_X = 3\ 600q_x \cdot t_m \quad （m^3）\qquad\qquad （2.5）$$

式中　q_x——消防耗水流量（m^3/s），可参见表 2.15；

　　　t_m——灭火历时（h），一般以 0.5～1.0 h 计。

表 2.15　消防耗水流量指标

耐火等级	临时房屋结构	修筑面积/m^2	耗水流量/（m^3/s）
五级	各类帐篷、竹木结构、草或油毡屋面	<3 000	0.01
		3 000～5 000	0.015
		≥5 000	0.02
四级	土、石或砖砌墙、柱、竹木结构、草或油毡屋面	<3 000	0.005
		3 000～5 000	0.01
		>5 000	0.015

2. 水源及水压

1）水　源

临时给水的水源，有地下水源和地表水源两种。地下水源有浅井、深井等；地表水源有河水、湖水、山溪水等。选择水源时，根据施工调查并结合实际用水量来选择。对生活用水，要注意检查水质是否符合饮用标准。

2）水　压

各用水点的水压要求见表 2.16。施工时水池的修建高度要根据水压要求并考虑水头损失。

表 2.16　水压要求

项　目	自由水头	水压/MPa	备　注
水风钻	≥30	≥0.3	
室外公用给水栓	3～5	0.03～0.05	从地面算起
室外消防栓（低压式）	7～10	0.07～0.1	从地面算起
水罐车加水点	≥6	≥0.6	从轨顶算起
水　鹤	≥6	≥0.6	从轨顶算起

3. 储水池容积的计算

计算出生产、生活、消防用水后，还应计算出用水总流量 Q_h，以计算储水池的容积。

当 $Q_s + Q_c > Q_x$ 时，$Q_h = Q_s + Q_c$

当 $Q_s + Q_c < Q_x$ 时，$Q_h = Q_x + \dfrac{1}{2}(Q_s + Q_c)$

昼夜用水量 $Q_d = 24 Q_h$，储水池容积 V 按下式计算：

$$V = a_0 \cdot c_0 \cdot Q_d \quad (\mathrm{m^3}) \tag{2.6}$$

式中　a_0——调节水量系数，一般取 1.10 ~ 1.20；

　　　c_0——储水系数（水池容量/昼夜用水量）：昼夜用水量小于 1 000 $\mathrm{m^3}$ 时，采用 1/4 ~ 1/6；昼夜用水量为 1 000 ~ 2 000 $\mathrm{m^3}$ 时，采用 1/6 ~ 1/8。

【例 2.2】某工程队生产工人 300 人，非生产工人 40 人。临时房屋为砖墙、油毡屋面，面积为 2 000$\mathrm{m^2}$。该工程队的生产任务为：浆砌片石 10 000 $\mathrm{m^3}$，混凝土工程 20 000 $\mathrm{m^3}$，砌砖 5 000 $\mathrm{m^3}$，机械施工土方 5 000 $\mathrm{m^3}$，计划 300 d 完成。计算每天用水量，并确定储水池的容积。

解：由公式（2.3）

$q_1 = 0.05 \ \mathrm{m^3/(人 \cdot d)}$（取平均值）

$p_1 = 300$ 人

$q_2 = 0.03 \ \mathrm{m^3/(人 \cdot d)}$（取平均值）

$p_2 = 40$ 人

则

$$Q_s = \frac{1}{24}(0.05 \times 300 + 0.03 \times 40) = 0.675 \ (\mathrm{m^3/h})$$

由公式（2.4），查表 2.14。

则

$q_{浆} = 0.55, \quad W_{浆} = 10 \ 000$

$q_{混} = 1.25, \quad W_{混} = 20 \ 000$

$q_{砖} = 0.125, \quad W_{砖} = 5 \ 000$

$q_{机土} = 0.375, \quad W_{机土} = 5 \ 000$

$t = 300$ d

$$Q_c = \frac{1}{24} \times \frac{0.55 \times 10 \ 000 + 1.25 \times 20 \ 000 + 0.125 \times 5 \ 000 + 0.375 \times 5 \ 000}{300}$$
$$= 4.583 \ (\mathrm{m^3/h})$$

由公式（2.5），查表 2.15 得：

$q_x = 0.005 \ \mathrm{m^3/s}, \quad t_m = 0.5 \ \mathrm{h}$

$Q_x = 3 \ 600 \times 0.005 \times 0.5 = 9 \ (\mathrm{m^3})$

这时　　　$Q_s + Q_c = 5.258 < Q_x$

则

$$Q_h = Q_x + \frac{1}{2}(Q_s + Q_c) = 9 + \frac{1}{2} \times (0.675 + 4.583) = 11.629 \ (\mathrm{m^3/h})$$

昼夜用水量　　$Q_d = 24 \times 11.629 = 279.096 \ (\mathrm{m^3})$

再根据公式（2.6），得：

$a_0 = 1.15$（取平均值）

$Q_d = 279.096 < 1 \ 000 \ (\mathrm{m^3})$

取 $C_0 = \dfrac{1}{5}$，则

$$V = 1.15 \times \frac{1}{5} \times 279.096 = 64.192\,(\text{m}^3)$$

故储水池的容积为 65 m³。

2.3.4 临时供电

在铁路施工中需要大量的电力供应，尤其附属企业、大桥、隧道、重点土石方及大型车站等施工中的动力用电和生活、照明用电量很大。用电负荷是编制供电计划的依据。临时供电负荷计算有综合用电指标法和综合系数法。

1. 综合用电指标法

根据施工组织的安排，以施工最繁忙期间，同时施工的各项工程对象的数量和辅助设备等（包括主体工程、辅助工程、附属企业），乘以相应的综合用电指标，其总和即为计算用电负荷。

$$P_b = \sum P_i \cdot W_n \tag{2.7}$$

式中　P_b——计算用电负荷（kW）；

　　　P_i——综合用电指标，见表 2.17～表 2.20；

　　　W_n——工程用电对象数量。

表 2.17　隧道每端洞口用电参考指标

隧道长度/m	500 以下	500～1 000	1 001～2 000	2 001～4 000	4 000 以上
用电指标/kW	100～200	250～350	400～450	600～800	850～1 100

注：① 用电指标包括劳动力、生活照明及洞口修配所用电。

　　② 3 000 m 及以上隧道，已考虑了平行导坑施工用电量。

　　③ 采用全断面开挖，钻孔台车综合机械化施工的隧道，不分长短需按 850～1 100 W 配备，或单独计算确定。

表 2.18　桥梁用电参考指标

名　称	单　位	桥梁长度/m			
		特大桥	大桥	中桥	小桥
每座桥	kW/座	250～500	100～250	50～100	50 以下
每成桥米	kW/m		66～133		41

注：本表指标包括动力及照明用电，每成桥米指标未包括抽水用电，需抽水者应另行增加：大桥 70 kW/m；中桥 53 kW/m；小桥 26 kW/m。

表 2.19　土石方工程用电参考指标

名　称	单　位	用电指标/kW
重点站场土石方（包括修理所）	kW/工点	150～300

表 2.20　辅助企业用电参考指标

名　称	生产能力	用电量/kW
机修厂	年修 100 个标准台	150～250
成品厂	年产 200～250 孔钢筋混凝土梁	240
材料厂	年加工木材 $1.0 \times 10^4 \sim 1.5 \times 10^4$ m^3	80～150
轨节厂	每班 8 h 生产轨排 1～2 km	250
砂石场	年产 100 000 m^3 以内	80～150

2. 综合系数法

根据施工单位所有完好合格的电动机械或同期工程对象所配备的电动机械设备总容量乘以相应的综合性同期用电量系数，所得总和即为计算负荷。

$$P_b = K_c \sum P_n \qquad (2.8)$$

式中　P_b——计算用电负荷（kW）；

　　　K_c——综合性同期用电系数，见表 2.21；

　　　$\sum P_n$——单项工程或施工单位的设备容量总和（kW）。

表 2.21　综合性同期用电系数

名　称	综合系数 K_c	名　称	综合系数 K_c
项目部、指挥部	0.5～0.7	小桥涵、路基	0.5～0.6
项目队	0.6～0.8	隧道	0.65～0.75
大中桥	0.65～0.75	附属企业	0.6～0.8

【例 2.3】某施工单位担负施工 2 000 m 隧道 1 座，采用 3 个口同时施工；800 m 隧道 4 座，采用 8 个口同时施工；300 m 隧道 13 座，按 13 个口同时施工。采用地方电源，计算其用电量。

解： 按综合用电指 标计算用电负荷。

由公式（2.7），由表 2.17：

2 000 m 隧道　P_1=450 kW，W_1=3

800 m 隧道　P_2=310 kW（内插），W_2=8

300 m 隧道　P_3=160 kW（内插），W_3=13

因此，总用电量：

$$P_b=450\times3+310\times8+160\times13=5\,910\text{（kW）}$$

2.3.5 附属企业

为了满足施工的需要，在施工前修建一些附属企业[如轨排组装基地、材料厂、混凝土成品厂、砂（石）道砟场、砖瓦厂、木材加工厂及机械修配厂等]，供应工程需要的原材料、成品和机械维修服务，保证施工的顺利进行。附属企业的设置，应充分考虑调动当地企业的积极性，从经济、技术的角度考虑如何满足施工的需要。

1. 材料厂

铁路施工中，需要大量的工程材料、机具及设备。施工前和施工中能否合理地安排好材料机具供应，是影响施工的一个重要因素。材料厂按其使用范围可分为：材料总厂、材料分厂和转运站。材料厂中应设置库房、料棚、存料场、办公及生活用房，以及厂内运输道路和装卸设备等。材料厂厂址选择，应符合靠近料源地、交通方便、利于进出材料，且运输费用最省等要求。

2. 混凝土成品厂

混凝土成品厂供应施工中所需的部分钢筋混凝土成品，如钢筋混凝土（预应力）梁、钢筋混凝土轨枕、钢筋混凝土水管等。混凝土成品厂应靠近砂石料产地，原料及成品进出运输方便、出岔短、不受洪水影响并有生产和储放场地的地点。混凝土成品厂厂内建筑和场地包括：

（1）水泥、钢材、沥青仓库。

（2）砂石料堆放场。

（3）骨料、材料加工车间（木工、钢筋加工、钢丝束制造、混凝土搅拌、沥青熬制）。

（4）制品成型车间（工作台）。

（5）成品堆放场。

（6）辅助车间（机械修理、热处理、运输、试验、电力、给水、蒸汽设备）。

（7）运输道路。

（8）移吊场和装车场。

（9）办公及生活用房。

（10）其他。

厂内进行平面布置时，应考虑工序衔接，水泥、砂石料场地靠近搅拌机，搅拌机和工作台的距离应最短；厂内股道布置应与厂内运输相适应，便于和铁路干线接轨，厂内道路应互相贯通。

3. 砂、石、道砟场

砂、石、道砟场应选择储量丰富、开采方便，质量符合规范要求，便于修建临时岔线，以及有适当场地堆料和弃土的地点。砂、石、道砟场的平面布置应考虑以下几个因素：

（1）装车线长度应能容纳设计装车的列车长度，如离车站较远，需要调车时，则应配备调车股道。装车线与开采面平行，如采用松动爆破时，与开采面距离不小于 50 m。

（2）装车站台应根据砂、石场地质、地形、使用期长短等因素选择站台类型，以滑坡式站台较好，站台长度按储量大小考虑，如装车线在曲线上，则站台设在曲线内侧为宜。

（3）场内运输一般采用翻斗车及皮带运输机等。

（4）采石场内除设置必需的生产房屋及设备外，其余均应设在爆破危险区范围以外，安全距离为 200 m。200 m 以内房屋及设备应采取防护措施，炸药库、雷管库等都应远离开采区 1 km 以外。

4. 砖瓦厂

砖瓦材料，一般施工单位可向地方购买，不必自行设置专用的砖瓦厂。当砖瓦需要量很大，地方砖瓦不能满足需要时，施工单位才自设砖瓦厂。

5. 机械修配厂

为了保证各种施工机械的正常运转，提高机械的出勤率，必须设置一定规模的修配机构，加强机械的修理工作，对机械进行定期检修和经常维修。机械修理厂可分为中心机械修理厂、工程处（段）机械修理厂（所）、工程队机械修理班。

定期检修的内容如下：

（1）小修，基本上不拆卸机械的主要部件，目的在于更换磨耗较快的机械零件，并消除机械的隐蔽故障，可直接在机械作业基地进行，由施工基层单位设立的机械修理班进行检修、保养和更换。

（2）中修，需要拆卸机械的局部或主要构成部分，以更换或修复磨耗的机件，目的在于恢复工作能力已消失或降低的机件性能，由各保管使用单位（处、段）附设的机械修理厂（所）完成。

（3）大修，是对机械进行彻底翻新，以恢复机械的工作性能，大修后的机械其质量水平应达到新出厂机械的 90% ~ 95%。工程处附设的修配厂可进行一般的大修作业，复杂的大修则由工程局附设的中心机械修理厂（永久设施）承修。

机械的经常维修，一般视现场条件及实际需要而定，由工程队机械修理班担负。

2.3.6　工程运输

在铁路施工中，有大量的工程材料和设备需要运送至工地。运输工作是施工按期完成和工程成本的直接影响因素，必须予以高度重视，应根据施工调查资料，全面考虑，提出经济合理的运输方案，组织好工程运输。

1. 运输量的计算

需要运送的材料数量，可按各工点或建筑物的工程数量及相应的材料消耗定额或材料需要量指标进行计算。此外，还需考虑施工机具、生活供给及管理用品的需要量。一般只计算一些主要材料、机具，其余零星材料可按主要材料、机具需要量的 10% 计算。

需运输的各项材料质量与其运距的乘积累加起来即为运输量，运输量单位为 t·km。计算出来的总运输量为所需要的运输能力。

确定运输量后，可编制货流图。货流图是以图示的形式表示出铁路基本建设工程在一定期限内，必须运送到工地的材料总吨位及货流性质与方向。它概括了工程运输的全貌，可用来检算运输道路的标准及通过能力，也便于运输工具数量的计算。

2. 运输路线及方法的选择

新建铁路运输路线的选择，应在充分利用既有道路的基础上，根据现有的交通运输情况和拟建的临时运输道路来决定，尽可能从发料地点直接运至工地，以减少装卸次数和材料在运输途中的损耗。目前常用的运输方法有三种：铁路、公路与水运。

铁路运输量大、运价低、安全可靠，应充分利用。一般外来料都是通过营业线铁路运输；新线站后工程所需的材料、机具，尽可能利用铁路运输，以节省运费。

公路运输工具具有高度的机动性、灵活性及较高的速度和载重能力，使用方便。在新建铁路施工中为主要的运输方法，特别是铺轨前，大部分材料都是用公路运输的，但公路运输成本较铁路运输高。

在有条件的通航江、河、湖泊，可采用水上运输。

既有线技术改造、增建第二线、扩建枢纽等建设项目，应尽量采用既有线铁路运输，以节省运费和临时道路修筑费。但利用既有线运输，必须根据区间、车站的通过能力，区间或车站卸料的可能性、临时封锁要点、增加运输列车的条件综合考虑，并需与运营部门协商。

3. 运输工具需要量

运输工具需要量的计算，可根据运输量、工期及运输工具的运输能力等因素，按下列公式计算。

$$N = \sum \frac{c_n Q_n}{t_n q_d} \tag{2.9}$$

式中　N——材料运输工具数量（不包括土石方、隧道等工程施工所需的运输工具）；

c_n——材料运输不平衡系数，一般可采用 1.2 ~ 1.4（采用施工最繁忙时期计算运量时，此系数可不用）；

Q_n——用每种运输工具运输材料的运量量（t·km）；

t_n——工作天数，根据施工组织设计的安排确定；

q_d——单个运输工具平均每日完成的运量定额。

运输工具需要量可根据施工单位的资料分析确定，同时考虑运距之长短、货物装载系数、车辆利用系数、道路的情况以及装卸作业方法等因素。

思考题

2.1　为什么要进行施工调查？　调查的基本内容是什么？

2.2　铁路工程施工前应做哪些技术准备工作？

2.3　施工现场准备应做哪些主要工作？

2.4　怎样计算临时房屋需要修建的面积？修建临时房屋应遵循哪些原则？

2.5　某工程队全员 300 人（其中生产工人占 85%），负责某隧道进口端施工（单线隧道机械开挖），每天进度 4 m。临时房屋为 1 500 m²（砖墙、油毡屋面），拟设储水池一座，试计算该储水池容积。

2.6　附属企业一般有哪些？其设置应如何考虑？

项目 3

施工过程组织原理

　　施工过程组织就是针对施工过程的复杂性，对拟建工程的各阶段、各环节以及所需的各种资源进行统筹安排的计划管理，使建设项目能够连续、均衡、协调地进行施工，满足建设项目对工期、质量及投资方面的各项要求。为使生产能力得到充分的发挥，劳动力得到合理的安排和使用，物质资源得到均衡的使用，施工单位经常采用一种科学有效的施工作业组织形式——流水作业。流水作业充分利用工作时间和操作空间，减少非生产性劳动消耗，提高劳动生产率，保证工程施工连续、均衡、有节奏地进行，对提高工程质量、降低工程造价、缩短工期有着显著的作用。

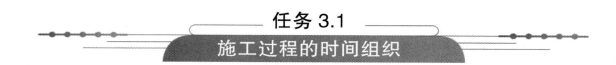

任务 3.1
施工过程的时间组织

3.1.1 施工过程的概念及组成

　　施工过程是生产建筑产品的过程，是劳动者利用劳动工具作用于劳动对象的过程。铁路工程施工过程有以下两方面的含义：

　　（1）劳动过程，指人工、机械的操作过程及材料运输、加工制作过程，需消耗大量的资源。

　　（2）自然过程，指构筑物的强度增长过程，只消耗时间，不消耗其他资源，如混凝土硬化过程、乳化沥青分裂过程等。

　　按施工过程所需劳动性质及其在基本建设中的不同作用，可将施工过程划分为：

　　（1）施工准备过程，指建筑产品在投入前所进行的全部生产技术准备工作，如可行性研究、勘察设计、施工准备。

　　（2）基本施工过程，指直接为完成产品而进行的生产活动，如路基、铺轨、桥涵等的施工。

　　（3）辅助施工过程，指为保证基本施工过程的正常进行所必需的各种辅助生产活动，如机械设备维修、动力的生产、材料加工等。

　　（4）服务施工过程，指为保证基本施工过程和辅助施工过程所进行的各种服务过程，如：原材料、半成品、机具、燃料等的供应与运输。

3.1.2 施工过程的组织原则

影响施工过程组织的因素很多，如施工地点、施工性质、产品结构、材料、机械设备条件、自然条件等，这使施工过程的组织灵活多样，没有完全相同的模式。但是不管施工过程的组织怎样变化，为了降低工程成本，缩短施工工期，保证工程质量，都应遵守以下基本原则。

1. 施工过程的连续性

施工过程的连续性是指建筑产品的施工过程各阶段、各工序在时间上是紧密衔接的，不发生各种不合理的中断现象，表现为劳动对象始终处于被加工状态，或者在进行检验，或者处于自然过程中（如水泥混凝土的硬化）。保持和提高施工过程的连续性，可以缩短建设周期，减少在制品数量，节约流动资金，可以避免产品在停放等待时可能引起的损失，对提高劳动生产率，具有很大的经济意义。

2. 施工过程的协调性

施工过程的协调性（也叫比例性），它是指产品施工各阶段、各工序之间，在施工能力上要保持一定的比例关系，各施工环节的人数、生产效率、设备数量等必须互相协调，不发生脱节和比例失调现象。协调性是保证施工顺利进行的前提，可使施工过程中人力和设备得到充分利用，避免产品在各个施工阶段和工序之间的停顿和等待，从而缩短施工周期。施工过程的协调性在很大程度上取决于施工组织设计的正确性。

3. 施工过程的均衡性

施工过程的均衡性（又称节奏性），是指企业的各个施工环节按照施工生产计划的要求，工作负荷保持相对稳定，避免时紧时松、前紧后松等现象。均衡性能充分利用设备和工时，避免突击赶工造成的各种损失，有利于保证施工质量、降低成本，有利于劳动力和机械设备的调配。

4. 施工过程的经济性

施工过程的经济性是指在保证质量的前提下，用最小的劳动消耗，获得最大的经济效益。上述的连续性、协调性和均衡性，最终都要通过经济效果集中反映出来。

上述施工过程的四个方面是互相制约、互为条件的。施工组织过程中，连续性、协调性和均衡性把握得好，施工过程的经济性自然就能保证。

3.1.3 施工作业的组织形式

施工作业组织形式是指对施工对象在空间、时间上的组织安排方式。施工对象包括单位工程、分项工程、工序等，施工作业组织形式有顺序、平行、流水三种常用形式。

1. 顺序作业

有若干施工任务时，先完成一个任务后，再紧接着去完成另一个任务，依次按顺序进行，直到完成全部任务的作业方法。

顺序作业法的主要特点：① 没有充分利用工作面进行施工，总工期较长；② 每天投入施工的劳动力、材料和机具的种类比较少，有利于资源供应的组织工作；③ 施工现场的组织、管理比较简单；④ 不强调分工协作，由一个作业队完成全部施工任务，不能实现专业化生产，不利于提高劳动生产率。

2. 平行作业

有若干施工任务时，各个任务同时开工，平行生产，同时完成的一种作业方法。

平行作业法的主要特点：① 充分利用工作面进行施工，总工期较短；② 每天同时投入施工的劳动力、材料和机具数量较大，影响资源供应的组织工作；③ 如果各工作面之间需共用某种资源时施工现场的组织管理比较复杂、协调工作量大；④ 不强调分工协作，此点与顺序作业法相同。

这种方法的实质是用增加资源的方法来达到缩短总工期的目的，一般适用于需要突击施工时施工作业的组织。

3. 流水作业

以施工专业化为基础，将不同工程对象的同一施工工序交给专业施工队执行，各专业队在统一计划安排下，依次在各个作业面上完成指定的操作。前一操作结束后转移至另一作业面，执行同样操作，后一操作则由其他专业队继续执行。

流水作业法的主要特点：① 必须按照工艺专业化原则成立专业作业队，实现了专业化生产；② 专业化作业队能够连续作业，相邻作业队的施工时间能最大限度地搭接；③ 尽可能利用工作面施工，工期较短；④ 每天资源消耗比较均衡；⑤需要较强的组织管理能力。

采用流水作业法施工，总工期比平行作业法有所延长，但劳动力发挥了充分的作用，在整个施工期内显得均衡一致。这种方法可以充分利用工作面，有效缩短工期，一般适用于工序繁多、工程量大而又集中的大型构筑物的施工。

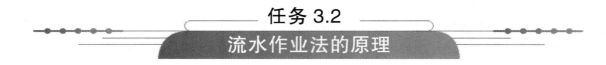

任务 3.2
流水作业法的原理

3.2.1 流水作业的基本方法

1. 划分施工段

把劳动对象（工程项目）按自然形成或人为地划分成劳动量大致相等的若干段。如一个标段上有若干座小涵洞，可以把每一个小涵洞看作一个施工段，这就自然形成了若干施工段。如果把一个标段的线路工程部分，划分成 1 km 一段，就属于人为地把劳动对象划分成了若干施工段。

2. 划分工序

把劳动对象（工程项目）的施工过程，划分成若干道工序或操作过程，每道工序或操作过程分别按工艺原则建立专业班组，即有几道工序，原则上就应该有几个专业施工队。

3. 确定施工顺序

各个专业班组按照一定的施工顺序，依次地、连续地由一个施工段转移到下一个施工段，不断地完成同类施工。如路基的施工顺序是施工准备、施工放样、基底处理、分层填筑、摊铺整平、碾压夯实、边坡整修等，各专业班组按照这样一个施工顺序，由一个施工段转移到下一个施工段，直至完成全部工程。

4. 估算流水时间

施工单位根据能达到的生产力水平和流水强度，确定流水节拍和流水步距。

5. 施工过程的时间组织

为了缩短工期，提高经济效益，减少施工工人和施工机械的不必要的闲置时间，本施工段上各相邻工序之间或本工序在相邻施工段之间进行作业的时间，应尽可能地相互衔接起来，即施工段之间、工序之间尽可能连续。

3.2.2 流水施工的表达方式

流水施工的表达方式主要横道图、垂直图和网络图三种。

1. 横道图

流水施工横道图又称水平图，其表达方式如图 3.1 所示。图中的横坐标表示流水施工的持续时间；纵坐标表示施工过程或者专业工作队的名称和编号；n 条带有编号的水平线段表示 n 个施工过程或专业工作队的施工进度安排，线段的起点表示工作的开始时刻，线段的终点表示工作的结束时刻；编号①、②、③……表示不同的施工段。

横道图的特点是绘制简单，施工过程中的工艺顺序和施工段的组织顺序表达清楚，流水施工在时间和空间上的展开情况形象直观，便于绘制资源需求曲线，使用方便，因而被广泛用来表达施工进度计划。

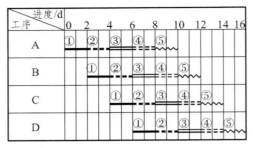

图 3.1　流水施工横道图

2. 垂直图

流水施工垂直图又称斜线图，其表达方式如图 3.2 所示。图中的横坐标表达流水施工的持续时间；纵坐标表示流水施工所处的空间位置，即施工段的编号。n 条斜线表示 n 个施工过程或专业工作队的施工进度。

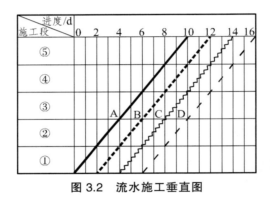

图 3.2　流水施工垂直图

垂直图施工过程的工艺顺序和施工段的组织顺序表达清楚，流水施工在时间和空间上展开情况形象直观，其斜线段的斜率可以直观地反映出各施工过程的进度速度。但编制实际工程进度计划时不如横道图方便。

3.2.3　流水施工参数

组织流水施工，主要是对各施工过程在时间和空间上的开展情况及相互依存关系进行组织安排。为了说明组织流水施工时各施工过程在时间和空间上的开展情况及相互制约关系，必须引入一些描述流水施工的工艺流程、空间布置和时间安排等方面的特征和各种数量关系的状态参数，这些参数称为工艺参数、空间参数和时间参数。

1. 工艺参数

工艺参数主要是指在组织流水施工时，用以表达流水施工在施工工艺方面进展状况的参数，通常包含施工过程和流水强度两个参数。

1）施工过程 n

在组织工程建设流水施工时，通常应根据施工组织计划的安排需要而将计划任务划分成的子项称为施工过程。施工过程的粗细程度由实际需要而定，当编制控制性施工进度计划时，组织流水施工的施工过程可以划得细一些，施工过程可以是分项工程，甚至是将分项工程按照专业工种的不同划分为不同的施工工序。施工过程的数目通常以 n 表示。

2）流水强度 V

流水强度是指流水施工的每一个施工过程（或专业工作队）在单位时间内所完成的工程量，也称为流水能力或生产能力。

流水强度可以按以下公式计算：

$$V = \sum_{i=1}^{X} R_i S_i \qquad (3.1)$$

式中　V——施工过程（队）的流水强度；

R_i——投入该施工过程中的第 i 种资源量（施工机械台数或工日数）；

S_i——投入该施工过程中第 i 种资源的产量定额；

X——投入该施工过程中的资源种类数。

2. 空间参数

空间参数是指在组织流水施工时，用以表达流水施工在空间布置上开展状态的参数。通常包括工作面和施工段。

1）工作面 A

工作面是指供某专业工种的工人或某种施工机械进行施工的活动空间。工作面的大小，表明能安排施工人数或机械台数的多少。工作面的布置以最大程度发挥工人和机械的效率为目的，并遵守安全技术和施工技术规范的规定，工作面确定的合理与否，直接影响专业工作队的生产效率。

2）施工段 m

为了有效地组织流水施工，通常把拟建工程在平面或空间上划分成若干个劳动量大致相同的施工段落，称为施工段或流水段，其数目用 m 来表示。

（1）施工段划分目的

由于铁路工程体形庞大，可将其划分成若干个施工段，从而为组织流水施工提供足够的空间。在保证工程质量的前提下，各专业工作队遵循施工工艺顺序依次投入作业，同一时间内在不同的施工段上平行施工，使流水施工连续均衡地进行。

（2）施工段划分原则

施工段数量直接影响流水施工的效果，因此，为使施工段划分得更科学、更合理，通常应遵循以下原则：

① 施工段的划分应考虑施工规模、资源供应等，通常以主导工序的组织为依据。

② 同一专业工作队在各个施工段上的劳动量要大致相等，其相差的幅度不宜超过 10% ~ 15%。

③ 为了充分发挥工人、主导机械的效率，每个施工段要有足够的工作面，使其所容纳的劳动力人数或机械台数，能满足合理劳动组织的要求。

④ 施工段的数目，要满足合理流水施工组织的要求，即 $m \geqslant n$。施工段数目过多，会降低施工速度，延长工期；施工段过少，不利于充分利用工作面，可能造成窝工。

⑤ 施工段的分界线应尽可能与自然界限（如沉降缝、伸缩缝等）相一致，或设在对建筑结构整体性影响小的部位，以保证结构整体的完整性。

3. 时间参数

时间参数是指在组织流水施工时，用以表达流水施工在时间安排上所处状态的参数，包括流水节拍、流水步距、流水施工工期和间歇时间等。

1）流水节拍 $t_{j,i}$

流水节拍是指在组织流水施工时，某个专业工作队在一个施工段上的施工时间。第 j 专业工作队在第 i 个施工段的流水节拍一般用 $t_{j,i}$ 来表示（j=1，2，…，n；i=1，2，…，m）。

流水节拍的长短，可以反映出流水施工速度的快慢、节奏感的强弱和资源消耗量的多少。同一施工过程的流水节拍，主要由施工方案、施工机械以及在工作面允许的条件下投入施工的工人数、机械台数和采用的工作班次等因素确定。

流水节拍可按以下方法确定。

（1）定额计算法

如果已有定额标准，可按下式确定流水节拍：

$$t_{ji} = \frac{Q_{ji}}{S_j R_j N_j} \qquad (3.2)$$

或

$$t_{ji} = \frac{Q_{ji} H_{ji}}{R_j N_j} \qquad (3.3)$$

式中 t_{ji}——第 j 个专业工作队在第 i 施工段的流水节拍；

Q_{ji}——第 j 个专业工作队在第 i 施工段要完成的工程量或工作量；

S_j——第 j 个专业工作队的计划产量定额；

H_j——第 j 个专业工作队的计划时间定额；

R_j——第 j 个专业工作队投入的人工数或机械台数；

N_j——第 j 个专业工作队的工作班次。

如果根据工期要求采用倒排进度的方法确定流水节拍时，可用上式反算出所需要的工人数或机械台班数。此时，必须检查劳动力、材料和施工机械的可能性，以及工作面是否足够等。

（2）经验估算法

对于采用新结构、新工艺和新材料等没有定额可循的工程项目，可以根据以往的施工经验估算流水节拍。

2）流水步距 K

在组织流水施工时，将相邻两个专业工作队先后在同一施工段开始施工的时间间隔，称为流水步距。一般用 $K_{j,j+1}$ 表示，其中 j （$j=1$，2，$\cdots$，$n-1$）为专业工作队或施工过程的编号，它是流水施工的主要参数之一。

流水步距的数目取决于参加流水的施工过程数，如果施工过程数为 n，则流水步距的总数为 $n-1$ 个。

流水步距的大小，反映着流水作业的紧凑程度，对工期起较大影响。当施工段确定后，流水步距的大小就直接影响着工期的长短。如果施工段不变，流水步距越大，则工期越长；反之，流水步距越小，则工期就越短。确定流水步距时，一般应满足以下基本要求：

（1）流水步距要满足相邻两个专业工作队或施工过程在施工顺序上的相互制约关系。

（2）流水步距要保证各专业队都能连续作业。

（3）流水步距要保证相邻两个专业工作队在开工时间上最大限度地、合理地搭接。

（4）流水步距的确定要保证工程质量，满足安全生产要求。

3）流水展开期

从第一个施工专业队开始作业起，到最后一个施工专业队开始工作止，其时间间隔叫流水展开期，常用 t' 表示。流水展开期 t' 的数值等于各流水步距 K 值之和。

4）工艺间歇时间

在组织流水施工时，除要考虑相邻专业工作队之间的流水步距外，有时根据材料特点和工艺要求，还要考虑合理的工艺等待时间，这个等待时间称为技术间歇时间，或工艺间歇时间以 $G_{j,j+1}$ 表示。

5）组织间歇时间

在组织流水施工中由于施工组织的原因，造成的间歇时间称为组织间歇时间，以 $Z_{j,j+1}$ 表示。

6）平行搭接时间（插入时间）

在工作面允许的条件下，如果前一个专业工作队完成部分施工任务后，能够提前为后一个专业队提供工作面，使后者提前进入前一个施工段，两者在同一施工段上平行搭接施工，这个搭接时间成为平行搭接时间或插入时间，通常以 $C_{j,j+1}$ 表示。

7）流水施工工期 T

流水施工工期是指从第一个专业工作队投入流水施工开始，到最后一个专业工作队完成流水施工为止的整个持续时间。由于一项建设工程往往包含有许多流水组，故流水施工工期一般均不是整个工程的总工期。

3.2.4 流水施工的基本组织方式

在流水施工中，流水节拍的规律不同，流水步距、流水工期的计算方法等也不同，甚至影响到各个施工过程的专业施工队数目。因此，有必要按照流水节拍的特征将流水施工进行分类，其分类情况如图 3.3 所示。

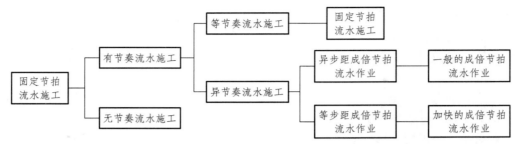

图 3.3　流水施工分类图

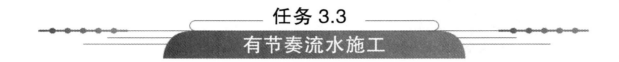

3.3.1　固定节拍流水施工

在组织流水作业时，如果所有工序（施工过程）在各个施工段上的流水节拍彼此相等，这种组织方式的流水作业称为固定节拍流水施工或全等节拍流水施工。

1. 固定节拍流水施工的特点

固定节拍流水施工是一种最理想的流水施工方式，其特点如下：

（1）所有施工过程在各个施工段上的流水节拍均相等。

（2）相邻施工过程的流水步距相等，且等于流水节拍。

（3）专业工作队数等于施工过程数，即每一个施工过程成立一个专业工作队，由该队完成相应施工过程所有施工段上的任务。

（4）各个专业工作队在各施工段上能够连续作业，施工段之间没有空闲时间。

2. 固定节拍流水施工工期

考虑到相邻两个施工过程之间可能存在工艺间隔、组织间隔以及平行搭接等情况，固定节拍流水施工工期 T 可按下式计算：

$$T = (n-1)t + \sum G + \sum Z - \sum C + mt = (n+m-1)t + \sum G + \sum Z - \sum C \quad （3.4）$$

式中符号如前所述。

【例 3.1】分部工程划分为 4 个施工过程，分 4 个施工段施工，流水节拍为 2 d，流水步距为 2 d，组织间歇时间为 1 d、0 d、0 d，工艺间歇时间为 0 d、1 d、0 d，平行搭接时间为 0 d、0 d、1 d，求流水施工工期。

解： 分部工程流水施工计划如图3.4所示。

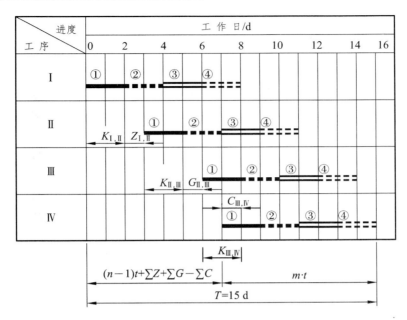

图3.4 分部工程流水施工进度图

在该计划中：施工过程数目 $n=4$；施工段数目 $m=4$；流水节拍 $t=2$；流水步距 $K_{I,II}=K_{II,III}=K_{III,IV}=t=2$；组织间歇 $Z_{I,II}=1$，$Z_{II,III}=Z_{III,IV}=0$；工艺间歇 $G_{I,II}=G_{III,IV}=0$，$G_{II,III}=1$；$C_{I,II}=C_{II,III}=0$，$C_{III,IV}=1$。

因此，其流水施工工期为：

$$T=（4+4-1）×2+（1+0+0）+（0+1+0）-（0+0+1）=15（d）$$

3.3.2 成倍节拍流水施工

成倍节拍流水指相同工序在不同施工段上的流水节拍相等，而不同工序的流水节拍彼此不相等，但彼此间又存在最大公约数（1除外）。

1. 加快的成倍节拍流水施工的特点

（1）同一施工过程在其各个施工段上的流水节拍均相等；不同施工过程的流水节拍不等，但其值与流水节拍的最大公约数（K）为倍数关系。

（2）相邻施工过程的流水步距相等，且等于流水节拍的最大公约数（K）。

（3）专业工作队数大于施工过程数，即有的施工过程只成立一个专业工作队，而对于流水节拍大的施工过程，可按其倍数增加相应的专业工作队数目。

（4）各个专业工作队在施工段上能够连续作业，施工段之间没有空闲时间。

2. 加快的成倍节拍流水施工组织

由于流水节拍不相等，所以如完全按照全等节拍流水进行组织施工，会使得各作业队间歇作业，造成劳动力闲置。为了缩短流水施工工期，使各专业队仍能连续、均衡地依次在施工段上施工，一般采用加快的成倍节拍流水组织施工。其步骤如下：

（1）确定施工起点流向，划分施工段。

（2）分解施工过程，确定施工顺序。

（3）按以上要求确定每个施工过程的流水节拍 t_i。

（4）计算流水步距 K，即流水节拍的最大公约数。

（5）确定专业工作队数目 n'，可按下式计算：

$$n' = \sum b_j = \sum \frac{t_j}{K} \tag{3.5}$$

式中　b_j——第 j 个施工过程的专业工作队数目；

　　　t_j——第 j 个施工过程的流水节拍。

（6）确定加快的成倍节拍流水施工工期，可按下式计算：

$$\begin{aligned}T &= (n'-1)K + \sum G + \sum Z - \sum C + mK \\ &= (n'+m-1)K + \sum G + \sum Z - \sum C\end{aligned} \tag{3.6}$$

（7）绘制加快的成倍节拍流水施工进度计划图。

在成倍节拍流水施工进度计划图中，除表明施工过程的编号或名称外，还应表明专业工作队的编号。在表明各施工段的编号时，一定要注意有多个专业工作队的施工过程。为合理组织流水施工，各专业工作队连续作业的施工段编号可能不连续。

【例 3.2】某成倍节拍流水作业，共有 6 个施工段，每个施工段有 4 道工序，t_A=2 d，t_B=4 d，t_C=6 d，t_D=2 d，试计算总工期。

解：（1）计算流水步距 K。

流水步距等于流水节拍的最大公约数，即：

$$K=(2，4，6，2)=2 \text{ d}$$

（2）确定专业工作队数目。

各施工过程的专业工作队数目分别为：

$$b_A=t_A/K=2/2=1$$
$$b_B=t_B/K=4/2=2$$
$$b_C=t_C/K=6/2=3$$
$$b_D=t_D/K=2/2=1$$

于是，参与该工程流水施工的专业工作队总数 n' 为：

$$n' = \sum b_j = 1+2+3+1 = 7$$

（3）确定流水施工工期。

本计划中没有组织间歇、工艺间歇及提前插入，故流水施工工期为：

$$T = (n' + m - 1)K = (7 + 6 - 1) \times 2 = 24 \text{ (d)}$$

（4）绘制成倍节拍流水施工进度计划图（图3.5）。

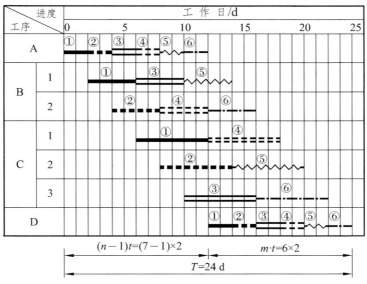

图 3.5　加快成倍节拍流水施工进度图

任务 3.4

无节奏流水施工

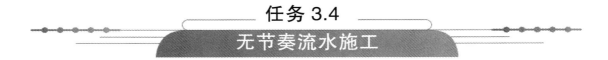

3.4.1　非节奏流水施工的特点

无节奏流水施工是指同类工序的流水节拍在各施工段上不完全相同，而不同类工序流水节拍相互也不完全相等。铁路工程沿线工程量并非均匀分布，如大、中型桥梁建设施工，或路基的高填、深挖等集中型工程。在实际工程中，各施工专业队在机具和劳动力固定的条件下，流水作业速度不可能总保持一致，所以有节奏流水施工很少出现，大部分施工属于无节奏流水施工，其特点如下：

（1）各施工过程在各施工段的流水节拍不全相等。

（2）相邻施工过程的流水步距不尽相等。

（3）专业工作队数等于施工过程数。

（4）各专业工作队能够在各施工段上连续作业，但有的施工段可能有被闲置的时间。

3.4.2　非节奏流水施工工期

非节奏流水施工可采用紧凑流水作业或专业队在各施工段连续作业的方式进行组织。

1. 紧凑流水作业组织

为了使流水作业取得最短总工期，作图时，各相邻工序之间，尽量紧凑衔接，即一旦具备开工条件——工作面和资源（工人、机械、材料等），就立即开展工作。组织施工时，总工期最短，但可能存在专业队"停工待面""干干停停"的情况，不能实现专业队连续施工，其施工工期可采用作图法求得。

2. 专业队在各施工段间连续作业的组织

为了组织在总工期尽可能短的条件下，各施工专业队能在各个施工段间进行连续作业，必须确定相邻两个专业工作队或施工过程的最小流水步距。在无节奏流水施工中，通常采用"累加数列错位相减取大差法"计算最小流水步距，其基本步骤如下：

（1）将各专业工作队（或施工过程）在每个施工段上的流水节拍按施工流向顺序依次累加，求得各专业工作队（或施工过程）的流水节拍累加数列。

（2）将相邻两个专业工作队（或施工过程）的流水节拍累加数列的后施工者错后一位，相减后得到一个差数列。

（3）在差数列中取最大值，即为这两个相邻专业工作队（或施工过程）的流水步距。

流水施工工期可按下式计算：

$$T = \sum K + \sum t_n + \sum Z + \sum G - \sum C \tag{3.7}$$

式中 $\sum K$ ——各施工过程（或专业工作队）之间流水步距之和；

$\sum t_n$ ——最后一个施工过程（或专业工作队）在各施工段流水节拍之和；

其余符号如前所述。

【例3.3】某工程由3个施工过程组成，分为4个施工段进行施工，流水节拍如表3.1，计算该工程专业队连续施工的最小流水步距及工期。

表 3.1 某工程流水节拍

施工过程	施工段			
	①	②	③	④
A	2	3	2	1
B	2	3	4	2
C	3	3	1	2

解：采用"累加数列错位相减取大差法"求流水步距。

（1）求出各施工过程累加数列。

　　　　A：2　5　7　8
　　　　B：2　5　9　11
　　　　C：3　6　7　9

（2）错位相减求得差数列。

$$\begin{array}{r}
\text{A 与 B：} \quad 2,\ 5,\ 7,\quad 8 \\
-)\quad 2,\ 5,\quad 9,\quad 11 \\
\hline
2,\ 3,\ 2,\ -1,\ -11
\end{array}$$

$$\begin{array}{r}
\text{B 与 C：} \quad 2,\ 5,\ 9,\quad 11 \\
-)\quad 3,\ 6,\quad 7,\quad 9 \\
\hline
2,\ 2,\ 3,\quad 4,\ -9
\end{array}$$

（3）在差数列中取最大值求得流水步距。

$$K_{\text{A, B}}=\max\{2,\ 3,\ 2,\ -1,\ -11\}=3\ （\text{d}）$$

$$K_{\text{B, C}}=\max\{2,\ 2,\ 3,\ 4,\ -9\}=4\ （\text{d}）$$

（4）计算流水施工工期。

$$T = \sum K + \sum t_n = (3+4)+(3+3+1+2) = 16\ （\text{d}）$$

根据求得的最小流水步距和流水节拍表，绘制流水作业进度图，如图 3.6 所示。

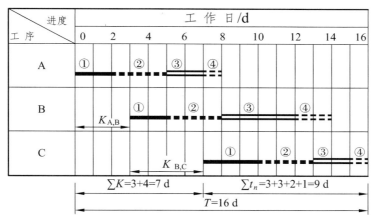

图 3.6　连续施工的流水作业进度图

　思考题

3.1　简述施工过程的组织原则。

3.2　什么是顺序施工、平行施工和流水施工？各有什么特点？

3.3　流水施工按节奏特征不同可分为哪几种方式？各有什么特点？

3.4　简述非节奏流水施工的特点。

3.5　设某分部工程有 A、B、C 三个施工过程，流水节拍分别为 2 d、4 d、3 d，分为 4 个施工段。试分别计算顺序施工、平行施工、流水施工的工期，并绘出各自的施工进度计划表。（要求：组织流水施工时，各施工班组连续施工。）

3.6　某铁路路基工程由 A、B 和 C 三个施工过程组成，每个施工过程在施工段上的延续时间均为 5 d，划分为 4 个施工段，则总工期为多少天？

3.7　某铁路工程需在某一路段修建 5 个结构形式与规模完全相同的涵洞，施工过程包括基础开挖、安装涵管和回填压实。如果合同规定，工期不超过 50 d，则组织全等节拍流水施工时，流水工期为多少天？

3.8 某施工单位负责 5 个施工段的路基工程施工，每个施工段有 A、B、C 三个施工过程，流水节拍分别为 $t_A=3$ d，$t_B=9$ d，$t_C=6$ d，试组织加快成倍节拍流水施工。

3.9 某工程施工流水节拍如表 3.2，计算该工程专业队连续施工的最小流水步距及工期。

表 3.2 某工程施工流水节拍表　　　　　单位：d

施工过程	施工段			
	①	②	③	④
A	2	3	1	2
B	1	2	3	2
C	2	3	4	2

项目 4

网络计划技术

网络计划技术（Network planning techniques）是随着现代科学技术和工业生产的发展所产生的，是用网络计划对任务的工作进度进行安排，以保证实现预定目标的科学的计划管理技术。网络计划就是用网络图表达的进度计划。所谓网络图就是由剪线和节点组成的，用来表示工作流程的有向、有序的网状图形。根据绘图表达方法不同，分为双代号网络图和单代号网络图；根据是否有时间坐标轴可以分为时标网络图和非时标网络图。

应用网络计划对工程项目进行相关控制，具有以下特点：

（1）网络计划能明确表达各项工作之间的逻辑关系。

（2）通过计算和分析，可以找出网络计划的关键线路、关键工作以及各项工作的机动时间，便于管理人员抓住主要工作，更好地运用和调配人工、材料和设备，控制施工进度，降低工程成本。

（3）网络计划可以用电子计算机进行计算、调整和优化。

在国际上，网络计划是合同中承诺进行进度控制必须采用的模型；在国内，是工程投标文件的必备内容，也是进行施工管理的必备工具。

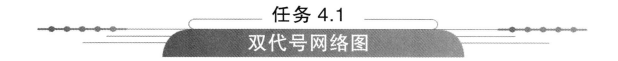

任务 4.1
双代号网络图

4.1.1 双代号网络图的组成

双代号网络图由三个要素组成，即箭线、节点和线路。

1. 箭 线

箭线在双代号网络图中表示一项工作，代表了某个专业队（工序）在某个施工段上的操作过程。根据施工组织设计阶段的不同，箭线表示的工作可能是单位工程，也可能是分部、分项工程。

箭线分为实箭线和虚箭线。

（1）实箭线。它表示的工作既消耗了时间又消耗了资源或消耗了其中的一种，常用"→"

表示。如"挖基坑"需要消耗人工、机械和时间，可用实箭线表示。

（2）虚箭线。它表示的工作既不消耗时间又不消耗资源，只是用来表达工作之间的逻辑关系，常用"--->"表示。

2．节　点

节点表示工作与工作之间的衔接关系，具有相对性，表示前一项任务的结束，后一项任务的开始，常用圆圈加一编号表示，即"①"。

双代号网络图中的第一个节点称为起始节点，表示一项任务的开始；网络图中的最后一个节点称为终点节点，表示一项任务的完成；其余节点称为中间节点，表示上一项工作的结束以及下一项工作的开始。

3．线　路

网络图中从起点节点出发，沿着箭头方向通过一系列箭头和节点，直至到达终点节点的通道，称为线路。网络图中的线路有很多条，一条线路上持续工作时间之和称为该线路的长度。在各条线路中，所有工作持续时间之和最长的线路称为关键线路，其他线路则称为非关键线路。

4.1.2　双代号网络图的绘制

1．工作的表示

一个工作用一条箭线和两个节点表示，如图4.1和图4.2所示。

图4.1　工作的表示　　　　　　　　　图4.2　虚工作的表示

在施工组织过程中，各个工作之间存在着先后次序的工作关系，具体有以下五种类型：

（1）就某一项工作而言，紧靠其前面的工作称为该工作的紧前工作。

（2）就某一项工作而言，紧靠其后面的工作称为该工作的紧后工作。

（3）就某一项工作而言，与其平行的工作称为该工作的平行工作。

（4）就某一项工作而言，其前面的工作称为该工作的先行工作。

（5）就某一项工作而言，其后面的工作称为该工作的后续工作。

2．逻辑关系的表示

逻辑关系是指工作之间相互制约或依赖的关系。常见的双代号网络图逻辑关系表示方法见表4.1。

表 4.1　常见双代号网络图逻辑关系表示方法

序号	工作之间的逻辑关系	网络图中的表示方法
1	A、B 两项工作依次进行	
2	A、B、C 三项工作同时开始	
3	A、B、C 三项工作同时结束	
4	A 工作完成后，进行 B、C 工作	
5	A、B 工作完成后，进行 C 工作	
6	A、B 工作均完成后，才能进行 C、D 工作	
7	A 工作完成后，进行 C、D 工作；A、B 工作均完成后，进行 D 工作	
8	A、B 两项工作分 3 段组织流水施工：A1 完成后进行 B1、A2；A2 完成后进行 B2、A3；B1 完成后 B2；A3、B2 完成后进行 B3	

3. 双代号网络图的绘制规则

（1）网络图应正确表达工作之间的逻辑关系。
（2）一个网络图中只允许有一个开始节点和一个结束节点。
（3）节点编号应由小到大。
（4）一对节点之间只能有一条箭线，一对节点之间不能出现无头箭杆。
（5）网络图中严禁出现从一个节点出发，顺箭头方向又回到原出发点的循环回路。
（6）网络图中不允许有相同编号的节点或相同代码的工作。
（7）网络图的布局应合理，尽量避免网络图中工作箭线的交叉。

4.1.3　双代号网络图时间参数的计算

1. 工序时间参数

（1）最早开始时间 ES（Earliest start time）：各紧前工作全部完成后，本工作有可能开始的最早时刻。

$$ES_{i-j} = \max\{EF_{h-i}\} = \max\{ES_{h-i} + D_{h-i}\} = ET_i$$

（2）最早完成时间 EF（Earliest finish time）：各紧前工作全部完成后，本工作有可能完成的最早时刻。

$$EF_{i-j} = ES_{i-j} + D_{i-j}$$

（3）最迟开始时间 LS（Latest start time）：在不影响整个任务按期完成的前提下，工作必须开始的最迟时刻。

$$LS_{i-j} = LF_{j-k} - D_{i-j}$$

（4）最迟完成时间 LF（Latest finish time）：在不影响整个任务按期完成的前提下，工作必须完成的最迟时刻。

$$LF_{i-j} = \min\{LS_{j-k}\} = \min\{LF_{j-k} - D_{j-k}\} = ET_i$$

2. 节点时间参数

节点时间是表示各项工序连接点的时间，它是一种瞬间的概念。节点时间就是下一工序作业的开始和前一工序完成的瞬间。由于节点数少于线路数，利用节点时间参数，可以使计算量减少，同时节点时间参数也较直观、清楚，对网络计划使用也较有利。

（1）节点最早时间 ET（Earliest event time）：双代号网络计划中，以该节点为开始节点的各项工作的最早开始时间。

$$ET_j = \max\{ET_i + D_{i-j}\}$$

（2）节点最迟时间 LT（Latest event time）：双代号网络计划中，以该节点为完成节点的各项工作的最迟完成时间。

$$LT_i = \min\{LT_j - D_{i-j}\}$$

3. 工期（T）

网络计划的总作业时间，指完成任务所需的时间。

（1）计算工期 T_c（Calculated project duration）：根据网络计划时间参数计算出来的工期。

（2）要求工期 T_r（Required project duration）：任务委托人所提出的指令性工期。

（3）计划工期 T_p（Planned project duration）：根据要求工期和计算工期所确定的作为实施目标的工期。

4. 时差（Float）

1）总时差 TF（Total float）

在不影响任何一项紧后工作的最迟必须开始时间的条件下，本工作所拥有的最大机动时间。

$$TF_{i\text{-}j} = LT_j - ET_i - D_{i-j}$$

或

$$TF_{i\text{-}j} = LS_{i-j} - ES_{i-j} = LF_{i-j} - EF_{i-j}$$

2）自由时差 FF（Free float）

在不影响任何一项紧后工作的最早开始时间的情况下，本工作所拥有的最大机动时间。

$$FF_{i\text{-}j} = ET_j - ET_i - D_{i-j}$$

或

$$FF_{i\text{-}j} = \min\{ES_{j-k} - ES_{i-j} - D_{i-j}\} = \min\{ES_{j-k} - EF_{i-j}\}$$

时差的性质和相互关系，可以归纳如下：

（1）非关键线路上都有总时差，但不一定有自由时差。

（2）局部时差小于或等于总时差。

（3）总时差不但属于本工作，而且可以沿线路传递；局部时差属于本工作，不能传递。

（4）使用总时差不会对工期产生影响，但有可能会对紧后工作产生影响；使用局部时差不会对紧后工作产生影响。

时间参数在双代号网络图上的表示方法如图 4.3 所示。

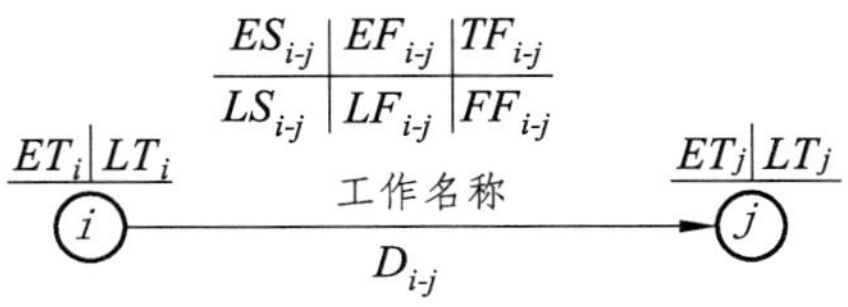

图 4.3 双代号网络图时间参数的表示

5. 关键线路

在双代号网络图中，由总时差为零的工作所组成的，各工作总的持续时间最长的线路是关键线路。位于关键线路上的工作称为关键工作，它完成的快慢直接影响整个工程的工期。关键线路以外的线路都是非关键线路，但非关键线路上的工作并非全由非关键工作组成。

关键线路的特点如下：

（1）关键线路上的工作，总时差和自由时差均为零。

（2）关键线路上所有节点的两个时间参数相等。

（3）关键线路在网络图中不一定只有一条。

（4）非关键工作如果将总时差全部用完，就会转化为关键工作。

（5）当非关键线路延长的时间超过它的总时差，关键线路就转化为非关键线路。

【例 4.1】表 4.2 为某工程工作关系表。①绘制双代号网络图，②计算时间参数，③判断关键路线。

表 4.2　工作关系表

工作代号	A	B	C	D	E	F	G	H
紧后工作	C、D	E、F	E、F	G、H	G、H	H	—	—
持续时间/d	3	4	2	5	3	4	8	5

解：按照双代号网络图的绘制规则和时间参数的计算方法，根据工作关系表绘制双代号网络图（含时间参数）如图 4.4 所示。

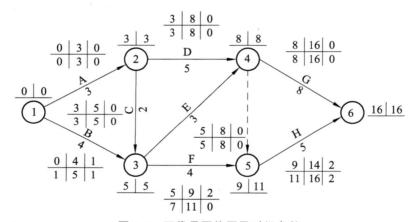

图 4.4　双代号网络图及时间参数

根据双代号网络图时间参数以及关键线路的定义，双代号网络图中有两条关键路线：

1-2-4-6，1-2-3-4-6

总工期：3+2+3+8=3+5+8=16（d）。

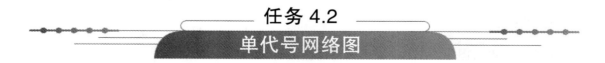

任务 4.2

单代号网络图

4.2.1　单代号网络图的组成

单代号网络图与双代号网络图一样，也由三个要素组成，即节点、箭线和线路，但含义却不完全相同。

1. 节　点

单代号网络图中的节点可以用圆圈或方框表示，一个节点表示一项具体的工作，即某个专业队（工序）在某个施工段上的操作过程。节点所表示的工作名称（或工作的代号）、工作持续时间和节点编号一般都标注在圆圈内。计算所得的时间参数一般标注在节点的两侧和上下方，如图4.5所示。

图 4.5　单代号网络图节点

2. 箭　线

在单代号网络图中，箭线表示工作之间的相互关系，它既不消耗时间，也不消耗资源。单代号网络图中不用虚箭线，箭线的箭头方向表示工作的前进方向。

3. 线　路

单代号网络图中，从起点节点出发，沿着箭头方向通过一系列箭线和节点，直至到达终点节点的通道，称为线路。单代号网络图的各条线路中，所有工作持续时间之和最长的线路称为关键线路，其他线路则称为非关键线路。

4.2.2　单代号网络图的绘制

单代号网络计划图与双代号网络计划图所表达的计划内容一致，区别仅在于绘图符号所表示的意义不同。单代号网络计划图的绘制过程与双代号网络计划图一样，也是先将工程任务分解成若干项具体的工作，然后确定这些工作之间的相互关系以及各项工作的持续时间。在单代号网络计划图绘制时，除应遵守双代号网络计划图中所列出的基本规则外，还应注意以下问题：

（1）单代号网络图的绘制不用虚箭线。

（2）单代号网络图中如必须交叉时，采用过桥法绘制。

（3）单代号网络图中应该只有一个起点节点和一个终点节点。若几个工作同时开始，应引入一个"始"节点；若有几个工作同时结束，应引入一个"终"节点。引入的"始"节点和"终"节点都是虚拟节点，不消耗时间和资源。

4.2.3　单代号网络图时间参数的计算

单代号网络图时间参数计算方法与双代号网络图基本相同，区别在于增加了时间间隔 LAG 的计算。

1. 工作时间

工作的最早开始时间应当从起点节点开始，顺着箭线的方向逐项计算，具体的计算如下：

$$ES_i = \max\{ES_h + D_h\}$$
$$EF_i = ES_i + D_i$$

工作的最晚结束时间应当从结束节点开始，逆着箭线的方向逐项计算，具体的计算如下：

$$LF_i = \min\{LS_j\} = \min\{LF_j - D_j\}$$
$$LS_i = LF_i - D_i$$

2. 工期 T_c

指向终点节点所有工序最早完成时间的最大值即为网络计划的计算工期 T_c。

$$T_c = EF_n$$

当项目规定要求工期时，则

$$T_p \leqslant T_r$$

当项目未规定计划工期时，令计划工期等于计算工期，$T_p = T_c$。

3. 相邻两项紧前，紧后工作时间间隔 LAG

工作 i 的最早完成时间 EF_i，与其紧后工作 j 的最早开始时间 ES_i 的时间间隔 LAG_{i-j}，即工作 j 的最早开始时间 ES_j 与工作 i 的最早完成时间 EF_i 的差。

$$LAG_{i-j} = ES_j - EF_i$$

4. 总时差

工作总时差从终点节点开始，逆着箭线的方向依次逐项计算。

$$TF_i = \min\{LS_j - EF_i\}$$

5. 自由时差

工作自由时差从起点节点开始，顺着箭线的方向依次逐项计算。

$$FF_i = \min\{ES_j - EF_i\} = \min\{LAG_{i-j}\}$$

6. 关键线路

单代号网络图关键线路的确定，与双代号网络基本相同，只是因为没有节点时间参数，所以不能用节点两个时间参数相等的方法来判别关键线路。在单代号网络图中，由总时差为零的工作所组成的，各工作总的持续时间最长的线路是关键线路，位于关键线路上的工作称为关键工作。

【例 4.2】表 4.3 为某工程工作关系表。①绘制单代号网络图，②计算时间参数，③判断关键路线。

表 4.3　工作关系表

工　作	A	B	C	D	E	F	G	H	I
紧后工作	C	C、D、E	F、G	F、G、H	G、H	I	I	I	—
持续时间/d	3	5	3	5	4	5	4	3	5

解：按照单代号网络图的绘制规则和时间参数的计算方法，根据工作关系表绘制单代号网络图（含时间参数）如图 4.6 所示。

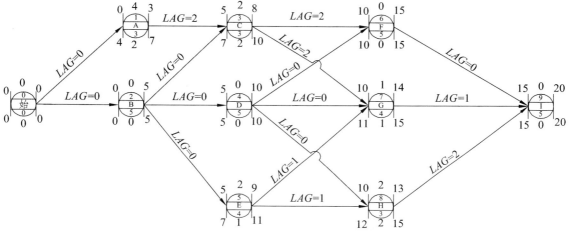

图 4.6　单代号网络图及时间参数

根据单代号网络图时间参数以及关键线路的定义，关键路线为：0-2-4-6-9。

任务 4.3
双代号时标网络计划

在前面讨论的一般网络计划中，工作的持续时间在箭线下方标出，各项工作的开始时间和结束时间不能直接看出来，不能反映整个计划的时间进程。

时标网络计划是以时间坐标为尺度绘制的网络计划。即在一般网络计划的上方或下方增加一个时间坐标；实箭线表示工作，其在水平轴上的投影长度表示工作的持续时间；虚箭线表示虚工作，且必须以垂直虚箭线表示；当有自由时差时加波形线表示。由于单代号网络图无节点时间参数，所以不能改画成时标网络图。

4.3.1　时标网络计划的绘制方法

时标网络计划宜按最早时间绘制，有直接绘制法和间接绘制法两种。

1. 直接绘制法

根据网络计划中工作之间的逻辑关系及各工作的持续时间,直接在时标计划表上绘制时标网络计划,其绘制步骤如下:

(1)按已确定的时间单位绘制时标表。

(2)将起点节点定位在时标表的起始刻度线上。

(3)按工作持续时间在时标表上绘制起始节点的工作箭线,如图4.7中1-2箭线、1-3箭线。

(4)中间节点,必须在该工作的全部紧前工作都绘出后,定位在这些紧前工作最迟完成的时间刻度上,如图4.7中③、⑤。

(5)某些实箭线长度不足以到箭头节点时,用波形线补足,如图4.7中2-6、3-5、5-6。虚箭线本身不占时间,但可能存在时差,故垂直部分应画虚线,水平距离应用波形线补足,如图4.7中2-3。

(6)用上述方法自左至右依次确定其他节点位置,直到网络计划终点节点定位为止。

(7)整理,完成绘制。

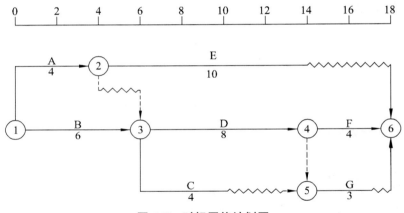

图4.7 时标网络计划图

2. 间接绘制法

间接绘制法是先计算再绘制时标网络计划,具体绘制步骤如下:

(1)绘制一般网络计划,算出时间参数,确定关键线路。

(2)按已确定的时间单位绘制时标表。

(3)将各项工作的各节点按节点最早时间(ET)定位在时标表上。

(4)用实线绘出工作持续时间,用虚线绘出虚工作(垂直部分),用波形线补足实线、虚线未达到箭头节点的部分(即自由时差)。

(5)整理,完成绘制。

绘制过程中应注意,节点位置和编号应与无时标网络图的节点位置相似或一致,网络图整体布局基本不变。

4.3.2 时标网络计划的特点和应用

1. 时标网络计划的特点

（1）时标网络计划图能直观地反映出整个计划的时间进程，与横道图比较接近。

（2）时标网络计划图能直接反映出各项工作的开始和结束时间、机动时间及关键线路。在计划执行过程中，可以随时确定哪些工作应该已经完成，哪些工作正在进行及哪些工作将要开始，如果实际执行过程中偏离了计划，应及时调整。

（3）时标网络计划图能清楚地表示出哪些工作可以平行进行，以帮助材料员确定在同一时间内各种材料、机械等资源的大致需要量。

（4）时标网络计划图的调整比较麻烦，当工期发生变化或资源供应有问题及其他原因而导致某些工作不能正常进行时，某些箭线的长度和节点的位置需要变动，这样往往导致整个网络图发生变动。

2. 时标网络计划的应用

（1）对工作项目少或工艺过程较简单的施工进度计划，利用时标网络计划图能迅速方便地边绘制、边计算、边调整。

（2）对于大型复杂的工程，可以先用时标网络计划图的形式绘制各分部工程或分项工程的网络计划图，然后再综合起来绘制出比较简单的总网络计划，即把每一个分部工程或分项工程的网络计划图看作总网络计划图的一个工作（形成子网络图）。在执行过程中，如果有偏差或其他原因需要调整计划时，只需调整子网络计划，而不必改动总网络计划。

（3）在时间坐标的表示上，根据网络图的层次，时间的刻划每一小格可以是1天、1个月、1个季度或1年。在时间安排时，应考虑节假日和冬季、雨期的影响，要留有调整余地。

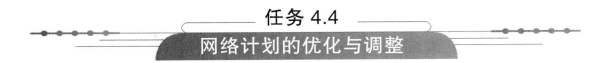

任务 4.4
网络计划的优化与调整

网络计划优化，是在不影响工程质量和安全的前提下，为使工程计划如期实施，获得缩短工期、质量优良、资源消耗少、工程成本低的效果，需通过不断改进网络计划寻求满意方案。网络计划的优化目标按计划任务的需要和条件选定，有工期目标、费用目标和资源目标。

4.4.1 工期优化

当网络计划计算工期不能满足要求工期时，通过不断压缩关键线上的关键工作的持续时间，达到缩短工期、满足工期要求的目的，可按下列步骤对工期进行优化：

（1）计算并找出网络计划的计算工期、关键线路及关键工作。

（2）按要求工期计算应缩短的时间ΔT为：

$$\Delta T = T_c - T_r$$

（3）按下列因素选择应该优先缩短持续时间的关键工作：

① 缩短实施时间对质量和安全影响不大的工作。

② 有充足备用资源的工作。

③ 缩短持续时间所需增加费用最少的工作。

（4）选择关键工作并压缩其持续时间，重新计算网络计划的计算工期。

（5）当计算工期仍然超过要求工期时，则重复以上步骤，直到计算工期满足要求工期为止。

（6）当所有关键工作的持续时间都已达到其能缩短的极限而工期仍不能满足要求时，应对原组织方案进行调整或对要求工期重新审定。

在工期优化过程中，注意不能将关键工作压缩成非关键工作；当在优化过程中出现多条关键路线时，必须将各条关键线路的持续时间压缩同一数字，否则不能有效地将工期缩短。缩短关键工作持续时间时，可采用以下措施：

（1）增加资源数量。

（2）增加工作班次。

（3）改变施工方法。

（4）调整施工组织作业方法。

（5）采取技术措施和其他组织措施等。

4.4.2 资源优化

完成一项工程任务所需的人力、材料、机械设备等资源量基本不变，资源优化的目的是在资源有限条件下，寻求完成计划的最短工期，或者在工期规定条件下，力求资源消耗均衡。资源优化主要有"资源有限，工期最短"和"工期固定，资源均衡"。

1. 资源有限，工期最短

（1）按工作最早开始时间绘制时标网络计划及资源需用量曲线。

（2）从开始日期起，逐日检查每日资源需用量是否超过资源限量。如果所有时间均满足资源限量要求，则初始可行方案就编制完成，否则，必须进行计划调整。

（3）对超过资源限量的时段进行分析，如该时段内有多项工作平行进行，则将一项工作安排在与之平行的另一项工作之后进行，以减少该时段的资源需用量。

（4）每调整一次，要重新绘制时标网络图，绘制资源量曲线，再逐日检查，如有资源冲突再进行调整，如此循环，直到所有时间内均满足资源限量要求为止。

2. 工期固定，资源均衡

在规定工期下要求资源均衡安排，在资源需要量动态曲线上，尽可能不出现短时间的高峰或低谷，力求每天的资源需要量接近于平均值。一般计算步骤如下：

（1）按最早开始时间绘制时标网络计划。

（2）计算每日资源需用量。

（3）确定资源限量。

（4）分析资源需用量的高峰并进行调整。

（5）按上述步骤计算到所有工作不能再向右移动后考虑能否向左移动。

（6）绘制调整后的时标网络计划。

资源均衡可以大大减少施工现场各种临时设置的规模，从而节省施工费用。

4.4.3 工期-费用优化

工程的成本是由直接费和间接费组成的。直接费由人工费、材料费、机械费及施工措施费等构成，由于所采用的施工方案不同，它的费用差异也很大。间接费主要包括企业管理费、规费和利润等费用。在考虑工程总成本时，还应考虑可能因拖延工期而受到罚款的损失或提前竣工而得到的奖励，甚至也应考虑提前投产而获得的收益等。费用优化计算步骤如下：

（1）按工作最早开始时间绘制时标网络计划。

（2）计算网络计划中各工作的直接费用率。

（3）找出直接费用率最低的一项关键工作或一组关键工作，作为缩短持续时间的对象。

（4）缩短找出的一项关键工作或一组关键工作的持续时间，其缩短值必须符合所在关键线路不能变成非关键线路和缩短后其持续时间不小于最短持续时间的原则。

（5）计算相应增加的直接费用。

（6）考虑工期变化带来的间接费及其他损益，在此基础上计算总费用。

（7）重复上述步骤，直到总费用最低为止。

思考题

4.1 双代号网络图的构成要素有哪些？

4.2 双代号网络图与单代号网络图在表达上有何异同？

4.3 简述总时差和自由时差的相互关系。

4.4 如何判断关键工作和关键线路？

4.5 什么是网络计划的优化？网络计划优化的目标有哪些？

4.6 已知各工作之间的逻辑关系如表 4.4 所示，试绘制双代号网络图。

表 4.4 工作逻辑关系表

工 作	A	B	C	D	E	F
紧前工作	—	—	—	A、B	A、B、C	D、E

4.7 已知各工作之间的逻辑关系如表 4.5 所示，试绘制双代号网络图，计算时间参数，并确定关键线路。

表 4.5　工作逻辑关系表

工作	A	B	C	D	E	F	G	H	I	J
紧前工作	—	A	A	B、C	C	A	B、C、F	D、E、G	D、E	H、I
持续时间/d	2	5	3	2	3	3	1	4	3	2

4.8　已知各工作之间的逻辑关系如表 4.6 所示,试绘制单代号网络图,计算时间参数,并确定关键线路。

表 4.6　工作逻辑关系表

工作	A	B	C	D	E	F	G
紧后工作	C、D	D、E	F	F、G	G	H	H
持续时间/d	5	4	3	2	6	4	5

4.9　已知各工作之间逻辑关系如表 4.7 所示,用间接法绘制双代号时标网络图。

表 4.7　工作逻辑关系表

工作	A	B	C	D	E	F	G	H
紧前工作	—	—	—	B	B、C	A	D	E
持续时间/d	6	4	2	5	3	4	2	3

项目 5

施工组织设计概述

施工组织设计主要是针对于施工安装过程中的复杂性和特殊性等，对拟建工程的各个阶段、各个环节以及所需要的各种资源进行合理安排和优化的计划管理行为。因此，如何根据不同工程的特点编制相应的施工组织则成为施工组织设计的一个重要环节。

铁路施工组织设计的主要目的是通过科学、经济、合理的规划安排，充分利用人力、物力和财力，以达到建设项目能够连续、均衡、协调地进行施工，同时满足建设项目对工期、质量及投资方面等的要求。

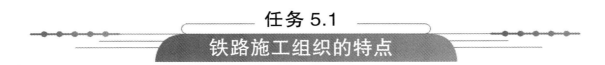

任务 5.1
铁路施工组织的特点

1. 施工组织的概念

施工组织设计是对建筑工程产品（包括建设项目或其单项单位工程、分部分项工程等）施工过程中各要素之间的合理组织，即根据拟建工程项目的特点，从人力、资金、材料、机械和施工方法等多方面进行科学合理的安排，使之在一定的时间和空间内，得以有效实施的有组织、有计划、能均衡的施工，使整个项目在施工中达到技术先进、经济合理、质量优良的目的，并根据施工安装过程的复杂性和具体施工项目的特殊性，尽量保持施工生产的连续性、均衡性和协调性，以实现生产活动的最佳经济效益。因而施工组织文件是指导工程设计招标、投标、施工准备和正常施工的基本技术经济文件。

施工组织设计除了计划安排和指导施工之外，又是体现设计意图、督促检查工作及编制概（预）算的依据。因此，施工组织设计必须具备下列特征：

（1）合理性。要满足确定的原则和事项既符合当前施工队伍的技术水平和装备能力，又具备一定的先进性，并且通过合理的组织完全可以实现任务。

（2）实践性。施工组织编制的原则和依据不是一成不变的，应贯彻从实际出发，认真调查研究的工作方法。施工组织设计应随着工人熟练程度及劳动生产率的提高，施工方法的改善，新工具、新设备的出现而不断改变，它与长期不变的结构设计是不同的。

（3）严肃性。任何一项铁路施工组织设计一经审批成立，即具有法定效力，必须严格执行，不得任意违背，如遇特殊情况必须变更时，需提出理由报请原批准单位审查批准。

2. 施工组织的任务

施工组织设计的基本任务是：根据业主对建设项目的各项具体要求，选择最经济、合理、有效的施工方案；确定最优可行的施工进度；拟定有效的技术组织措施；采用最佳的劳动组织，确定施工中劳动力、材料、机械设备等需求量；合理布置施工现场的空间，按照连续生产、均衡生产和协调生产的要求组织，以确保全面高效地完成最终建筑产品。具体体现在以下几个方面：

（1）在具体的工程项目施工中，应按照招标文件的实质性要求和条件，执行国家的法令和政策，遵守施工的有关规程、规范和细则。

（2）从施工的全局出发，全面规划，选定施工方案，合理安排施工程序，做好施工计划，确定施工进度，选择施工机具，使各环节、各工序互相衔接，协调配合。

（3）合理地、科学地计算各项物资、资源和劳动力的需要量，安排好使用的先后次序，以便有效组织保证和及时供应。

（4）对施工项目必备的材料厂、砂石场、轨排场、桥梁场等进行合理的分布和布置，以适应施工作业的需要。

（5）切实、有效地做好施工技术组织措施以及开工前的各项准备工作。

（6）对重点、难点、控制工期的工程以及施工中可能遇到的问题，应提前分析、构思对策，做到心中有数。

（7）严格制定防护措施，充分做好施工的安全保护、环境保护以及相关的安全防护工作。

3. 施工组织的作用

铁路施工组织设计在不同阶段、不同进程、不同部门都有不同作用，主要是规划、组织、指导作用及作为概（预）算编制依据，具体表现在以下几个方面：

（1）指导工程各项施工准备工作。

（2）实现业主需求，进一步验证设计方案的合理性与可行性。

（3）统一规划并协调复杂的施工活动。

（4）对拟建工程实施全方位、全过程的科学管理和监控。

（5）通过编制施工组织设计，可充分考虑施工中可能遇到的困难与障碍，主动调整施工中的薄弱环节，事先予以解决或排除，从而提高对施工风险的预见性，减少施工的盲目性。

（6）铁路施工组织是各阶段进行投资测算的依据，它对施工企业的施工计划起决定性和控制性的作用，也是统筹安排施工企业生产的投入与产出过程的关键和依据。

任务 5.2

施工组织设计的分类

施工组织设计是指导施工的战略部署文件，因建设项目的类别、工程规模、编制阶段、编制对象和范围不同，施工组织设计在编制的深度和广度上也有所不同。

1. 按编制单位的不同分类

（1）设计单位的施工组织设计。

（2）招标单位的施工组织设计。

（3）施工单位的施工组织设计。

（4）监理单位的施工组织设计。

2. 按项目实施阶段不同分类

施工组织设计应围绕实现质量、安全、工期、投资、环保、稳目标开展工作，按照各阶段要求，逐步深化细化。施工组织设计按阶段分类见表5.1。

设计阶段施工组织设计重点研究施工组织方案，提出工期意见，满足技术可行和经济合理的要求；实施阶段施工组织设计在批复施工组织设计意见的基础上侧重于各种要素的详细安排、有序组织、全面落实。

表 5.1 施工组织设计分类表

编制阶段		施组名称	编制单位
设计阶段	预可行性研究	概略施工组织方案意见	设计单位
	可行性研究	施工组织方案意见	
	初步设计	施工组织设计意见	
招投标阶段	招标阶段	施工规则	招标单位或其委托单位
	投标阶段	投标施工组织设计	投标单位
实施阶段		指导性施工组织设计	建设单位
	施工阶段（实施性施工组织设计）	施工组织总设计	施工单位
		单项或单位工程施工组织设计	
		分部或分项工程施工组织设计	
		专项施工方案或安全专项施工方案	

3. 按编制对象范围的不同分类

1）施工组织总设计

施工组织总设计是以某地区中标的某一个标段或同时中标的多个标段个建筑群或一建设项目为编制对象，由项目总承包单位对承揽的综合建设项目施工所做的总体部署，用以指导其施工全过程各项活动的技术、经济等综合性文件。它是整个编制单元所有项目施工的战略部署文件，其涉及范围较广，内容比较概括，是编制项目总承包单位全年、季度施工生产计划和单位工程施工组织设计的依据。

2）单位工程施工组织设计

单位工程施工组织设计是以一个单位工程为编制对象，由中标的项目经理或项目工程队负责编制，用以指导其施工全过程的各项施工活动的综合性技术经济文件。它是施工单位编制季度、月份和分部分项工程作业设计的依据。

对于同时承担几个施工项目，且工程量较小时，可以合编一个施工组织设计，以有利于综合组织人力、物力的投入和使用。对于单项施工项目，如工期较短，且无系统特殊要求或配合时，也可以采取"技术交底书"的形式，以简化施工组织编制的程序和内容。对于跨年度的建设项目，因投资或施工环境及所需人力、物力的变化，为适应建设单位和施工生产的需要，有时还应编制年度施工组织设计。年度施工组织设计应结合上一年度施工情况和新的一年部署要求进行编制。

3）分部分项工程施工组织设计

分部分项工程施工组织设计是以分部（分项）工程为编制对象，用以具体实施其分部（分项）工程施工全过程的各项施工活动的技术、经济和组织的综合性文件。通常以施工难度较大或技术较复杂的分部、分项工程（如地质情况复杂的基础工程、特大构件的吊装工程、大量土石方的平整场地工程等）为编制对象，用来指导其施工活动的技术、经济文件。它结合施工单位的月、旬作业计划，把单位工程施工组织设计进一步具体化，它是专项工程的具体施工文件。

施工组织总设计、单位工程施工组织设计和分部分项工程施工组织设计，是同一建设项目，不同广度、深度和作用的三个层次。

4. 按施工组织深度不同分类

1）指导性施工组织设计

通常情况下，所有的标前施工组织设计（包括设计单位、招标单位及施工单位的投标施工组织设计）均为方案性施工组织设计，即指导性施工组织设计。另外，习惯上常将上级单位下达给基层单位的施工组织设计统称为指导性施工组织设计。

2）实施性施工组织设计

工程招标完成后，由中标施工单位编制的施工组织设计视为实施性施工组织设计。另外，由于基层单位编制的施工组织往往以施工难度较大或技术较复杂的单项或单位甚至分部、分项工程为编制对象，所以常将施工单位编制的单位工程施工组织设计或分部分项工程施工组织设计视为实施性施工组织设计。

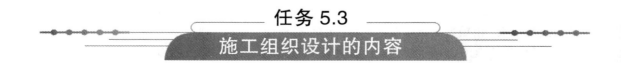

任务 5.3
施工组织设计的内容

5.3.1 施工组织设计的基本内容

施工组织设计应根据建设项目特点，通过技术经济比选，选择施工方案，确定施工进度设置临时工程，并对项目在人力和物力、时间和空间、技术和组织等方面做出全面科学合理的安排，确保高效地完成建设任务。

施工组织设计一般由三部分组成。

1. 文字说明

如编制依据、工程概况、施工部署、施工方案、资源配置、进度计划、主要项目施工方法、创优规划、各项保证措施等。其中：

（1）施工方案的选择，包括施工区段的划分、施工方法的确定、施工机具的选择、施工顺序的安排以及流水施工的组织等。

（2）施工进度计划的编制，包括总工期安排、主要阶段工期安排及专业工期安排、各工程接口关系等。

（3）施工现场的布置，包括各项临时工程的设置规模、方案、位置和布局等。

（4）资源配置的方案，包括材料设备采购供应方案、分年度主要材料设备采购供应计划、关键施工装备的数量及进场计划、劳动力计划、投资计划等。

（5）管理的措施，包括标准化管理、质量管理措施、安全管理措施、工期控制措施、投资控制措施、环境保护措施、路基桥梁沉降控制及观测措施、预警机制、应急预案和信息化管理等。

2. 必要的图纸

施工组织设计应附施工总平面布置示意图、总体施工组织形象进度图、施工进度计划横道图、网络图。

3. 相关计划表

如临时用地计划表、临时用电计划表、主要施工机具表、试验及检测设备表、主要材料计划表、进度计划表等。

不同的施工组织设计有不同的内容，具体取决于它的任务和作用。必须根据不同工程项目的特点和要求，现有的和可能争取到的施工条件，从实际出发，决定各种生产要素的基本结合方式，这种结合方式的时间和空间关系，以及根据这种结合方式和该工程项目本身的特点，决定所需人工、机具、材料等的种类与数量及其取得的时间与方式组织。所以每个施工组织设计的具体内容，将因工程的情况和使用的目的之差异，而有多寡、繁简与深浅之分。

例如，当工程处于城市或原有的工业基地时，则施工的水、电、道路与其他附属生产等临时设施将大为减少，现场的准备工作的内容将因而少些；当工程在离城市较远的新开拓地区时，这部分内容就将变得复杂起来，内容也就要多一些；对于一般性的简单工程，组织设计的内容可较简单，对于复杂的或规模较大的工程，内容就相对复杂很多；对于指导性或施工组织总设计，主要是解决重大的原则性问题，涉及的面也较广，组织设计的内容就精简一些；而单项单位或分部分项工程的施工组织设计，涉及的面较窄，其内容就要求详细一些；同时，不同阶段的施工组织设计，由于功能特点不同，其内容侧重点也不一样，如设计单位的施工组织主要用于费用测算和检验设计可否用于指导施工，其内容侧重于施工方法和与概（预）算有关的数据，而施工单位的施工组织主要用于指导施工，则其内容侧重于施工安排及资源量计算。除此以外，施工单位的经验和组织管理水平也可能对内容产生某些影响。比如对某些工程，如施工单位已有较多的施工经验，其组织设计的内容就可简略一些，对于缺乏施工经验的工程对象，其内容就应详尽一些具体一些。所以，在确定每个组织设计文件的具体内容与章节时，都必须从实际出发，以适用为主，做到各具特点，少而精，不可一味强调面面俱到。

设计阶段编制施工组织设计（方案）可以从施工角度了解、检验设计文件在技术上的可行性和合理性；同时概（预）算文件的编制与施工组织密不可分，为编制设计概算也需要编制施工组织设计；加之对项目进行经济评价，需要考虑施工及工期等因素。

实施阶段编制的施工组织设计与设计阶段编制的施工组织设计的最大不同点是实施性即使在投标施工组织设计中所提出的方案，也须考虑中标后付诸实施。另外，此阶段编制施工组织设计时各种外界因素（如图纸、工期、施工力量、征地拆迁等）已基本确定。因此，施工单位的施工组织设计的特点可以用"现实、具体、深入、可行"来描述。

5.3.2 指导性施工组织设计

指导性施工组织设计是由建设（业主）单位编制的施工组织设计。

1. 编制依据、编制范围及项目概况

（1）编制依据，主要包括：①国家法律、法规和中国铁路总公司规章制度；②国家对本项目的批复文件；③本项目采用的标准、规范、规程等；④中国铁路总公司与地方政府的有关协议纪要等；⑤中国铁路总公司对本项目批复文件；⑥勘察设计合同以及合同的有效组成文件，科学研究及试验成果；⑧当前铁路建设的技术水平、管理水平和施工装备水平；⑨施工组织调查报告。

（2）编制范围，主要包括：①正线起讫地点、里程、长度等；②枢纽、联络线等相关工程。

（3）设计概况，主要包括：①项目建议书的批复情况；②勘察设计及各阶段批复情况；③批准的建设规模、工期。

2. 工程概况

简要介绍项目的工程情况，主要技术标准，着重介绍与施工组织有关的工程特点、控制工程及重难点工程。主要包括以下内容：

（1）线路概况，本项目线路走向、途经地区、桥隧比例及修建意义，应附地理位置图。

（2）主要技术标准，列出初步设计批复的主要技术标准。

（3）主要工程内容和数量，以表格为主，并辅以简要文字叙述，包括主要工程数量汇总表等。

（4）征地拆迁数量、类别，特殊拆迁项目情况。

（5）工程特点，主要叙述本项目在自然条件、结构设计、施工环境、施工方案等方面的特点。主要包括工程技术特点、工程分布及工程结构特点等。

（6）控制工程及重难点工程，简要介绍控制工期或对工期影响大的工程，技术复杂施别困难的工程，对质量安全影响大的工程的名称、位置、规模（隧道长度、桥梁主跨等）、工期、重难点问题及其处理措施等。

3. 建设项目所在地区特征

简要介绍项目的施工条件、区域地理和社会环境因素等。主要包括以下内容：

（1）自然特征，包括地形地貌、工程地质、水文地质及地震动参数，高原、严寒、风沙、盐碱、沼泽、海洋、软土、黄土等的范围及特征以及气温、风力风向、降雨、台风、潮汐等气象特征。

（2）交通运输情况，新建铁路说明，既有铁路、水运、公路等可资利用的情况，改建铁路补充说明，既有铁路的通过能力、控制区间等可资利用的情况。

（3）沿线水源、电源、燃料等可资利用的情况（含缺水、缺电地段说明）。

（4）当地建筑材料的分布情况（含缺砂、缺石、缺填料地段说明）。

（5）其他有关情况（含地方卫生防疫、地区性疾病、民风民俗等）。

4. 施工组织安排

（1）建设总体目标，包括质量、安全、工期、投资、环保、文明施工、技术创新等方面的管理目标，应根据法律法规和国家主管部门对本项目的审批意见制定。

（2）建设组织机构和任务划分，包括管理模式及建设组织机构，设计、监理、施工单位现场组织机构，设计咨询区段划分及施工标段划分。

（3）总体施工安排和主要阶段工期，包括开竣工日期及总工期、总体施工顺序及主要工期安排。按照新建普速铁路、高速铁路（客运专线）、既有线增建二线、既有线电化（或扩能）改造等工程类别分别编制。

（4）施工准备和建设协调方案。施工准备包括征地拆迁及管线迁改的推进计划、施工图供应计划、工程招标计划、施工物资供应计划、外电引入建设计划等。建设协调方案包括征地拆迁协调，图纸供应协调，外电引入协调，与沿线公路部门协调，与环保、水保部门的协调等。征地拆迁及三电迁改中应明确征地拆迁组织形式，责任主体，制订实施方案和推进计划；建设协调中应根据总体进度安排与设计单位签订供图协议，并及时就站房设计与地方政府签订阶段性协议。地方相关配套工程建设一并纳入施工组织设计。

（5）各专业工程施工工期，应明确各专业工程的开竣工时间，包括：① 路基土石方、桥梁下部、隧道工程；② 梁部工程（预制梁架设、现浇梁等）；③ 无砟道床；④ 铺轨；⑤ 整道、无缝线路锁定及精调；⑥ 房建工程；⑦ 四电工程；⑧ 联调联试与运行试验；⑨ 初验及安全评估。

采用边架边铺法施工时，应编制铺轨架梁表，按照铺架顺序，说明每段路基、每座桥梁、每座隧道的铺架起止时间。

采用先架后铺法施工时，应分别编制架梁进度表和铺轨进度表，铺轨进度表中应说明全线主要的路基工点、长隧道、连续梁等铺轨的起止时间、顺序等。

有无砟道床的线路应编制无砟道床进度表，说明无砟道床铺设的起止时间及设备配置情况等。

各节点时间安排应考虑路基、桥涵、隧道等结构的沉降变形稳定时间以及工程间和专业间的接口问题。

各专业工序之间，上道工序按时完成各项内容后应及时与下道工序办理转序手续。

（6）工程接口及配合，包括工程接口的内容、涉及的专业、质量交接验收的方式及工期要求。总体施工组织安排中应提前梳理站后与站前各专业间以及不同标段之间的接口与配合关系，铺轨作业时间安排，做好专业和标段间的接口与配合工作。

（7）联调联试及运行试验：联调联试及运行试验的开始结束时间以及施工配合组织安排。

（8）绘制施工总平面布置示意图（含线路纵断面图）、总体施工组织形象进度图、施工进度计划横道图、网络图等。

5. 大型临时工程和过渡工程

（1）大型临时工程：大型临时工程中应说明设置的具体方案、标准、主要工程数量，以及建筑规模、占地面积、生产能力、供应范围、供应数量、主要设备数量等。主要包括：① 铺轨基地（存砟场）；② 制（存）梁场；③ 轨道板（双块式轨枕）预制场；④ 材料厂；⑤ 铁路岔线、便线、便桥；⑥ 混凝土拌和站、填料拌和站；⑦ 汽车运输便道（含运梁便道）；⑧ 临时通信、临时电力线路、临时给水干管；⑨ 钢梁拼装场；⑩ 临时渡口、码头、栈桥等。大临工程设计应执行相关规定，特殊环境应根据具体实际情况进行设计。

（2）过渡工程：施工过渡方案应在征求运输管理部门及相关设备管理单位意见后确定。

6. 施工方案

应结合项目特点，分专业说明工程概况、工程数量、施工方法、施工装备、施工顺序和作业组织方式、工期安排、施工难点和应注意事项，过渡方案应说明过渡工程内容、位置、天窗计划等，并绘图说明实施步骤。

重点明确铺架方案，包括铺架进度的安排，铺架方向，与既有线、既有车站的接轨方案。

7. 控制工程及重难点工程（包括高风险工程）的施工方案

方案包括工程概况，开竣工日期、施工方法，施工设备，施工顺序和作业空间规划，劳动及作业组织方式，关键工序施工工艺及质量控制，施工难点和应注意的问题等。

控制工期的重点隧道工程，应编制工程概况、工程地质和水文地质条件、施工条件、辅助坑道情况、施工工区及任务划分、各工区承担的围岩级别及数量、施工进度指标、主要施工方案和方法、施工辅助措施等，宜采用图表表示。对于不良地质或特殊地质地段，应重点说明地质情况、施工风险情况、施工技术措施及应急预案。

控制工期的桥梁工程，应编制工程概况、工程地质和水文地质条件、施工条件、施工单元的划分，明确连续梁和简支梁现浇的设备配置，确定进度指标。深水桥应按照水中墩的分布和施工条件，设置辅助设施，分析进度指标，并重点说明施工风险情况、施工技术措施及应急预案。

临近既有线施工，应编制施工安全控制方案，特别是临近高速铁路施工的，施工方案应对既有线的安全影响进行评估，制订沉降观测方案，施工过程中加强观测。

8. 资源配置方案

方案包括主要工程材料设备采购供应方案、分年度主要材料采购计划、关键施工装备的数量及进场计划、劳动力计划等，特别是钢轨、道岔、道砟、轨枕等材料供应方案。

9. 管理措施

管理措施包括标准化管理措施、质量管理措施、安全管理措施、工程控制措施、投资控制措施、环境保护措施、水土保持措施、文物保护措施、文明施工措施、节约用地措施、冬季施工措施、夏季施工措施、雨季施工措施、路基桥梁沉降控制及观测措施、预警机制、应急预案和信息化管理等。

10. 施工组织图表（包括附表、附图、附件）

附表包括主要工程数量汇总表、路基工点表、桥梁表、隧道表、车站表、施工标段表、大型临时工程和过渡工程汇总表、大型临时工程（铺轨基地、制梁场、轨道板预制场）设置表、过渡工程表、架梁进度计划表、无砟道床进度计划表、铺轨进度计划表、铺架进度计划表、甲供材料设备表、甲控材料设备表、分标段分年度主要材料设备计划表、主要施工装备数量表、人员配置数量表等。

附图包括施工总平面布置示意图、总体施工组织形象进度图、施工进度计划横道图、网络图、铁路枢纽布置示意图、过渡工程示意图、特殊工点施工顺序图等，控制工程及重难点工程（包括高风险工程）应单独绘制施工进度计划横道图、网络图。

5.3.3 实施性施工组织设计

实施性施工组织设计应以施工合同和指导性施工组织设计为基础，结合现场施工具体情况，制订切实可行的施工方案和各项保障措施，全面响应指导性施工组织设计的各项要求。主要内容包括以下各方面。

1. 编制依据、编制范围及设计概况

除应符合"指导性施工组织设计"中的相关要求外，编制依据还应包括设计单位编制的指导性施工组织设计、招标文件以及本单位的投标文件等，编制范围应包括本标段的工程范围。

2. 工程概况

工程概况包括线路概况、主要技术标准、主要工程项目及数量、工程特点、控制和重难点

工程的分析和对策、其他有关情况。以上均应结合相应的标段工程、单位工程、地段或工点等具体情况进行编写，线路概况可先反映整个项目情况。

3. 建设项目所在地区特征

地区特征包括该地区的自然特征、交通运输情况，沿线水源、电源、燃料等可资利用的情况，当地建筑材料的分布情况，其他有关情况等。

4. 总体施工组织安排

总体施工组织安排包括施工总体目标，施工组织机构及职责分工、队伍部署和任务划分，开竣工日期及总工期，总体施工顺序及主要阶段工期安排，施工准备、征地拆迁和建设协调方案，主要进度指标及分项工程施工进度计划，工程的接口及配合，关键线路及施工总平面布置示意图、总体施工组织形象进度图、施工进度计划横道图、网络图等图表。

5. 临时工程和过渡工程

临时工程和过渡工程包括大型临时工程和过渡工程及驻地和营房等小型临时设施设置的具体方案、标准、规模、能力、主要工程数量和主要设备数量，并附施工总平面布置等。

6. 控制工程及重难点工程 (包括高风险工程)

控制工程及重难点工程包括工程概况、施工方法、施工装备、施工顺序和作业空间规划、劳动及作业组织方式、关键工序施工工艺及质量控制、施工难点及应注意的问题等。

7. 施工方案

施工方案包括确定施工方法、选择施工装备、制定施工顺序和作业组织方式。各专业按施工顺序分别制订施工方案和技术措施，并突出质量控制、检测方法和手段、沉降变形的观测与评估。

8. 资源配置

资源配置包括主要工程材料设备采购供应方案、分年度主要材料设备计划、关键施工装备的数量及进场计划、劳动力计划、资金使用计划等。

9. 管理措施

管理措施包括标准化管理、质量管理措施、安全管理措施、工期控制措施、投资控制措施、环境保护措施、水土保持措施、文物保护措施、文明施工措施、节约用地措施、冬季施工措施、夏季施工措施、雨季施工措施、路基桥梁沉降控制及观测措施、预警机制、应急预案和信息化管理等。

10. 引用的设计文件与施工规范

引用的设计文件与施工规范包括本段使用的设计文件及引用的现行有效的铁路工程建设标准规范。

11. 进一步研究解决的问题及建议

12. 施工组织图表 (包括附表、附图、附件)

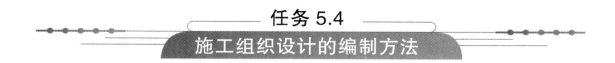

任务 5.4
施工组织设计的编制方法

5.4.1 编制原则

（1）施工组织设计应符合相关规范、规程、施工工艺等技术要求，合理安排施工顺序，注重与专业设计的结合、站前站后及专业工程间的接口与配合。

（2）施工组织设计应在施工组织调查的基础上开展编制工作。

（3）施工组织设计应突出铺架工程和联调联试及运行试验两条主线。铺架工程线是统筹安排各站前工程的控制线，站前工程中重点要保证路基、桥梁、隧道的工期不能碰铺架线；联调联试及运行试验线是统筹安排站后配套工程及各子系统调试的控制线，站后工程中重点要保证四电、房建、站场设施工期不能碰联调联试线。

（4）施工组织设计中总工期由关键线路确定，各节点工期可通过网络计划技术来安排。在满足总工期和均衡生产的要求下，优化各节点的施工进度计划。

（5）施工进度计划应突出关键线路上的工程和重难点工程明确征地拆迁、架梁、无砟道床、铺轨、四电设备用房、站房（含站台、雨棚）、动车所、四电、验收（含联调联试）等重要节点的开竣工日期。

（6）施工进度计划应关注征地拆迁、管线路迁改、跨河跨路评估评价工作及协议签订、物资采购供应、环境保护及水土保持、图纸供应、质量检验与评估等制约工程顺利推进的因素；关注各项专项验收安排以及安全环境整治安排包括水井封闭、危树砍伐、彩钢房评估、线侧堆载整治等。

（7）施工组织设计应以技术复杂桥梁，特长、地质复杂的隧道，大型复杂站房及枢纽改造、无砟轨道路基及软土路基、邻近营业线特别是高速铁路等控制工程为重点。

（8）施工组织设计应针对建设过程中不确定因素（自然灾害、高风险隧道、深水桥、不良地质、突发事件、环境保护要求等），建立预警机制并制订相应的预案。

（9）施工组织设计宜采用有利于职业病防治和劳动者健康，有利于环境保护和水土保持的新技术、新工艺、新设备及新材料。

（10）施工组织设计在设计及实施阶段均应大力推广机械化、工厂化、专业化、信息化。

（11）施工组织设计应积极采用先进成熟的施工技术，科学确定施工方案。对下列工程的施工方案应作重点研究：

① 控制工期的工程。

② 需采取特殊施工安全或质量措施的工程。

③ 施工难度大或采用新技术的工程。

④ 与既有铁路接轨的过渡工程。

⑤ 冬季、夏季、雨季、潮汐、台风、风沙等特殊气候及环境条件下施工的工程。

⑥ 取土场、弃土（渣）场的选址，表土的剥离与利用。

⑦ 其他需要重点研究的工程。

（12）施工方案的选择应遵循的原则：

① 应确保工程质量和施工安全。

② 应满足先进、成熟、经济、适用、可靠的要求。对选用的新技术应通过生产性试验或鉴定。

③ 应利于先后作业之间、建筑工程与安装工程之间、各道工序之间的协调均衡，减少交叉干扰。

④ 应均衡考虑施工强度和施工装备、材料、劳动力等资源需求。

⑤ 应满足劳动保护、环境保护及水土保持等方面的要求。

⑥ 应兼顾施工和运营，尽量减少施工与营业线运输之间的相互干扰。

（13）施工进度计划的编制应遵循的原则：

① 遵守基本建设程序。

② 施工组织方案（设计）意见应适当留有余地，以增强抵御建设风险的能力，指导性施工组织设计宜体现平均先进水平，实施性施工组织设计可根据企业管理水平和技术装备水平等合理安排工期，鼓励采用先进工法、工艺、工装设备和材料。

③ 人力、物资、设备和资金等资源分配均衡。

④ 单项工程施工进度应与施工总进度相互协调，各施工工序前后兼顾、衔接合理、干扰少、施工均衡。

⑤ 在保证工程施工质量、总工期的前提下，充分发挥资金的时间价值和投资效益。

⑥ 安排施工进度计划时，必须满足首件评估、线下工程沉降、梁体收缩徐变、联调联试及运行试验、验收整改的必要时间，无缝线路锁定应选择在满足锁定轨温要求的气温条件下进行。

⑦ 铺轨后各工程占轨时间应有专项安排。

（14）大型临时设施和过渡工程应根据工期要求，结合工程量、供料情况、运输条件、地形条件等因素，经技术经济比选后确定配置方案、建设标准和规模等。大型临时设施和过渡工程设计应符合《铁路大型临时工程和过渡工程设计规范》的有关规定。

（15）施工设备配置应遵循的原则：

① 适应工程所在地的施工条件和结构特点，符合设计要求，生产能力满足施工强度要求。

② 设备通用性强，能在工程项目中持续使用。

③ 设备性能机动、灵活、高效、低耗、运行安全可靠，符合环境保护要求。

④ 应按各单项工程工作面、施工强度、施工方法进行设备配套选择，力求经济。

⑤ 设备购置及运行费用经济，易于获得零配件，便于维修、保养、管理和调度。

⑥ 新型施工设备应成套应用于工程，单一施工设备应用时，应与现有施工设备生产率相适应。

（16）施工区段应结合项目工程特点、工期安排、大型临时设施的设置情况等进行划分。

（17）同一施工区段内施工宜采用流水作业的组织方式，不同施工区段内可采用平行作业组织方式。

（18）施工区段的划分应遵循的原则：

① 考虑当前施工企业的管理水平和施工机械化程度以及沿线工程量分布情况，按规模适中的原则设置。

② 考虑施工组织设计的工期安排，大型临时设施和过渡工程的设置情况及铺架范围等因素。

③ 考虑行政区划、设计分界、工程量分布、土石方调配、材料运输组织、控制工程的位置等因素。

④ 考虑大型站房、特长隧道、特大桥梁、四电等专业化施工的因素。

⑤ 考虑分段施工、分段投产的可能性。

⑥ 有利于工程质量、施工安全和进度的控制。

⑦ 有利于资源的合理配置和均衡利用。

（19）施工进度计划的优化调整根据优化条件和目标不同，分为工期优化、费用优化和资源优化等。

（20）施工组织设计在实施过程中应及时跟踪检查，针对实际进度偏离计划进度的情况，分析其影响工期和后续工作的范围，拟订改进措施或修改方案，以实现施工组织设计的目标。

5.4.2　编制依据

不同的施工组织设计有不同的编制依据，但其共同点是必须尽可能地详细收集编制时的所有文件与资料，主要包括如下方面：

（1）建设要求文件，包括：国家批准的基本建设计划文件、工程量清单、建设地点所在地区主管部门的批件及招标文件的要求、合同的约定等。

（2）设计文件，包括：施工组织设计所需的最详细的设计文件与资料，如可行性研究报告、初步设计、施工图设计图纸，设计说明书，总概算等。

（3）建设地区的调查资料，包括：水文、气象、地质、交通运输、当地建筑材料的分布、重点工程施工条件、大型临时工程及辅助设施修建条件以及水、电、燃料供应等。

（4）国家或业主对该建设项目的工期等要求。

（5）上一阶段批准的施工组织设计及鉴定意见。

（6）现行有关定额、指标及施工总结等资料，类似工程的经验资料等。

（7）施工单位既有的生产能力，包括：施工人数、技术装备、施工水平及机具数量、规格、性能等。

（8）有关技术标准、施工规范、操作规程等资料。

（9）有关协议、中标通知书、合同、纪要及上级文件等资料。

5.4.3 核心内容和主要环节

1. 施工组织设计的核心内容

施工方案、进度计划、资源需求、平面布置是施工组织的核心内容，而其表现形式通常通过"三图两表"表达。其中："三图"即施工平面布置图、施工进度计划图和网络计划图，主要表达平面布置和进度计划；"两表"则是指材料计划表、机具设备配备表，主要表达资源需求计划与安排。因此，必须高度重视施工组织设计核心内容的编写，以确保施工组织设计文件质量。

1）施工方案

施工方案是指工、料、机等生产要素的有效结合方式。从若干方案中选择出一个切实可行的施工方案来，是编制施工组织设计首先要确定的问题，是决定其他内容的基础。施工方案的优劣，在很大程度上决定了施工组织设计的质量和施工任务完成的好坏。

2）施工进度计划

施工进度计划是施工组织设计在时间上的体现。进度计划是组织与控制整个工程进展的依据，是施工组织设计中关键的内容。因此，施工进度计划的编制要采用先进的组织方法（如立体交叉流水施工）和计划理论（如网络计划、横道图计划等）以及计算方法（如各项参数、资源量、评价指标计算等），综合平衡进度计划，规定施工的步骤和时间，以期达到各项资源在时间、空间上合理利用，满足既定的目标。

施工进度计划包括划分施工过程、计算工程量、计算劳动量、确定工作天数和工人人数或机械台班数，编排进度计划表及检查与调整等各项工作。为了确保进度计划的实现，还必须编制与其适应的各项资源需要量计划。

3）资源需要量及其供应

资源需要量是指项目施工过程中所必要消耗的各类资源的计划用量，它包括：劳动力、建筑材料、机具设备以及施工用水、电、动力、运输、仓储设施等的需要量。各类资源是施工生产的物质基础，必须根据施工进度计划，按质、按量、按品种规格、按工种、按型号有条不紊地进行准备和供应。

4）施工现场平面布置

施工现场平面布置是根据拟建项目各类工程的分布情况，对项目施工全过程所投入的各项资源（材料、构件、机械、运输、劳力等）和工人的生产、生活活动场地做出统筹安排。通过施工现场平面布置图或总布置图的形式表达出来，它是施工组织设计在空间上的体现。因为施工场地是施工生产的必要条件,合理安排施工现场,绘制施工现场平面布置图应遵循方便、经济高效、安全的原则进行,以确保施工顺利进行。

施工组织设计中施工进度计划、施工方案、施工现场布置、资源配置方案等各项要素间相互影响、相互制约,在管理措施机制、制度和手段等方面发挥关键的保障作用,其相互关系见图 5.1(实线表示决定作用,虚线表示制约作用)。

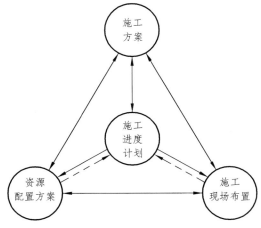

图 5.1　施工组织设计主要内容关系图

2. 施工组织设计的主要环节

1)计算详细工程数量,拟定工程量清单

工程量计算准确,才能保证劳动力和资源需要量的计算正确和分层分段流水作业的合理组织,故工程量必须根据图纸和定额资料进行准确的计算,并以此为基础提出拟定工程量清单。计算工程量时需要考虑不同的施工方法对应的工程数量不同,如桥梁基础分层分段按流水作业方法施工时,工程量也应按相应的分层分段计算。又如土方工程的施工方法由利用挡土板改为放坡以后,土方工程量随即增加,而支撑工料就全部取消。

2)分析重点、难点与特点,确定施工方案

施工方案是施工组织设计的基本前提与核心内容,必须认真研究、全面考虑每一单位工程。具体施工顺序安排和流水段的划分以及主要或复杂的分部分项工程施工方法和施工机械的选择,对整个单位工程的施工具有决定性的作用。与此同时,还要研究保证质量与安全以及缩短技术性中断的技术组织措施。

3)资源需求分析与计算,排定进度计划

依据劳动定额和工程量计算人工、材料及机具台班需要量。按照工期要求、工作面的情况、工程结构以及其他因素,在计算出劳动力和机具的具体需要量的基础上,求算各工序时间,编制与优化网络计划,并按工作日排出施工进度。

4)统筹分析与平衡,完成平面设计

根据施工进度计划,绘制资源供应动态图,如果发现有过大的高峰或低谷,应适当地调整与修改进度计划,使其尽可能趋于平衡,以便使劳动力的和物资的供应更为合理。与此同时,为使生产要素在空间上位置合理、互不干扰,加快施工进度,还必须进行施工场地平面设计。

5.4.4　编制程序

施工组织设计应根据工程分布和数量,选择和优化施工方案,合理划分施工区段和组织流水作业,拟订施工进度并计算各种资源的需要量,按照均衡施工的原则对进度计划进行修正,提出大型临时设施和过渡工程的设置意见,完成施工总平面布置等。

不同的施工组织设计因其编制对象不同、深浅度不同,其编制程序也略有不同,需要在编制时互为条件，互为补充，互相对比，互相完善，是一个复杂的系统过程，施工组织设计中各主要环节的编制可按如下步骤进行。

1. 总工期的确定

（1）准备工作，包括收集、分析施工组织调查资料，了解项目的工程概况、地区特征，填写全线工点一览表（含路基、桥梁、隧道）。

（2）初步确定控制性工程及重难点工程的施工方案和工期。

（3）初步确定铺轨基地的设置方案及铺轨方向。

（4）初步确定箱梁（T梁）、轨道板（双块式轨枕）预制场的设置方案及架梁方向。

（5）计算线下分段工程工期。

（6）优化控制性工程及重难点工程的施工方案、大型临时工程布局方案和工期。

（7）初步确定大型站房的方案和工期。

（8）初步确定铺架完成后的接触网、信号工程方案和工期。

（9）初步确定铺架完成后达到联调联试基本条件的其他站后工程方案和工期。

（10）初步确定联调联试及运行试验、初验及安全评估的工期。

（11）绘制总体施工组织形象进度图，在均衡配置"人、财、物、机"的基础上，对铺架工程和联调联试两条主线下的控制性工程及重难点工程的施工方案和工期，进行技术经济比较，提出总工期的推荐意见。

2. 材料供应方案

（1）拟定材料供应的料源点：根据调查资料，分别按铁路专用材料、主要建筑材料和当地料三大类，拟定料源点，如果其储量、产量不满足设计要求时，应扩大调查范围。

（2）拟定运输方法和运输距离：运输方法应综合比较后确定，铺轨后应尽可能由工程列车运输。如有水运条件，应注意通航季节、运输能力、船只来源、修建码头的费用等因素，与陆地运输条件比较后选择。改建铁路，有条件的应尽可能考虑以火车、轨道车运输。

（3）运输方案比选：根据不同的运输方法、运距、运价，并全面考虑不同运输方案所引起的修建临时设施的费用、不同产地材料价格的差别、安全可靠性等因素，选择合理的运输方案。

3. 施工顺序及进度安排

（1）施工区段划分应考虑地形条件、工程量分布情况、控制工程的位置及项目总工期等因素。

（2）施工准备，应结合基本工程的先后顺序和施工要求，分段、分期安排。

（3）站前工程，为确保铺轨期限，应首先安排好控制工程和重点工程的施工顺序，然后再考虑一般工程的施工顺序。

（4）轨道工程，有砟轨道应着重考虑铺轨与铺砟的关系，若铺砟控制工期，须采取相应措施，优先安排铺砟进度。无砟轨道应重点考虑无砟轨道床与站前工程（特别是控制和重点工程）的关系。

（5）站后工程，应结合站前工程的施工进度，统筹安排，配套完成。

（6）对受季节影响大的工程，应避免安排在不利的季节施工，如因工期要求所限必须安排时，应提出有效的措施。

（7）改建铁路，应根据工程分布与运营需要的缓急，优先安排控制区间和工程量大、工期长的区间施工，以区间为施工单元，分先后间隔安排施工，逐步提高通过能力，并与既有设施产权与维护管理部门协商，拟订施工过渡方案。

（8）安排施工顺序，要综合考虑可利用因素，临时与永久结合的正式工程等应安排在前；站场改造时，安排车场及股道的施工顺序要尽量考虑利用既有设施过渡，以减少过渡工程。

4. 大型临时设施和过渡工程

临时工程是为了保证施工期间的工程运输、居住、通信、水电供应等临时修建的工程，在整个工程项目完工后大都要拆除废弃。

5. 资源配置与用量计算

施工组织设计应建立资源用量和计算模型。"人、财、物、机"为主要施工资源，应分别建立计算公式，如日均劳动力用量$=\beta\sum(\alpha_i C_i / R)$，其中$\beta$为企业管理水平调整系数，最高为1，$\alpha_i$为单位工程劳动用工量，$C_i$为各单位工程量，$R$为此项工程的工期。资金、物资、设备需求量也均建立公式计算。

6. 施工总平面布置示意图和总体施工组织形象进度图

（1）施工总平面布置示意图主要包括以下内容：① 线路平面缩图及主要村镇、河流位置、省界（新建铁路）、铁路局界（改建铁路）；② 重点桥隧等工程的位置及其中心里程、长度、孔跨，以及重点取（弃）土场位置；③ 车站位置及其中心里程；④ 砂、石、道砟场的位置和储量，砖瓦、石灰厂、粉煤灰产地等的位置（包括既有和新建）；⑤ 大型临时设施的位置；⑥ 既有道路和拟建或改建汽车运输便道的位置；⑦ 改建铁路，应注明设计线与既有线的关系；⑧ 图例、附注。

（2）复杂的展线地段及站场改造，可附放大的平面示意图。

（3）总体施工组织形象进度图主要表示在总工期范围内，总的工程进度及各类主要工程的施工顺序及其进度。主要包括以下内容：① 主要工程分布（绘出车站的位置，重点桥隧工程的里程、长度、规模）；② 工程进度图示；③ 施工区段划分；④ 图例、附表（主要工程数量）、附注。

（4）施工特别复杂地段，由于工点密集，必要时，可另绘放大的局部示意图。枢纽项目，可分站、分片或分几个部分按顺序排列，连接绘制。

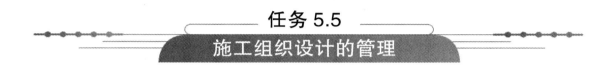

任务 5.5
施工组织设计的管理

1. 管理流程

各阶段施工组织设计应严格执行编制与审批程序，各阶段编制与审批责任人按规定进行，见表5.2。

表 5.2　施工组织设计编制与审批责任表

分类名称	编制人	参加人	审批人	责任人	审批人
概略施工组织方案意见	设计单位项目技术负责人	1. 设计单位各专业负责人； 2. 建设单位部门负责人	1. 设计单位技术主管； 2. 建设单位分管负责人	1. 设计单位项目第一责任人； 2. 建设单位第一责任人	总公司主管部门
施工组织方案意见					
施工组织设计意见					
指导性施工组织设计	1. 建设单位技术负责人； 2. 设计单位技术负责人	1. 建设单位各部门人员； 2. 设计单位各专业负责人	建设单位分管负责人	建设单位第一责任人	总公司主管部门
实施性施工组织设计	施工单位项目技术负责人	1. 施工单位各部门人员； 2. 设计单位关键专业项目负责人	1. 施工单位项目负责人； 2. 监理单位负责人； 3. 建设单位分管负责人	施工单位项目第一责任人	建设单位负责人

2. 编制、审批流程

（1）施工组织方案（设计）意见编制和审批流程如图 5.2 所示。

（2）指导性施工组织设计编制和审批流程如图 5.3 所示。

（3）实施性施工组织设计编制和审批流程如图 5.4 所示。

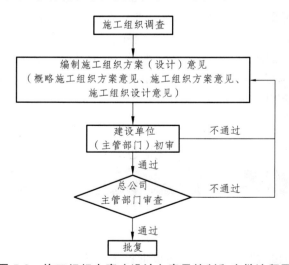

图 5.2　施工组织方案（设计）意见编制和审批流程图

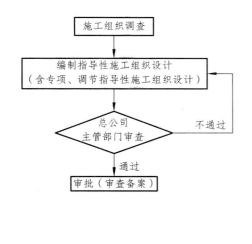

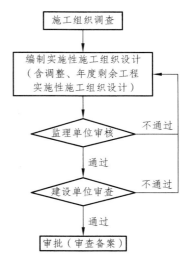

图 5.3　指导性施工组织设计编制和审批流程　　**图 5.4　实施性施工组织设计编制和审批流程**

3. 施工组织设计的风险管理

（1）风险管理是为了达到一个组织的既定目标，而对组织所承担的各种风险进行管理的系统过程，其采取的方法应符合公众利益、人身安全、环境保护以及有关的法规要求。施工组织风险评估要结合各阶段工作特点和内容，确定风险评估对象和目标，进行评估工作。其中，安全风险是评估的首要目标，具体要求见表 5.3。

表 5.3　各阶段风险评估要求

阶　　段		评　估　要　求
设计阶段	可行性研究	对工程的安全、质量、工期、投资、环境、稳定的重大影响和控制工程进行评估
	初步设计	根据可行性研究评估意见，结合本阶段的勘察资料和设计原则，对工程的典型风险进行评估
	施工图设计	根据初步设计审查意见，对设计方案需要进行重大修改的工程进行评估
实施阶段		在设计阶段风险评估的基础上，结合实施性施工组织设计，对所有控制工程及重难点工程进行评估

（2）施工组织风险管理由建设单位负责，其包括对风险的量度、评估和应变策略。理想的风险管理，是一连串排好优先次序，因为风险和发生的可能性通常并不一致，所以要权衡两者的比重，以便做出最合适的决定。

（3）设计阶段的风险主要是对高风险隧道，地质复杂的路基、桥梁、隧道等勘探后的判别与设计，实施阶段的风险主要有设计供图、征地拆迁、管线路迁移、物资采购供应、不良地质的隧道与桥梁工程、环境保护等。

4. 施工组织设计的动态调整

施工组织在编制和实施过程中，当工程的宏观因素发生变化时，要及时发现问题，分析原因，拟订改进措施的修订方案，按建设程序要求进行动态调整，以实现建设目标。通常发生以下情况时需要进行调整：

（1）方案发生重大变化。

（2）总工期、重要节点工期发生较大变化。

（3）实际工程进度与施工组织设计中的进度严重不符。

（4）机具设备、物资、劳动力供求发生较大变化。

（5）其他因素引起的施工组织设计需要调整。

5. 施工组织设计的发展方向

随着我国现代化建设的发展，工程规模日趋庞大，技术日趋复杂，更需要有科学的规划和准备，施工组织设计的编制方法与内容也必须现代化。

施工组织设计必须适应我国建筑业改革发展的需要，适应管理体制改革的要求，适应与国际接轨的需要，无论是编制方式或编制内容都将会有显著的变化，体现在：

（1）编制方式的组合化。

施工组织必须适应今后多方面和多层次的管理要求，且直接涉及制约、协调企业的各项管理工作，因此，只有采取综合考虑，分块成文和按需组合的办法，才能满足相关的需要。

（2）有竞争特色的规范化。

规范化的技术和规范化的管理是企业成熟的重要标志，是企业总体实力的集中体现，是企业资信度的基石，也是投标成功的保证。仅就投标而言，企业的投标资料中含的规范化技术和规范化管理的分量越大，资信度就越高，则投标的成功率就越大。

施工组织设计采用分块组合式的编制方法，符合实现有竞争特色的规范化的要求，可以大大加快规范化的进程，在日益发展的建筑市场的激烈竞争中，规范化中的竞争特色将体现在以下三方面：

① 规范化技术所占比重大，独有技术和特长技术多。

② 规范化管理程度高。

③ 企业的技术储备雄厚且调用方便。

（3）编制手段的快速化。

① 部分已经规范化了的分块资料，可以视需要纳入正文或作为附件，像工法、规则等就不纳入正文，以使正文更具有针对性，有利于加快编制的速度。

② 具有通用性的附件宜分块存放于相关库中，供随时取用，可减少编制时的工作量。

（4）替代为项目管理策划。

从目前我国施工组织设计内容逐步变化的趋势来看，它正在慢慢地向我国颁布的项目管理规范推进。

工程项目管理是国际上通行的建筑工程实施形式。作为现代管理科学的一个重要分支学科，工程项目管理于 1982 年引进到我国，1988 年在全国进行应用试点，1993 年正式推广，2002 年住房和城乡建设部颁发了《建设工程项目管理规范》（GB/T 50326—2001），使得我国的建设项目管理进入有标准可参照的新阶段。

《建设工程项目管理规范》规定项目管理的第一步程序就是编制项目管理规划，然后才编制投标书；同时考虑到施工组织设计是我国目前仍在广泛应用的一项管理制度，《建设工程项目管理规范》规定承包人可以编制施工组织设计代替项目管理规划，但施工组织设计应满足项目管理规划的要求。因而，项目管理规划将有可能取代现行的施工组织设计而成为今后项目管理的主要文件。

思考题

5.1 什么是施工组织设计？

5.2 施工组织的任务、性质与作用是什么？

5.3 如何对施工组织设计进行分类？

5.4 施工组织设计的核心内容是什么？

5.5 简述施工组织设计的编制和审批流程。

5.6 在何种情况下需要调整施工组织设计？

5.7 简述施工组织管理的发展方向。

项目 6

施工组织设计编制

任务 6.1
铁路路基工程施工组织设计

6.1.1 施工组织设计文件组成及其内容

1. 说明书

主要说明线路特征、工程特点、工程数量、工期、设备条件及所使用的定额。着重说明土石方调配、施工方法选择及机械设备经济技术比较，以及加快施工进度、提高工程质量、降低成本、保证施工安全的技术组织措施等。

2. 图　纸

（1）线路平面示意图及纵断面简图。
（2）土石方调配图，包括区间路基土石方概略调配图和站场土石方方格调配图。
（3）施工进度计划图（横道图或网络图）。
（4）劳动力动态图（人力施工），机械使用动态图（机械施工）。
（5）机械运行路线图。
（6）施工场地平面布置图。

3. 附　表

（1）路基土石方数量表。
（2）土石方数量调配明细表和汇总表。
（3）劳、材、机数量计算表。
（4）施工进度计算表。
（5）劳动力组织及机械设备配备表。
（6）临时工程数量表。

6.1.2　施工方法选择

1. 主要施工方案和施工方法

（1）路基工程施工方案应根据施工条件、工期要求、机械设备配置、环境要求、工程费用等进行综合比选，主要施工方案见表 6.1。

表 6.1　路基工程主要施工方案

名　称	内　容
地基处理	冲击碾压、换填土（砂、碎石、改良土）、砂（碎石）垫层、强夯、袋装砂井、塑料排水板、挤实砂桩、碎石桩、粉喷桩、搅拌桩、旋喷桩、CFG 桩、管桩、压浆、预压土
路基填料	级配碎石、改良土与 AB 组填料、渗水土
土石方调配	移挖作填、取土场与利用隧道弃渣
支挡及边坡防护	挡墙、抗滑桩、桩板墙、锚杆（索）框架梁、骨架护坡、浆（干）砌片石、混凝土及喷射混凝土防护、绿色防护等

（2）无砟轨道路基及软土路基等工程应根据现场沉降观测情况，结合工程地质资料，做出沉降稳定评估，制订专项施工技术方案和应急方案。

（3）路基工程中路堑的开挖可按地形、土质状况、断面形状、路堑长度、施工季节和环境保护要求，并结合土石方调配选用的开挖方式、方法。主要施工方法见表 6.2。

表 6.2　路堑开挖主要施工方法

名　称		内　容
路堑开挖	全断面开挖法	平缓地面上短而浅的路堑
	横向台阶开挖法	平缓横坡上的一般路堑（较深路堑宜分层开挖）
	逐层顺坡开挖法	土质路堑（铲运、推土机械）
	纵向台阶开挖法	傍山路堑（边坡较高时，宜分级开挖；路堑较长时，可分段开挖；边坡较高的软弱、松散岩质路堑，宜分级分段开挖）
	高边坡分层开挖法	高边坡路堑（每层高度约 5 m，不大于 8 m，每层分段开挖）

（4）路基工程中路堤填筑应按"三阶段、四区段、八流程"的施工程序组织施工，并依据现场地形、土质、运距及机械的适合条件，选择适宜的机械组合。每个区段长度由使用的机械能力、数量确定，宜大于 200 m 或以构造物为界。

（5）路基附属工程施工方案：

① 截排水沟工程。截水沟工程一般安排在路堑开挖前，由机械协助人工开挖；排水工程在路基成型后由人工施工。

② 绿化工程。绿化工程安排在合适的季节采用人工配合机械施工，一般有人工植草皮绿化方案、液压喷播植草绿化方案，弃土场一般采用植树恢复植被与植树综合的绿化方案。

2. 土石方计算及调配

土石方调配是把技术设计中的断面方转变为施工方的过程，是研究和解决路基施工中如何取土、弃土及移挖作填的问题。施工方法的选择与土石方调配有着极其密切的联系，调配方案不同，施工方法的选择也不同；施工方法不同，调配结果也不一样。因此，合理地进行土石方调配，对确保路基施工期限、降低工程造价十分重要。

在进行土石方调配时，具体遵循以下原则：

（1）施工方最少，尽量纵向移挖作填。最好的施工方案是把从路堑挖出的土石用来填筑路堤。如此，则土石方施工方数量比断面方减少一半，达到减少施工方、节约用地的目标。

（2）节约用地。铁路用地必须贯彻十分珍惜、合理利用土地和切实保护耕地的基本国策，遵循经济合理、节约土地、少占良田的原则。合理的土石方调配能最大限度地减少施工方，减少了施工方亦即减少了取弃土数量，从而节约了区间路基的临时用地。

（3）技术经济条件：

① 在经济运距范围内，充分利用移挖作填。

② 尽量利用荒地、劣地作为取弃土场地，少占耕地，并结合施工改地造田。

③ 充分利用桥隧、站场及附属工程弃土。

④ 土石方挖、装、运、卸的能耗最小。

⑤ 应考虑利用方是否符合路堤的填料质量要求（设计和规范）。

⑥ 应考虑整体工期及工期顺序的要求。

（4）环境保护：

① 取弃土与路基排水、农田灌溉和改地造田相结合，避免引起河岸冲刷，阻塞河流、压缩桥孔等现象的产生。

② 营造绿化带。

3. 路基施工机械的选择

铁路路基土石方是一项量大、面广、贯穿全线的工程，为了节约劳动力、提高工效、减轻劳动强度、加快施工进度、降低工程成本和确保工程质量，在选择施工方法时，凡有条件的地方，应尽量采用机械施工。因此，因地制宜选择施工机械，并在挖、装、运、卸、夯等各工序间做到配套使用，连续作业，以实现路基土石方工程施工的综合机械化。

选择土石方施工机械的影响因素如下所述。

1）施工机械的工作效率

在土方数量很大且较集中的工点，可用生产能力强的大型机械，因其生产效率高，且能减少机械转移工地的时间消耗，工程成本比用生产能力小的机械低。如果土方数量较小，则只能用生产能力小的机械。

2）工程期限

工程期限要满足铺轨工期要求，是选择施工方法的主要影响因素。一般在工期紧迫且工程量较集中的地段，应使用大型机械，以加快施工进度，按期交付使用。

3）工程特点

选择施工机械应考虑路基土石种类、地形及运输条件、挖填高度、土石方运输距离、气候条件等因素，经济合理确定。土石方机械适用范围见表6.3和表6.4。

表 6.3　土方施工机械适用范围

机械名称	施工适用范围		
	准备作业	基本作业	辅助作业
推土机	1. 修筑临时道路 2. 推倒树木，拔除树根； 3. 铲除草皮，除清积雪； 4. 推缓陡坡地形； 5. 翻挖回填井、坟、陷穴； 6. 清除建筑垃圾	1. 高度 3 m 以内路堤和路堑土方工程； 2. 运距 10～100 m 以内土方挖运、铺填和压实； 3. 半填半挖路基土石方工程； 4. 桥涵处路基缺口土方回填	1. 斜坡上挖台阶； 2. 路基面相平； 3. 取土坑及弃土堆平整； 4. 土层压实； 5. 配合铲运机顶装助铲
自行平地机	1. 铲除草皮； 2. 清除积雪； 3. 疏松土层	1. 高度 0.75 m 以内路侧取土填筑路堤； 2. 高度 0.6 m 以内路侧弃土开挖路堑	1. 开挖排水沟、截水沟； 2. 路基面及场地平整； 3. 修整边坡
单斗挖掘机		1. 半径 7 m 以上土方挖掘和卸弃； 2. 运距 500～5 000 m 配合自卸汽车、火车等远运土、石、砂施工	1. 开挖沟槽及基坑； 2. 水下捞土（以上利用反铲、拉铲或抓铲挖掘机）
单斗装载机		1. 运距 500～5 000 m 配合自卸汽车装土方和砂石料； 2. 改装成推土机完成相应作业	
拖式松土机	1. 翻松旧道路路面； 2. 清除树根、小树墩和灌木丛		1. 疏松含有砾石的普通土和硬土； 2. 破碎及揭开 0.5 m 以内冻土层

表 6.4 石方施工机械适用范围

名 称	规 格	技术特征	效 率
潜孔钻机	YQ-150A YQ-150B	效率高,适用于大型石方施工	
	YQ-100B 东方红-100	轻便,适用于小型石方施工	
挖掘机	上海 W1001 长江 W1001 抚顺 W1001	斗容量 1 m³,可用于石方施工	160 m³/台班
	波兰 KV1026	斗容量 1.26 m³,可用于石方施工	180 m³/台班
倾卸汽车	上海交通 SH361 天巾 TJ360	载质量 15 t	50～80 m³/台班
	黄河 QD351	载质量 7.5 t	
	日本小松	载质量 18 t	

4)施工机械配套使用

土石方挖运机械配套取决于土石方性质、破碎程度、施工条件、运距等因素,是否合适将直接影响生产效率的高低。施工时,一般选用大功率、大容量、坚固的挖掘机或装载机,并配备运输工具装运土石方,而运输工具的需要量必须与挖土机械的能力相适应。当采用倾斜汽车配合挖土机装运土石方时,可参考表 6.5 配备倾斜汽车。

表 6.5 每台挖土机所配备的倾卸汽车辆数

挖掘机的斗容量/m³	运距/km	倾卸汽车的质量/t		
		3.5	6.5	10
0.5	0.5	4	3	—
	1.0	6	4	—
	1.5	7	6	4
	2.0	9	7	4
	4.0	15	9	5
0.75	0.5	5	4	—
	1.0	7	5	3
	1.5	9	7	4
	2.0	12	9	5
	4.0	18	12	7
1.0	0.5		5	3
	1.0		7	4
	1.5		10	6
	2.0		12	7
	4.0		15	10

4. 选择施工方法的原则

施工方法的选择与土石方调配有着极其密切的联系，调配方案不同，施工方法的选择也不同；施工方法不同，调配结果也不一样。因而，在制订施工方案时，总是一面进行土石方调配，一面按合适条件选择施工方法。特别对于情况复杂的地段，只有两者做到综合协调，统一考虑，在综合比较不同的施工方法和调配方式后，方能得出比较理想的施工方案。

机械施工中，能不能充分发挥机械效能，取决于机械施工的组织工作和机械的运用。因此，必须根据工地的具体条件，合理选择施工方法与机械类型，把机械安排到最适宜的工地上去，使机械发挥出更大的作用，以便取得良好的经济效益。

选择施工方法与机械类型，总的原则是"先重点后一般"，具体可按下列原则进行：

（1）首先考虑困难复杂及控制工期的工点，然后解决一般性工点。

（2）先解决正线路基，然后是站场及附属工程，但不要截然分开，如有的站场工程数量大，可先考虑。

（3）先定大爆破和机械化工点，后定小型机械施工点。

（4）在选择机械类型时，应考虑技术性能是否适合，设备供应是否可能，并对不同的施工方法进行比较后再做出决定。同时应充分利用施工单位现有机械设备，再根据需要，考虑适当添置或租赁机械设备。

6.1.3 施工进度及资源安排

1. 工期参考指标

具体内容见表 6.6。

表 6.6 路基工程施工工期指标

工程分类	工程项目		单 位	进度指标
路堤填筑	速度 200 km/h 及以上铁路	基床表层	×10⁴ m³/月	2.5~3.0
		基床底层		2.7~3.2
		基床以下路基		3.0~3.6
	速度 160 km/h 及以下铁路	基床表层		2.6~3.3
		基床底层		3.2~4.0
		基床以下路基		3.5~4.5
路堑开挖	土石比	10:0	×10⁴ m³/月	5.3~7.4
		8:2		3.5~5.4
		5:5		4.1~4.2
		2:8		3.0~3.6
		0:10		2.4~2.9

工程分类	工程项目	单　位	进度指标
过渡段	路　桥	×10⁴ m³/月	0.28～0.35
	路堤与横向构造物		0.35～0.42
	路堤与路堑		0.27～0.33
	路基与隧道		0.32～0.40
防护与支挡结构	浆砌片石护坡	圬工方/月	1100～1300
	浆砌片石挡墙		1000～1200
	混凝土挡墙		1400～1700
	桩板式挡墙		250～300
	抗滑桩		350～450
地基处理	塑料排水板	×10⁴ m/月	4.3～5.3
	碎石板		0.5～0.6
	CFG 桩		1.5～1.8
	水泥搅拌桩		0.6～0.7
	旋喷桩		0.4～0.5
	袋装砂井		4.3～5.0
	粉喷桩		0.4～0.5
	打入桩		0.5～0.6

2. 资源需求量及工期计算

1）劳动力需要量的计算

人力施工劳动力的需要量可按下式计算：

$$P = W \times q / T_z \ （人）\tag{6.1}$$

式中　W——人工施工的土石方数量（m³）；

q——土石方劳动定额（工天/m³）；

T_z——日历施工期内的工作天数，等于日历天数 T_c 乘以工作天系数 0.71，再乘以天气影响系数 K，即 $T_z = T_c \times 0.71K$。

对于机械上工作的人数，可从机械手册或作业规范中查得。

2）挖土机械需要量的计算

挖土机械台班需要量可用下式计算：

$$M = W_j \times q_j \ （台班）\tag{6.2}$$

式中　W_j——某种机械施工土石方数量（ m^3 ）；

　　　　q_j——某种机械施工土石方的时间定额（台班/ m^3 ）。

计划中一个项目包括了定额中的同一类型的几个分项工程，用其所包括的各分项工程的工程量与其各自的产量定额或时间定额算出各自的劳动量，然后求和即为计划中项目的劳动量。若施工计划中的某个项目采用了尚未列入定额手册的新技术或特殊的施工方法，计算时可参考类似项目的定额或经过实际测算，确定临时定额。

求出施工所需各种机械台班后，再按下式求机械的需要量：

$$N = \frac{\sum M}{T_z \cdot a} \tag{6.3}$$

式中　$\sum M$——各个地段上同一种机械所需的台班总数；

　　　　T_z——同上；

　　　　a——每昼夜的工作班数。

按照计算所需的机械数量，应增加10%~15%的备用量。

3）运土工具需要量的计算

有些挖土机械，需要配备一定数量的运输工具，所需的运输工具可根据运输量及运输工具的能力和现场经验资料计算，也可以用工程量直接套用定额计算。

计算公式为：

$$N_y = \frac{Q_w}{q_w} \tag{6.4}$$

其中

$$q_w = \frac{q_1 \cdot T}{t' + t'' + \dfrac{2L}{V_{cp}} + t_d} \cdot K_t \tag{6.5}$$

式中　N_y——运输工具的需要量（辆）；

　　　　Q_w——在所计算时间内的运输量（ t、 m^3 等）；

　　　　q_w——在所计算时间内一辆运输工具的生产率（ t、 m^3 等）；

　　　　q_1——运输工具的额定载质量（ t ）；

　　　　T——完成运输量 Q_w 所规定（或所计算）的工作时间（ min ）；

　　　　t'——装车时间（ min ）；

　　　　t''——卸车时间（ min ）；

　　　　t_d——等待时间（ min ）；

　　　　L——运距（ m ）；

　　　　V_{cp}——往返的平均运行速度（ m/min ）；

　　　　K_t——运输时间利用系数 0.80~0.95。

根据运输工具的种类和具体条件，对计算出的运输工具需要量，一般尚应增加10%的配用量，以备部分运输工具进行定期检修或不定期的修理。

4）工期计算及进度安排

全段施工人数或机械数量确定后，根据土石方调配结果和安排的施工顺序，计算每一部分施工土石方的工期：

$$T_z = M_i / N \times a \qquad (6.6)$$

式中　M_i——各个施工部分土石方所需的台班或工天数量；

　　　N，a——同上。

计算出工作天后，再转换为日历天 T：

$$T = T_z \times 30 / t \qquad (6.7)$$

式中　t——根据地区等因素确定的每月的工作天数。

根据开工日期和施工顺序，以 T 即日历天来安排每一部分施工的土石方。最终，通过将线路平纵断面示意图、土石方数量调配结果、施工方法、主要工程数量、工程工区划分、日历性进度安排、劳力机具动态图等在规定的施工工期范围内用施工进度图或网络计划图反映出来。

5）土石方综合机械化施工参考指标

土石方施工机械，除选用单项施工机械外，应尽可能考虑综合机械化施工，并做到配套使用。例如，石方施工日产 1 000 m³，所需配备的施工机械和劳动力数量参考指标见表 6.7、表 6.8；机械筑路队月产 1.2×10^5 m³，最高可达 2.6×10^5 m³，全年平均完成 1.0×10^6 万～1.2×10^6 万立方米，其组织配备见表 6.9。

表 6.7　施工机械数量

顺序	名　称	规　格	单　位	数　量
1	挖掘机	斗容量 1.25～1.5 m³	台	3
2	倾卸汽车	8 t 以上	台	12
3	推土机	88 kW 以上	台	3
4	潜孔凿岩机	YQ-150 型	台	2
5	潜孔凿岩机	东方红 100 型	台	1
6	空气压缩机	9 m³/mm	台	6
7	发电机	80 kW	台	3

表 6.8　劳动力数量

顺序	工　种	人　数	附　注
1	挖掘机司机	20	每台每班 2 人，三班作业
2	倾卸汽车司机	36	每台每班 1 人，三班作业
3	推土机司机	9	每台每班 1 人，三班作业
4	空压机司机	6	每班 2 人，三班作业

顺序	工　种	人　数	附　注
5	凿岩机司机	14	YQ-150B 型每台每班 3 人，两班作业
			东方红-100 型每台每班 2 人，一班作业
6	发电机司机	6	每班 2 人，三班作业
7	电工	6	三班作业
8	管道工	1	一班作业
9	开挖工	6	一班作业
10	爆破工	6	一班作业

表 6.9　机械筑路队组织配备

组织名称	人数	占总人数/%	主要机械装备
一线人员：	180～225	62～62.5	
推铲班	50～60		推土机 4～5 台，铲运机 15～20 台
挖装班	30～35		挖土机、装载机各 6 台左右
钻爆班	30～40		潜孔钻机及空压机各 2 台
运输班	30～35		自卸汽车 20 辆左右
机电班	30～35		发电机、抽水机
普工班	10～20		
二线人员：修理班	80～100	27.6～27.8	各种机床
三线人员：管理服务	30～35	9.7～10.4	
合　　计	290～360		

6.1.4　施工场地布置

施工平面布置示意图是将线路通过地区或工点附近范围的施工现场情况及研究确定的主要施工布置反映在图纸上，便于了解线路地区内的工程分布、材料产地、交通运输条件，拟建便道、便线，施工驻地、临时房屋、厂矿企业位置以及供水、供电方案、施工区段及行政区段划分等情况，为运输方案的比选、编制材料供应计划提供材料，便于领导和施工技术管理人员有效地安排与指导施工。施工平面布置示意图中应确定生产要素的空间位置及为施工服务的各种设施的位置；确保在施工过程中，各施工队伍间互不干扰，有秩序地进行施工作业；确保在施工过程中有效地组合利用各种资源和服务设施并使其安全运行；减少施工场地内物、料的二次转运费，降低施工成本。施工现场平面布置图是现场平面管理的依据、现场调度指挥的标准，是施工单位进行统筹组织与施工的主要依据。

1. 施工总平面布置的依据

（1）建设地区的自然条件和技术经济条件。

（2）一切原有和拟建工程位置及尺寸、建设单位可提供的房屋和其他生活设施。

（3）建设项目建筑总平面图、竖向布置图和地下设施布置图。

（4）建设项目的概况、施工总进度计划、施工总质量计划和施工总成本计划。

（5）建设项目施工部署和全部施工设施施工方案。

（6）建设项目施工总资源需要量计划和施工设施计划。

（7）建设项目施工用地范围和水电源位置及建筑区域的竖向布置。

2. 施工平面布置原则

（1）施工平面布置紧凑合理，尽量减少施工用地，少占农田，所有临时性建筑和运输线路的布置不得妨碍地面和地下建筑物的施工。

（2）合理组织运输、保证运输方便通畅，力求材料直达工地，减少运输费用。

（3）施工区域的划分和场地的布置应符合施工流程的要求，要与施工进度、施工方法、工艺流程和机械设备等相适应，尽量减少专业工种和各工程之间的干扰。

（4）制作、加工等附属企业基地尽可能设置在原料产地或运输集汇点，有利于连续生产。

（5）施工管理机构位置布置必须有利于全面指挥，临时房屋及设施的布置可以充分利用各种原有建筑物、构筑物。

（6）如果工程需要分期施工，施工平面布置要符合施工方案中安排的施工顺序。

（7）慎重考虑避免自然灾害的措施。

3. 施工总平面布置的内容

（1）全部拟建的建筑物、构筑物和其他基础设施的坐标网；铁路建设项目施工用地范围内地形和等高线；全部地上、地下已有和拟建的建筑物、构筑物及其他设施位置和尺寸。

（2）选择对外交通运输方案，选择场内运输方式。

（3）布置各种施工辅助设施，布置仓库堆场，布置办公及生活福利设施。施工供水、供电、供风、通信系统的规模及站网位置，布置干管、干线。

（4）规划出弃渣线路、安排弃渣场地、堆料场地等，做好场地土石方平衡以及开挖土石方调配。

（5）建设项目施工必备的安全、防火和环境保护设施布置。

（6）既有公路、铁路主要标志物的位置。① 既有和新建公路、铁路线路方向和位置里程及与施工项目的关系；② 征地界内及附近已有的地上、地下建筑物及其他地面设施的位置和尺寸。

（7）拟建的建筑物位置和里程。① 新建线路中线位置及里程、桥涵、隧道等结构物的位置及里程、因施工需要临时改移公路的位置；② 征地界内及附近拟建的地上、地下建筑物及其他地面设施的位置和尺寸。

（8）需要拆迁的建筑物、取（弃）土场位置。① 需要拆迁的建筑物，需要改移的公路、道路；② 取土和弃土场的位置。当取土和弃土场距离施工现场很远时，在平面布置上无法标注时，可用箭头指向取土或弃土场方向并加以说明。

（9）临时施工场地驻地位置。① 临时生产房屋位置，包括：办公用房，机械站、车库位置，加工厂、制备厂及各种建筑材料、半成品、构件的仓库和生产工艺设备场所。② 主要加工场区位置：混凝土成品预制厂，混凝土拌和楼、站。③ 各种材料、半成品、成品等仓库或堆栈的位置。④大堆料的堆放地点及机械设备的设置地点，如砂、石料堆放处。

（10）临时施工道路及管线位置。① 水源、电源配电房、变压器位置，临时给排水管线和供电、动力设施。标出既有高压线位置、水源位置（既有的水井）、既有的河流位置及河道改移位置。② 各种运输道路及临时便桥、过渡工程设施的位置。③ 临时供电线（变电站）、供水、蒸汽、压缩空气站及其管线和临时通信线路等。④ 施工场地排水系统位置。

（11）施工队伍部署。① 标出施工队伍的驻地、生活区及项目部的位置；② 标出划分的施工区段，当一个施工区段有两个以上施工单位时，要标示出各自的施工范围。

4. 施工总平面图的布置方法

施工组织设计总平面图布置的步骤一般为：

（1）收集和分析基础资料。

（2）确定临建项目及规模估计，编拟临建工程项目清单。

（3）进行技术经济比较，选择最为有利的地段作为施工场地。

（4）选择场地内外运输方案经过技术经济比较后选定。

（5）进行施工场地区域规划。

（6）施工分区布置，即在施工场地区域规划后，在一定比例的线路平面图（或地形图）上进行各种临时设施、场地的布置。第一，标明场外道路的引入（场外道路指已建的公路或乡村道路）；第二是确定施工场地、生活场地；第三是场内主干道；第四是临时房屋；第五是水、电、动力、通信管线及其他动力设施；第六是任务划分区域；第七是绘制施工场地总平面图。

临时设施及新建工程、既有工程所使用图例、符号，一般按铁路施工企业习惯的通用符号、图标进行标注。施工场地平面布置图的文字、图表说明：对图上采用的标注符号、图示分别加以说明；施工场地平面布置的重点要加以说明。

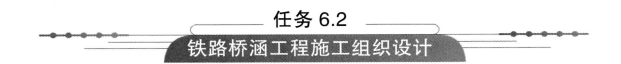

任务 6.2
铁路桥涵工程施工组织设计

6.2.1 施工组织设计文件组成及内容

（1）说明书。

说明书的内容应包括：

① 工程概况及工程特点。

② 施工组织设计编制的依据，如图纸、文件、定额及施工调查等资料。

③ 主要施工方法、施工顺序、进度及采用的新技术、新方法、新材料的意见、措施及有关科研安排。

④ 主要建材及特殊材料的来源、采购、供应及调配。

⑤ 劳动力的布置及施工机具的配备。

⑥ 主要的施工技术组织措施与质量、安全要求。

⑦ 预计施工中可能发生的问题及采取的对策。

⑧ 主要临时工程和辅助设施的修建计划，施工用水、电的来源及管网设置，大堆料堆放场地布置等的意见。

上述各项说明要视工程的具体情况，抓住重点，简明扼要，避免重复。

（2）附图。

① 施工计划进度图。

② 劳动力动态图。

③ 材料、机具供应图。

④ 施工场地平面布置图。

⑤ 其他必需的附图。

（3）附表。

① 主要工程数量表。

② 劳、材、机数量计算表。

③ 施工进度计算表。

④ 劳动力组织及机械设备配备表。

⑤ 工程运输计划表。

⑥ 临时工程数量表。

⑦ 梁跨及其他设备最晚到货时间明细表。

6.2.2 施工方案选择

1. 桥涵工程施工特点

（1）桥涵工程类型多。从桥跨上说，有简支梁桥、连续梁桥、斜腿刚构桥、斜拉桥、框架桥、拱桥、悬索桥、组合体系桥等。桥跨结构又分钢筋混凝土梁、预应力混凝土梁、钢板梁、钢桁梁、系杆拱、石砌拱等。桥梁基础有明挖、挖井、挖孔桩、钻孔桩、沉井、管柱基础等。涵渠有明渠、圆涵、矩形涵、盖板涵、拱涵、渡槽、倒虹吸等。随着科技的进步，机械化程度的提高，将不断设计出新的桥梁、涵渠。不同类型的桥涵，施工方法各不相同。

（2）施工技术复杂。一方面由桥涵类型多、结构复杂决定，另一方面由于桥涵工程野外施工，受地形、地质、水文、气候的制约，使施工技术复杂，难度大，特别是深水桥基础的施工，常会遇到不良地质，给施工带来很大困难。另外，架梁采用悬拼、悬浇、顶推等新方法，施工技术比较复杂。

（3）施工人员和机械集中，工作面狭小。桥涵工程（特别是大桥、特大桥、高桥和大型涵渠），从基础开始到工程全部完工，需要各种各类人员参与施工，专业多，工种多，工序更多，而相互交叉，立体作业。因施工场地受限于峡谷、水流以及高空作业等条件，在狭小的施工场地上要聚集相当数量的劳力、建材和机具设备，更需要精心组织和合理设置。

（4）桥涵工程可采用工厂化、机械化施工。

2. 主要施工方案和施工方法

（1）桥梁工程施工方案应根据工程规模、工期要求、地质水文条件、现场条件、设备供应、环境条件、工程费用等进行综合比选，主要施工方案见表 6.10。

表 6.10　桥梁工程主要施工方案

名　称		内　容
基础	明挖基础	无护壁基坑、护壁基坑和基坑围堰
	桩基础	沉桩基础、钻孔桩基础、挖孔桩基础和管桩基础
	水中桩基承台	土围堰、钢板桩围堰、双壁钢围堰、吊箱围堰、钢套箱围堰
	水中沉井基础	就地浇筑下沉沉井和浮式沉井
墩台		整体钢模、滑膜、爬模、翻模
上部建筑	简支梁	支架现浇法、移动模架法、预制梁架桥机架设
	连续梁	悬臂灌注法、顶推法、支架现浇法、转体施工法
	钢梁	膺架法、拖拉法、悬拼法、浮运法

（2）技术复杂桥梁（含深水、高墩、特殊结构桥梁等）应结合现场实际情况，分析工程及水文地质资料，做出风险评估，制订施工技术方案和专项应急救援预案。

（3）桥梁围堰、钻孔桩、墩台主要施工方法及适用条件见表 6.11。

表 6.11　桥梁围堰、钻孔桩、墩台主要施工方法及适用条件

名　称		适用条件
围堰	钢板桩围堰	流速较小，水位较低、承台较浅、河床地质透水性弱的地层
	钢套箱围堰	流速较小（≤2.0 m/s）、覆盖层较薄，平坦的岩石河床，埋置不深的水中基础
	双壁钢围堰	流速较小、水位较深、承台较浅的地层
钻孔桩	冲击钻机	黏性土、砂类土、砾石、卵石、漂石、软硬岩层及各种复杂地质的桩基施工
	正循环旋转钻机	黏性土，砂类土，含少量砾石、卵石（含量少于20%）的土，软岩
	反循环旋转钻机	黏性土，砂类土，含少量砾石、卵石（含量少于 20%，粒径小于钻杆内径 2/3）的土，软岩
	旋挖钻机	各种土质地层，砂类土，砾石、卵石
	套管钻机	黏性土层、砂类土，但不宜在地下水位下有厚于 5 m 细砂层时使用
墩台	滑模	较高的墩、台和吊桥、斜拉桥的索塔
	爬模	空心高桥墩
	翻模	不变坡的方形高墩和索塔

3. 选择最佳施工方案和方法应考虑的因素

桥涵工程施工特点决定了桥涵的施工方法多种多样，即便是结构设计定型化，也会因工程所在地区、地形、地质、气候、水文条件的不同，施工方法各不相同。同一个工程，可能有几种施工方法，不同的施工方法对施工过程将产生不同的效果，要从工期、质量、安全、效益等方面进行分析比较，从中选择出最佳的施工方案。

（1）施工期限。

工期是确定施工方案或方法的决定因素。一般桥涵的工期应在同段路基土石方工程完工前完成，以便结合路基土石方工程进行桥头及锥体护坡的填土。小桥涵应尽量在路基开工前修建，避免留有缺口影响路基填筑质量。

有时因急需通车，工期紧迫，重点桥梁工程不能按设计如期建成，需修建便线便桥或正线便桥，以保证按期铺架。特别是在既有线改造上新建或重建桥涵工程，往往因运输繁忙，不能中断行车，而采取修建便线便桥过渡方案，或采用顶进法施工，确保施工任务按期完成。

（2）施工条件。

桥涵工程施工条件是选择施工方案或方法的重要因素。要根据工程所在地区的地形、地质、气象、水文、施工季节等造就的施工条件，选择适合工程结构特点的施工方案或方法。如：软土地基加固，采用换填或砂垫层或砂井或振冲桩等方法；雨季防淹、防冲措施，冬季防寒保温措施；如何常年不间断施工等。

（3）桥涵基础类型。

在桥涵施工中，一般技术比较复杂的是基础工程施工。不同类型的基础，施工方法均不相同。即使是同类型基础，也可能有几种施工方法，需慎重选择。

（4）专业化施工。

桥涵工程专业性强，工种多，技术难度大。选择施工方法应考虑专业化施工，使各工种越干越精，而且越干越快，既可保证工程质量，又可加快施工进度。同时为了连续均衡生产，并结合工期要求，应选择流水作业或平行流水作业组织施工。

（5）施工单位生产管理水平。

桥涵工程施工复杂，选择施工方法应考虑施工单位的生产能力和管理水平，并吸取成功的先进经验，采用先进施工技术和工艺。如用空气幕、泥浆套下沉沉井，用滑模、爬模施工混凝土高桥墩，大跨度桥梁的悬灌、斜拉新技术，在新增二线和既有线改造修建桥涵用顶推法施工等。

（6）尽量预制成品、构件，采用机械施工。

桥涵结构构件在工厂预制不受工程施工顺序限制，还能保证桥涵构件的施工质量，大大改善施工条件，提高产品质量，加快施工进度。凡能用机械施工的作业项目，应首先考虑机械施工。如因施工条件限制或工作量零碎不宜采用机械施工时，再考虑其他方法。

（7）施工方案或方法的经济性。

桥涵工程施工方案或施工方法，首先要保证工期、质量和安全，还应采取措施降低工程成本提高经济效益。

4. 桥涵工程施工顺序

桥涵工程施工顺序安排应注意以下事项：

（1）首先，研究确定桥涵工程总体施工方案，才能具体安排各分部分项工程施工顺序。例如钢桁梁桥，先要确定钢桁梁安装方法，是在桥孔中的脚手架上拼装或在桥旁脚手架上拼装再拖拉就位，还是在桥位上采用半悬臂法拼装或悬臂法拼装。只有施工方案确定后，才能具体安排基础、墩台等分部分项工程的施工顺序。

（2）应结合季节、气候、水文条件安排施工顺序。季节、气候、水文情况对施工顺序安排影响很大，如果处理得好，充分利用有利方面，对工程质量、施工进度、降低成本能起到促进作用。

例如，桥梁基础和墩台的施工，应尽量避开冬季和雨季。但严寒地区，可利用冰冻期河流结冰的条件，采用冻结开挖基坑，或在冰上搭设脚手架进行拼装等工作，但必须对冰层强度进行计算。某些工作也可能要专门利用涨水期的高水位进行施工，如浮运钢沉井、浮运法架设钢梁等。在旱季要先安排水中基础及桥墩的施工，并在洪水到来之前完成或在雨季之前桥墩修建至最高水位线以上，而且在洪水到来之前应将河道中的脚手架拆除，以减少堵塞和被洪水冲掉。在大风季节应避开某些工作的安排，如浮运沉井、浮运架梁、悬臂拼装钢梁以及其他高空作业等。

（3）遵循施工程序和操作工艺的客观规律，这种客观规律是结构本身所必需的，是不能随意改变的。例如，灌注钢筋混凝土盖板，由施工工艺决定作业项目之间的先后施工顺序为：立模板→绑钢筋→灌注混凝土→养护及拆模；沉井混凝土下沉，必须待沉井混凝土，强度达到100%设计强度后，方能开挖下沉。

（4）根据施工方法和采用的机械设备确定施工顺序。施工方法不同，采用的机械设备不同，使施工顺序也会有所不同。例如，钻孔桩施工，采用旋转式钻机或冲击式钻机的施工顺序有所区别，前者需设置一套拌制泥浆系统，后者则不需；前者不需抽砟，后者需要，并且钻进和抽砟间隔进行。

（5）施工顺序的安排要确保施工安全和工程质量。例如，桥涵顶进工程，当开挖工作坑影响既有铁路运输安全时，首先要进行线路加固工作。如开挖基坑不影响运营安全，则线路加固工作可安排在桥涵顶进前进行。在顶进过程中，如发现框构轴线或高程偏差，则不能继续顶进，应采取纠正措施的施工顺序，如因土质松软造成扎头现象（偏低）时，可在底板前换铺片石或加碎石等，边换边铺边顶进，必要时亦可打桩或灌注速凝混凝土以及其他加固方法。

（6）合理选择工作面（即合理确定流水作业组个数）。工作面的安排应全面考虑施工期限、劳动力、机械设备、材料供应等条件。当施工工作面较多时，可使工期缩短，但劳动力、机具设备及一些临时设施会增多，甚至会造成劳动力、机具设备、材料供应困难；反之，当工作面减少，工期会延长，劳动力、机具设备可能窝工。因此，要通盘研究，在保证工期前提下，以考虑节省模板、围堰等倒用材料和基本不增加机械设备来安排。在多孔桥跨施工时，将桥墩台分成几组安排施工顺序，这样劳力、机具都比较均衡，模板、脚手架可充分利用。

（7）桥涵工程施工时间和施工顺序的安排应考虑与桥涵附近其他建筑物施工的协调配合。例如，与路基工程的配合，桥头缺口及涵洞顶填土应满足铺架工程总进度要求，并使填土有足够的沉落时间。一般桥涵工程施工应在同段路基土石方工程完工前半个月至一个半月完工。为此，路基填方地段中的中、小桥涵及大桥、特大桥的桥台应尽早安排施工。另外，还应考虑路基石方工程爆破对桥涵建筑物的影响,以及改河、改沟的弃方及桥涵基础的大量挖方在回填后有剩余,且能利用到路堤填方中,合理安排桥涵工程的开、完工日期和施工顺序。又如与隧道工程的配合,隧道出入口要有材料场地、出砟运输及弃砟场等问题,对隧道洞口的桥涵工程应安排在隧道开工前完成,以免相互干扰。

总之,桥涵工程施工顺序应综合上述各种情况,统筹安排,以达到保证工期,确保质量和安全,降低工程成本之目的。

6.2.3 施工进度及资源安排

1. 桥涵工程施工进度计划的编制程序

1)确定桥涵工程施工总期限

(1)根据全线铺轨日程安排,查出通过本桥涵的铺轨日期,或在全线指导性施工组织设计中查出对本桥涵的工期要求,以便确定本桥涵的最晚必须竣工日期。

(2)按照本桥涵指导性施工组织设计中的施工期限,确定本桥涵的开、竣工日期。

(3)在确定桥涵施工总期限时,应考虑下述因素对施工工期的影响:

① 气候条件。

② 水文、地质条件。

③ 基础类型、结构复杂程度。

④ 地亩、拆迁等施工准备条件。

⑤ 本桥涵施工与其他工程施工的配合及干扰条件。

⑥ 施工单位的生产能力条件等。

通过对上述诸因素的综合分析研究,来确定桥涵施工的总期限。

2)确定桥涵工程数量

桥涵工程数量一般在图纸审核时进行计算。工程数量计算依照设计图纸和设计说明进行,工作项目要与定额项目对口,要求计算出分部分项工程细目数量,然后确定本桥涵工程的总数量。

3)选择施工方法,确定施工顺序

根据桥涵工程类型、结构特点和施工条件确定施工顺序,并选择各分部分项工程施工方法和机具设备。

4)确定施工作业组织方法

根据桥涵工程的工期要求,劳动力、材料、机具设备供应等条件来选择桥涵工程施工作业组织方法——顺序作业法、平行作业法、流水作业法、平行流水作业法等。

5)计算桥涵工程所需工天、材料、机械台班数量

计算桥涵工程工天(包括施工单位开采砂、石及工地预制成品、半成品的劳动工天)、材

料（包括正式工程和临时工程所需的主要建材、成品、半成品、构配件以及工地临时设置成品厂预制的成品、半成品所需原材料和利用本建设项目拆除或开挖出来的材料）、机械台班需要量是施工组织设计的主要内容之一，是安排施工进度，确定劳动力、材料、机具设备供应的主要依据。工天、材料、机械台班需要量是按其工程数量乘以相应的劳、材、机定额而得，可在"主要工、料、机数量计算表"上进行计算。计算方法有两种：

（1）按分部分项工程中各工作项目[如基坑开挖（人工或机械）、基础建造（浆砌石或灌注混凝土）]的数量，计算所需工天、材料、机械台班需要量，这是为了安排各分项工程施工进度及劳动力数目和机械台数。

（2）根据分部分项工程的工、料、机械台班数，汇总全桥涵总的工天、材料、机械台班需要量。这是为了进行总体安排，编制整个工程劳力、材料及机械总体需要量计划。

6）反复核算后，确定施工进度计划

2. 工期参考指标

具体内容见表 6.12。

表 6.12　桥梁工程施工工期指标

工程分类	工程项目			单　位	进度指标
桥梁基础	基础	明挖	陆地≤4 m	m³/月	1 200～1 500
			陆地>4 m		750～900
			水中		550～700
		钻孔桩	土	m/d	15～25
			砂砾石		8～13
			软石		3.5～6.0
			卵石		2.5～4.5
			次坚石		2.0～3.5
			坚石		1.0～2.0
		承台	有防护	d/个	5～7
			无防护		5～9
桥梁墩台身	墩台	单线	实体墩墩高≤30 m	月/墩	0.4～0.5
			实体墩墩高>30 m		0.5～0.6
			空心墩墩高≤30 m 以内		0.6～0.8
			空心墩墩高 30～50 m		0.8～1.2
			空心墩墩高 50～70 m		1.2～1.7
			空心墩墩高 70～90 m		1.7～2.5

工程分类			工程项目	单 位	进度指标
桥梁墩台身	墩台	双线	实体墩墩高≤30 m	月/墩	0.5~0.6
			实体墩墩高>30 m		0.6~0.8
			空心墩墩高≤30 m以内		0.8~1.0
			空心墩墩高30~50 m		1.0~1.7
			空心墩墩高50~70 m		1.7~2.5
			空心墩墩高70~90 m		2.5~3.0
桥梁水中基础	基础	围堰及平台		月/墩	1.5~2.5
		钻孔桩	土	m/d	11.0~20.0
			砂砾石		5.5~10.5
			软石		3.0~5.0
			卵石		2.3~3.5
			次坚石		1.8~2.9
			坚石		1.0~1.7
		承台	双壁钢围堰	d/个	25~30
			钢吊箱围堰		30~50
悬浇连续梁		0号段	主跨≤100 m	d/次	40~60
			主跨>100 m		50~85
		合龙段		d/块	30~45
		其他梁段			8~12
移动模架法现浇箱梁		模架拼装、拆除		d/次	30~45
		现浇箱梁		d/孔	15~18
支架法现浇箱梁				d/孔	25~35
涵洞		盖板涵		月/座	1.5~2.5
		矩形涵			1.0~2.0
		框架涵			1.5~2.5
		拱涵			1.2~2.0
		圆管涵			0.7~1.5
		渡槽			1.0~1.8
		倒虹吸管			1.6~2.5
制、架设	T梁	预制		片/（月·制梁台座）	6~10
		架设	32 m	单线孔/d	3~4
			24 m及以下		4~5
	箱梁	预制		片/（月·制梁台座）	5~7
		架设	运距0~8 km	双线孔/d	2.0
			运距8~12 km		1.5
			运距12~20 km		1.0

3. 资源需要量计算

（1）根据总工期要求，计算劳动力数量。

【例 6.1】某桥梁工程计算所需建安工天（定额工天）10 000 工天，附属辅助工天（按建安工天 20%计）2 000 工天，间接用工（按建安工天 2%计）200 工天，总工天 12 200 工天。总工期 60 天。由某施工队担任施工，该队共 230 人，其中生产工人 200 人，管理服务人员 30 人，出工率 80%。试合理组织安排劳动力。

解： 该工程共需 12 200 工天，工期 60 天，平均每天应出工 12 200/60=203（人）；而该队生产工人 200 人，出工率 80%，平均每天可出工 160 人。这说明该队要在 60 天完成桥梁工程，劳动力尚缺 43 人，计 2 580 工天。这就需要采取措施来解决劳动力不足的问题。

① 因任务紧，工期短，要加强思想工作，提高出工率。如出工率提高 10%，则平均每天可增加出工人数 20 人，计 1 200 工天。

② 精兵简政，充实第一线。例如，抽调 5 名管理服务人员顶岗施工，计 300 工天。

③ 雇用当地民工，弥补劳动不足。

④ 从其他工程队借调生产工人助勤。

总体安排应和各部位进度安排结合进行，以便确切掌握哪一专业工种劳动力不足或有余等具体情况。

（2）根据劳动力数量，计算总工期。

【例 6.2】某桥梁工程总工天 40 000 工天（包括定额工天、辅助工天、间接用工），而担任施工的某项目队平均每天出工 200 人，试计算该桥总工期（平均每月日历按 30 天计）。

解： 该桥需施工天数 T_z=40 000/200=200（工作天），考虑节假日休息，平均每月作业天数按 21 天计，该桥施工日历天数 T_c=200×30/21=286（日历天），再考虑气候等影响日数，假如该桥受雨季等因素影响，不能施工的天数为 10 天（根据具体期限和施工地区等情况而定），则该桥总工期 T=286+10=296（日历天），即为 296/30=9.9≈10（个月）。

（3）根据工期、生产定额等，确定施工组织作业方法和劳动力数量。

【例 6.3】某新建线某大桥为明挖基础，混凝土墩台，施工不复杂，各墩台（含基础）混凝土数量见表 6.13。工期 T 为 3 个月（按 90 d 计），二班制作业，每班 14 个人流水施工，每班每天可完成混凝土数量为 25 m³，试确定墩台施工作业组织方法和所需的劳动力数量（平均每月作业数按 23.33 d 计）。

表 6.13　混凝土墩台工程数量表

墩台编号	1 号台	2 号墩	3 号墩	4 号墩	5 号墩	6 号墩	7 号墩	8 号墩	9 号墩
混凝土/m³	372	426	493	554	614	631	655	676	682
墩台编号	10 号墩	11 号墩	12 号墩	13 号墩	14 号墩	15 号墩	16 号墩	17 号墩	18 号台
混凝土/m³	663	658	593	556	504	477	416	372	345
混凝土合计/m³	9 687								

解： 若混凝土墩台全部由两班工人施工，完成总坍工量的施工期限：

$$T = \frac{9\,687}{25 \times 2} \times \frac{30}{23.33} = 249.1 \text{（日历天）}$$

为满足工期要求，需采用平行流水作业法施工，划分施工段数为：

$$n = \frac{249.1}{90} = 2.77 \approx 3$$

根据混凝土工程量，将 1～18 号墩台划分为 3 个施工段。

第一个施工段为：1～6 号墩台。

实际施工期限：

$$T_1 = \frac{372 + 426 + 493 + 554 + 614 + 631}{25 \times 2} \times \frac{30}{23.33} = 79.5 \approx 80 \text{（日历天）}$$

第二个施工段为：7～11 号墩台。

实际施工期限：

$$T_2 = \frac{655 + 676 + 682 + 663 + 658}{25 \times 2} \times \frac{30}{23.33} = 85.7 \approx 86 \text{（日历天）}$$

第三个施工段为：12～18 号墩台。

实际施工期限：

$$T_3 = \frac{593 + 556 + 504 + 477 + 416 + 372 + 345}{25 \times 2} \times \frac{30}{23.33} = 83.9 \approx 84 \text{（日历天）}$$

所需的劳动力数量：14×2×3=84（人）

4. 劳动力组织及机具配置

桥梁各分部工程劳动力组织及机具配置主要参考指标如下。

1）基础工程（表 6.14～6.17）

表 6.14　明挖基础每班劳动力组织

名　称	人工开挖或人挖配合机械吊土	机械开挖	基础建造			附　注
			混凝土	片石混凝土	钢筋混凝土	
基坑开挖	10～12					挖、装 6 人，架子车运土 4 人，或按 $\frac{F}{f}$ 计算
卷扬机司机或少先吊司机	1					人工开挖，配合机械吊运土方
挖掘机或抓泥斗司机		1				

名　称	人工开挖或人挖配合机械吊土	机械开挖	基础建造			附　注
			混凝土	片石混凝土	钢筋混凝土	
推土机司机	1					倒运土方回填基坑
凿岩司机	2					基坑内有石方时
空压机司机	1					基坑内有石方时
抽水机司机	2					一人看管 2 台抽水机
混凝土搅拌机司机			1			
混凝土拌和后盘司机			12～16			装运碎石 6～7 人，砂子 4～5 人，水泥 2 人
运输混凝土			4～6			
灌注及捣固混凝土			3～4			
片石				2～3		掺加片石
钢筋工					2	制作、绑扎钢筋
电焊工					1	
木工			2～4			制、立、拆模板及灌注混凝土时看模
混凝土养生			1			
电工	1		1			
班组长	1		1			
合计	19～21	9	25～34	27～37	28～37	如水中明挖基础需采用围堰，则另行考虑围堰施工劳动组织

表 6.15　明挖基础施工主要机具配备表

名　称	单位	数量	附　注
单斗挖掘机（正反铲）或抓泥斗	台	1	亦可视同时施工基坑数配备台数
倾卸汽车或自卸蹦蹦车	台		采用挖掘机（或抓泥斗）开挖基坑，视弃土运距决定配备与否
推土机	台	1	进行倒运土方及回填基坑平整场地用
打夯机	台	2	夯实基坑用
空气压缩机	台	1～2	视基坑土壤种类（软石、次坚石、坚石及部分硬土）、开挖方法及同时施工基坑个数配备。一般情况下配 1 台
凿岩机	台	2～5	视基坑土壤种类、开挖方法及同时施工基坑个数配备，一般开挖一个基坑配备 2 台
风镐	台	6～10	当使用机械开挖基坑时配备

名　称	单位	数量	附　注
IS 型水泵（或潜水泵）	台	若干	视基坑渗水量强弱及同时施工基坑个数配备，并考虑备用量。一般开挖一个有水基坑配备 4～5 台
电动卷扬机（5～10 kN）或少先吊或汽车吊或履带吊	台	若干	基坑垂直提升土方用。一般一个基坑开挖时用 1 台。视同时开挖基坑个数配备若干台
电动混凝土拌合机（250～600 L）	台	1～2	视混凝土灌注量大小配备
插入式捣固器	台	3～5	视混凝土灌注量大小配备
活底混凝土吊斗	台	3～5	视混凝土灌注量大小配备
电动砂浆拌合机（≤400 L）	台	1	当基础为浆砌片石时用
交流弧焊机≤40 kV·A	台	1	当基础为钢筋混凝土时用
万能杆件	套	若干	搭脚手架用
架子车及手推车	台	若干	人力开挖基坑运土及后盘运砂子、碎石，前盘运砂浆或混凝土工作量大小，以及同时施工基坑个数配备
镐、锹、撬杠等工具	台	若干	人工挖土用
若灌注混凝土不用混凝土吊斗，而采用溜槽或串筒，应视灌注量大小、基础深度及同时灌注基坑个数等具体配备				

表 6.16　钻孔桩基础施工每班劳动力组织

项　目	人　数			附　注
	旋转式钻机	冲击式钻机	冲抓锥式钻机	
护筒制作、安装及拆除	6	6	6	（1）如系水上施工，还须考虑筑岛或建立工作平台，拼组护筒框或打导向桩，并考虑其他影响因素（如洪讯）。
机械钻孔	10～12	5～7	7～11	（2）旋转式钻机如同一小组操纵两台钻机，可增加 4 人。
钢筋笼制作安装	6～9	6～9	6～9	（3）表列劳动力组织系一般岸滩正常情况下的组织
清孔及灌注水下混凝土	30	30	30	
凿除桩头	2～3	2～3	2～3	
建造承台	25～30	25～30	25～30	

表 6.17　钻孔桩施工主要机具配备数量

名　称	单位	数量	附　注
甲、钻孔机械				
旋转式钻机	台	1	
泥浆泵或灰浆泵	台	1～2	视泵量大小配 1～2 台，包括胶管
泥浆搅拌机	台	1	
30kN 电动卷扬机	台	1	包括钢丝绳、吊钩、滑轮等

名　称	单位	数量	附　注
冲击式钻机	台	1	包括卷扬机、塔架及 2～3 个钻头
杯式抽砖筒	台	1	
交流弧焊机	台	1	修补钻头、焊接钢筋、护筒等
启动补偿器	台	1	
多级离心清水泵≤170 m³/h-26 m	台	1	钻孔补水用
冲抓式钻机	台	1	包括卷扬机、塔架、冲抓锥等
倾卸车或其他车辆	辆	1～2	运砖用
乙、其他机械			
电动空压机 6～10 m³/min	台	1	
空气吸泥机	台	1	φ100～200 附管路
高压水泵 6DA-8×7	台	1	
射水装置	套	1	连同管路为清孔用机械
柴油或振动打桩机	台	1	水中打钻机平台脚手架及下沉护筒
起重船 25～30 t	艘	1	水中下沉护筒用
泥浆船	艘	2	水中运送泥浆用
驳船	艘	2	水中运送砂、石、水泥用
拖轮	艘	2	水中运输用
千斤顶 10～15 t	台	2～4	下沉护筒用
护筒	个		视同时施工墩台及每墩台桩孔数配备
履带起重机≤10 t	台	1	如利用钻机钻架时可不备
导管 φ250～300 mm	m		视钻孔深度及同时施工量配备
漏斗	个		视钻孔深度及同时施工量配备
吊斗	个	4	视钻孔深度及同时施工量配备
混凝土搅拌机 250 L	台	1	视灌注混凝土数量适当增加
胶轮车或铁斗车	辆	10	运送砂、石
钢筋制作机械	套	1	钢筋整直机、除锈机、切断机、弯曲机、交流弧焊机
气焊设备	套	1	
万能杆件	套		视需要配备

2）桥墩与桥台（表 6.18、6.19）

表 6.18　实体桥墩台施工劳动力组织　　　　　　单位：人/班

工作内容	混凝土墩台	石砌墩台	附　注
砂石运输	8		装运石料 5 人，砂 3 人
混凝土拌和	3		司机 1 人，拌和台上工作 2 人
混凝土运输	5		卷扬机司机 1 人，运输 4 人
混凝土灌注、捣固、养生	5		
其　他	3	3	工班长 1 人，电工、木工各 1 人
砌石工		3	
清洗、抬运石料		5	
拌和灰浆、养生		4	
合　计	24	15	

表 6.19　实体桥墩台施工机具配备

名　称	单位	数量	规格及说明	附　注
混凝土搅拌机	台	1	电动≤250 L	此表为地面施工实体墩台施工机具配备。如在水中施工，应安排船只及水上运输设备
振捣器	台	2	混凝土内部振动器 d≤75 mm	
卷扬机	台	3	10、30、50 kN 各 1 台，人员上下、天线走行，混凝土起吊	
皮带运输机	台		30 m 按传送长度安排，无天线时采用	
履带起重机	台	1	15 t 无天线时采用	
缆索吊机	套	1	5 t	
活动龙门架	套	1	万能杆件组装	
牵引车	台	1	40 t 有轨道工点用	
平车	台	3	5 t 有轨道工点用	
脚手架	组	1	按施工情况计划安排	
滑动钢模	套	1		
万能杆件	t	30	约 4 套	
钢筋加工机械	套	1	钢筋调直机 d≤14 mm，切断机 d≤40 mm，弯曲机 d≤40 mm，交流弧焊机≤40 kV·A	
整体模板	套	1	钢模板、木模板	
发电机组	套	1		

3）桥跨工程（表 6.20～6.22）

表 6.20　就地灌注钢筋混凝土梁每班劳动力组织

项　目	班组名称	人数	附　注
在桥位上灌注钢筋混凝土梁	起重工班	24	工长 1 人、起重工 6 人、普通工 17 人拼装架设便梁
	混凝土工班	34	工长 1 人、钢筋工 2 人、木工 4 人、拌合机 2 人、电工 1 人、普通工 24 人
在桥位旁或桥头路基上灌注钢筋混凝土梁	起重工班	24	工长 1 人、起重工 6 人、其他 17 人架设钢筋混凝土梁
	混凝土工班	34	工长 1 人、钢筋工 2 人、木工 4 人、电工 1 人、各种司机 4 人、其他 22 人
悬臂灌注预应力混凝土梁	起重工班	30	安装索道拼装托架、吊架、跑架、吊运混凝土等，其中安装挂篮 10～20 人
	木工班	24	制作、安装、拆除模板等
	钢筋工班	21	钢筋制作、绑扎
	混凝土工班	35	灌注混凝土及运料
	养生	2～4	
	张拉	24～32	钢丝除锈、编束、穿束、张拉锚固、记录
	压浆	6	
	管道	16	准备胶管和硬软芯棒、穿管、安设压浆管等
	机电组	20	安装搅拌机、捣固器、拆卸运转、维修部分钳、锻工
	电焊组	2	配合施工，焊接钢筋及辅助工作

表 6.21　在桥位上或桥位旁灌注钢筋混凝土梁及架设所需机具设备

名　称	规　格	单位	数　量	附　注
卷扬机	10～50 kN 电动	台	2	
钢万能杆件		t	55～70	作承托便梁用
混凝土拌合机	250～600 L 电动	台	2～3	
捣固器	混凝土内部振捣器 $d \leqslant 50$ mm	台	8～14	
交流弧焊机	$\leqslant 40$ kV·A	台	1～2	
液压千斤顶	$\leqslant 200$ t	台	4	移落梁用

表 6.22　悬臂灌注预应力混凝土梁所需机具配备

名　称	规　格	单位	数　量	附　注
万能杆件		t	90	拼做托梁吊架用
混凝土拌和机	250～600 L 电动	台	2～3	
捣固器	电动附着振动器	台	105	
捣固器	混凝土内部振捣器 $d \leqslant 50$ mm	台	6	
灰浆拌和机	$\leqslant 200$ L	台	2	
卷扬机	10～50 kN 电动	台	2	
油压千斤顶	$\leqslant 200$ t	台	15	张拉用
压浆机		台	2	
交流弧焊机	$\leqslant 40$ kV·A	台	2	

5. 施工计划进度图的编制

1）绘制全桥立面和平面图

要标明线路走向、桥中心里程、线桥分界里程、全桥长、孔跨、墩台高度、基础形式、工程地质、地下水位、常水位、洪水位、地面及各局部标高等。

2）编制施工进度图

（1）确定施工作业组织方法。根据工程类型、数量大小、工期要求等选择施工作业组织方法。桥涵工程通常采用流水作业法或平行流水作业法组织施工，并计算单位流水作业数目及有关流水的参数。

（2）确定施工顺序，按季节性安排施工项目。施工顺序必须保持施工过程的连续性，并遵守施工技术规范和安全操作规程的规定。在安排分项工程施工中要充分重视季节性对桥涵工程的施工质量及工期的影响。

（3）编制施工进度图。施工进度图应根据工期要求、施工作业组织方法、各施工项目的劳动力组织、机具配备、工作班制，按施工顺序进行编制。在编制中要抓住关键，统筹全局，合理布置人力、物力，充分利用机具设备。要注意施工顺序和各作业项目的衔接与配合（搭接）。必须遵循施工技术规范规定的作业时间间隔（称技术间歇时间）以及安全规则。

实施性施工组织设计的施工进度图要按桥涵工程各分部分项工程进行编制，并反映出各分项工程的数量、定额工天、工作天数、日历天数等。可采用横道图或网络图表示。

3）绘制劳动力动态图

在施工进度图的下方或一侧绘制劳动力动态图，以反映各个时期直接参加施工的劳动力需要情况。要注意劳动力的均衡，劳动力动态图绘出后，要计算平行流水作业系数，该值在 1.2 ~ 1.4 为宜，否则要重新安排劳动力组织和施工进度。同时，还应检算安排的劳动力总工天是否与定额总工天相近，以不超过 5%为宜。

4）绘制各种图例

绘制各种图例，对施工计划进度图中有关图例含义加以说明。

6.2.4 施工场地布置

1. 施工场地布置的内容

（1）桥涵建筑工地平面图上应首先标定购（租）地界内及附近已有的和拟建的地上、地下建筑物及其他地面附着物（农田、果园、钻孔、地下洞穴、坟墓）等的位置和主要尺寸。并应标出需要拆迁的建筑物及需占用的农田、果园等，以及需拆迁建筑物（如房屋）在施工期间是否可供利用。还要标出拟建线路及桥墩台位置、里程等。

（2）施工区段划分。对有两个及以上施工单位施工的大桥、特大桥或成组桥涵，应标出各自施工范围。

（3）对既有线改造或新增第二线桥涵工程，在施工场地平面布置图上，应标明既有线位置、里程及既有线与设计线的关系。

（4）为施工服务的临时设施的布置。

① 各种运输道路及临时便桥以及过渡工程的设置。

② 临时生活房屋。如行政管理办公用房、施工人员宿舍、食堂、浴池、文化服务用房等。

③ 各种加工厂、混凝土成品厂及机械站、混凝土搅拌站。

④ 各种材料、半成品、成品仓库或堆栈。

⑤ 大堆料堆放点及机械设备设置点。

⑥ 临时供电（或变电）、供水、蒸汽及压缩空气站及其管线和通信线路。

⑦ 其他生产房屋。如木工棚、铁工棚、机具修理棚、车库、油库等。

⑧ 安全及防火设施等。

（5）取土和弃土位置。取土和弃土位置如果远离施工现场，在场地布置图上无法标注的，可另加说明。

2. 施工场地的选择

桥梁施工场地的选择，要视桥址处的地形、地貌及河流（沟谷）状况而定。一般应遵循以下原则：

（1）当河流较小（河跨窄）、水不深且不通航时，跨河容易，施工场地应布置在地势比较平坦，便于与公路衔接，便于水、电管线接通的一岸。材料、行人、机具设备及拌和好的混凝土等，可修建临时便桥过河。

（2）当河宽阔、水深，且通航、架便桥困难时，应以一岸为主要工地，另一岸布置少许设施，这样便于施工管理。

（3）河床很宽，主河道流水，河滩宽而无水，可利用河滩进行分期施工场地布置，但要对解冻期及雨季采取防洪、防淹、防冲措施。一般河滩布置要简单，只设置直接为生产而需的临时设施，对重要的使用期长的临时设施，应尽可能设置在岸上较高处。

（4）在城市繁华区域建桥，工地只能沿桥梁附近的街道布置。当场地受到限期，而且干扰大时，只能在桥头工地设置必需的仓库、管理机构、看守房、主要机械棚等。对于大量的生活及生产临时房屋及设施，以及占地较大的材料堆放地，可设在与交通线衔接的空旷地区，利用城市道路将材料运至工地，随用随运。

3. 施工场地布置应注意事项

桥涵工程施工场地平面布置涉及问题较多，如交通运输，水、电、材料供应，机械设备的安置，临时房屋、附属企业的布置，加工场地的选择，以及桥涵工程的建筑等，在这诸多问题中，首先应考虑整个建筑工程的重心工作是什么，以便围绕这一重心布置其他设施，从而保证施工顺利进行。施工场地平面布置须注意以下事项：

（1）应合理利用桥涵工地界内施工场地，尽量少占用或租用土地，减少占地、拆迁。

（2）进行分期施工场地布置，要符合施工顺序。

（3）加工车间、仓库、混凝土搅拌站及大堆料堆放地等，应尽可能靠近施工点，而且不与施工发生干扰，场内运距最短，又不出现反向运输，减少装卸次数。

（4）有条件的地方，运输工具的出入口应尽量分开，使场内外运输互不干扰。

（5）合理布置场内各种管线（如水、电、气、电缆等），避免与施工发生干扰。

（6）临时性修建费用力求最低。

① 尽量利用工地附近已有的建筑物和施工界内须拆除的建筑物（如民房、水源等）。

② 尽量减少临时房屋建筑面积。临时房屋及设施结构力求简单，多使用帐篷、活动房。

③ 各种附属企业（如加工厂、成品厂等）应尽量集中，以缩短道路、水管、电线、电缆的长度，也便于管理和简化供应工作。

（7）临时房屋及设施力求符合劳动保护、技术安全和防火规范的要求。

（8）应使整个工地在施工期间不被水淹。当场地布置难于满足这一要求时，应将贵重材料仓库、职工宿舍等房屋布置在不被水淹的地方。

4. 绘制施工场地平面布置图

在 1：500 ~ 1：2 000 桥址地形图上，按场地布置应注意的事项及施工过程中须设施的内容，用各种符号、图示或文字，在选择的场地上标示出来，并对各种符号、图示及施工场地布置中的重点加以说明。

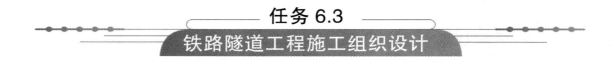

任务 6.3
铁路隧道工程施工组织设计

6.3.1 施工组织设计文件组成及其内容

1. 说明书

主要说明：隧道工程概况、设计要求及主要工程数量；工程所在地区的地质、地形、水文、气象、交通、电力、地方建筑材料及其他可利用资源等施工调查情况；施工方法、施工顺序、施工进度及工序衔接，施工准备工作的安排，施工场地布置；主要材料、机具设备需要量；确保工程质量、安全和工期的施工技术组织措施；技术复杂的工序及采用新工艺施工的技术操作规定；对采用新结构、新材料、新工艺、新方法、新技术的施工意见及有关科研项目的安排；国家或设计单位及上级主管部门下达的文件及承发包合同、协议、纪要中有关规定要求等。

2. 附 图

（1）线路平、纵断面图。
（2）施工进度计划图。
（3）劳动力动态图。

（4）施工场地平面布置图。

（5）有关施工附图。包括：

① 施工通风布置示意图。

② 隧道管道和电线路布置示意图。

③ 隧道断面开挖施工顺序示意图。

④ 洞内运输轨道布置图。

⑤ 隧道开挖作业循环图。

⑥ 隧道施工排水系统布置图。

3. 附　表

（1）工程数量表。

（2）施工进度计划表。

（3）主要劳动力工天、材料、机械台班数量表。

（4）主要劳动力、材料、机具设备日历性（年、季、月）计划供应表。

（5）供电系统表。

（6）临时工程数量表。

6.3.2　施工辅助设施

隧道施工（特别是长隧道）常需要利用辅助坑道来增加工作面，将隧道分割成几段，以加快施工进度。为配合隧道开挖、运输、支撑及衬砌等作业，还需进行多项辅助作业，如压缩空气的供应、施工供应与排水、施工供电与照明、施工通风与防尘等，从而确保隧道施工快速、安全、顺利进行，优质、高效地按期完成修建任务。

1. 辅助坑道

辅助坑道分横洞、平行导坑、斜井和竖井四种类型。辅助坑道除了增加隧道工作面外，还可改善施工通风、排水和运输条件，并减少施工干扰，从而加快施工进度，缩短工期。辅助坑道类型的选择，应根据隧道长度、施工期限、地形、地质、水文和弃渣场等条件，通过技术、经济比较，综合考虑，合理选择。各种辅助坑道的适用条件及其特点见表 6.23。

表 6.23　辅助坑道的适用条件及特点

辅助坑道类型	适用条件	特点
横洞	1. 隧道沿河傍山，侧面覆盖层不厚； 2. 隧道洞口桥隧相连，干扰施工或影响弃渣及场地布置； 3. 洞门地质不良或路堑土石方数量大，工期紧迫，难以及时从正洞进洞； 4. 横洞长度一般小于隧道长度的 1/10～1/7	增加正洞工作面，设备简单，施工及管理方便，出渣、进料运输距离较短，但通风排烟较差

辅助坑道类型	适用条件	特　点
平行导坑	1. 长度大于 3 000 m 的深埋隧道，难以采用其他类型的辅助坑道； 2. 有大量地下水或瓦斯	增加正洞工作面，提高施工速度，解决施工通风、排烟、排水和运输干扰等问题，还可探明地层变化情况，但增加造价较多
斜井	1. 隧道旁侧有低洼地形，覆盖层不厚，斜井长度一般不超过 200 m（特殊设计例外）； 2. 井身地质较好，地下水不多	增加正洞工作面，出渣、进料运输距离较短，但要有提升设备
竖井	1. 隧道顶部局部地段覆盖层较薄，竖井深度一般不超过 150 m； 2. 井身地质较好，地下水不多	增加正洞工作面，出渣、进料运输距离较短，但提升设备复杂。深度小于 40 m 者，一般采用简易竖井

2. 施工供风

在隧道施工中，以压缩空气为动力的风动机具被广泛采用，如凿岩机具、喷射机等。这些风动机具所需要的压缩空气都有空气压缩机产生，并通过高压风管输送给风机机具。一般隧道施工是把空气压缩机集中安设在洞口压缩机站内，承担压缩空气的供应。空压机设备能力，应根据同时工作的各种风动机具最大耗风量和管路漏风系数等计算出的总耗风量来确定。每个洞口的一般耗风量见表 6.24。

表 6.24　不同长度隧道一个洞口的耗风量

隧道长度/km	0.5~1	1~2	2~4	4~6
耗风量/（$m^3 \cdot min^{-1}$）	30~50	40~60	80~100	120~150

注：① 表中数字未包括备用量。

② 采用全断面开挖，钻孔台车综合机械化施工时，一般配备压缩空气 120~150 m^3/min。

3. 施工用水

施工用水包括隧道工程施工、生活和消防用水供给。隧道施工中，如果采用湿式凿岩机、喷雾洒水，不仅要考虑水源和水质问题，同时对水压也有一定的要求（一般风钻不小于 0.3 MPa）。用水量的大小与隧道长度、施工进度、机械化程度、施工人数及当地气候等因素有关。施工现场常用概略估算来确定用水量，估算时可参考隧道施工作业单项用水指标计算，按施工高峰时的情况估算总用水量。也可参考表 6.25 所列指标估算或按式（6.8）计算工程总用水量。

表 6.25　总用量参考指标

隧道长度/m	最大用水量/($t \cdot h^{-1}$)	每昼夜用水量/($t \cdot d^{-1}$)	说　明
<1 000	8 ~ 10	50 ~ 100	1. 用水量包括施工用水、机械用水、生活用水。
1 000 ~ 2 000	10 ~ 14	100 ~ 150	2. 用储水池供水需考虑一定的储备量。
2 000 ~ 4 000	14 ~ 16	150 ~ 200	3. 需保证洞内工作面上水压≥0.3 MPa

隧道洞内开挖用水量可按下列公式计算：

$$Q = \left(N_Z \cdot q_Z \cdot n_Z + N_b \cdot q_b \cdot n_b + \frac{W_h \cdot q_s}{100} \right) \cdot K_1 \quad (\text{m}^3/\text{h}) \quad (6.8)$$

式中　N_Z——同时工作凿岩机台数；

q_Z——凿岩机耗水量，一般为 0.18 t/h；

n_Z——凿岩机同时工作系数，一般取 0.75；

N_b——同时工作喷雾器台数；

q_b——喷雾器耗水量，一般为 0.18 t/h；

n_b——喷雾器同时工作系数，一般取 0.75；

W_h——隧道爆破石渣数量（m^3/h）；

q_s——石渣耗水量，一般为 0.015 t/m^3；

K_1——漏水系数，一般为 1.05。

4. 施工用电

1）施工用电量计算

隧道供电必须满足动力和照明需要，并确保施工安全。隧道施工用电可采用下式计算：

$$P_{bc} = K_d \cdot \left(\frac{\sum P_b}{d_A \cdot \eta} \cdot K_1 \cdot K_2 + \sum P_C \cdot K_1 \right) \quad (\text{kW}) \quad (6.9)$$

式中　K_d——电线线路能力损失，取 1.05 ~ 1.10；

d_A——全部电力用户的功率因素，取 0.5 ~ 0.6；

$\sum P_b$——动力用电总量（kW）；

$\sum P_C$——隧道内照明用电总量（kW）；

η——电动机及其他动力用户的效率，取 0.83 ~ 0.88；

K_1——同时用电系数，见表 6.26 所列；

K_2——动力用户的负载系数，取 0.6 ~ 1.0。

表 6.26　用电系数

电动机使用台数	1	3	5	>10
用电系数 K_1	1	0.75	0.6	0.5 ~ 0.4

2）施工用电要求

一般中小隧道采用 400/230 V 三相四线系统两端供电，长大隧道可用 6～10 kV 高压送电。为了满足动力和照明用电的需要，在线路终端最大电压降应不小于 10%，据以选用经济合理的导线断面。隧道施工一般电压为：在开挖衬砌作业地段采用 12～36 V；在成洞地段采用 110～220 V；电动机具用电为 380 V。照明灯光强度在作业地段每平方米不少于 15 W，存在不安全因素地段可适当增加。

5. 施工通风

隧道施工通风的目的是送进空气，冲淡、排出有害气体和降低粉尘浓度，以改善劳动条件，从而保证施工安全、洞内工作人员身体健康和提高施工生产效率。

1）施工通风方式的选择

施工通风方式应根据施工方法、设备条件，通风长度和工作面多少确定。一般常见的通风方式见表 6.27。

表 6.27　施工通风种类及适用条件

通风种类	适用条件	优缺点
自然通风	300 m 以下，岩层不产生有害气体的短隧道及导坑凿通后的隧道	1. 利用洞内外温差及洞口气压差，形成自然风流循环，不需机械通风设备。 2. 受气候影响很大
风管通风	3 000 m 以下隧道，可配合巷道使用	1. 向工作面送入新鲜空气或吸出污浊空气，使用比较普遍和方便。 2. 管道直径大，运输不方便。 3. 管道达到一定长度后，必须增加一台风机串联补充动力消耗
巷道通风	有平行导坑的长隧道	1. 通风设备简单，随着坑道掘进只需将局扇向前移动，不必增加风机。 2. 能供应比较大的风量，向各工作面送风，比风管通风容易。 3. 空气随风道循环，供给的空气混有污浊气体

2）施工通风量计算

施工通风应能保证隧道内作业人员和机械的安全和正常工作，因此，通风量应根据下述条件分别计算，取其最大值。

（1）按洞内同时工作的最多人数及采用内燃机作业计算需要风量：

$$Q_f = K_f \cdot P_{max} \cdot q_g + l_i \cdot Q_1 \quad (\text{m}^3/\text{min}) \tag{6.10}$$

式中　K_f——风量备用系数，一般采用 1.10～1.15；

P_{max}——洞内同时工作最多人数；

q_g——每人需要的新鲜空气，长大隧道为 3 m³/min，一般隧道为 2~3 m³/min，一般坑道为 1.5 m³/min；

l_i——洞内同时使用的内燃机作业功率（kW）；

Q_1——洞内使用内燃机械时，每消耗 1 kW 的功率的需风量应不小于 3 m³/min。

（2）按爆破后隧道内有害气体浓度计算通风量。

按通风量稀释爆破后有害气体到许可浓度以下的安全条件，可按下式计算：

$$Q_H = \frac{100 \cdot E \cdot b_e}{e' \cdot t} \ (m^3/min)$$ （6.11）

式中　E——同时爆破的炸药量（kg）；

b_e——1kg 炸药爆破后所产生的一氧化碳，使用硝铵炸药时为 0.04 m³；

e'——允许有害气体的浓度，一般为 0.02；

t——规定通风时间（min）。

（3）按最小风速计算通风量：

$$Q_u = V_f \cdot F$$ （6.12）

式中　V_f——最小风速（m/s），见表 6.28；

F——坑道最大断面积（m²）。

表 6.28　坑道内允许风速

正常湿度	最小风速	最大风速	导坑内风速
不超过+25 ℃	0.15 m/s	6.0 m/s	保持不小于 0.25 m/s

如隧道内有瓦斯，施工通风须保证将瓦斯稀释到允许浓度以下。上述各种情况确定的通风量，应取其中最大值选择通风设备。

6. 施工排水

隧道施工常遇到底层渗水或大量涌水，尤其在穿越富水地层或褶皱、断层地带时，地下水将严重妨碍工程进展和施工安全。因此，解决施工期间的排水问题，是隧道施工中的重要工作，常见的排水方式见表 6.29。

表 6.29　隧道施工排水方式和适用范围

排水方式	适用范围
顺坡排水	利用隧道自然坡度，将水集中于侧沟排除
机械排水	反坡较大或涌水量大的隧道
人工排水	反坡较小，水量较少的短隧道

6.3.3 施工方案选择

隧道施工方法的选择，应以地质条件为主要依据，结合工期、隧道长度、断面大小、埋置深度、环保条件、施工单位的机械设备能力和施工技术水平等因素综合考虑。同时，应尽量采用新技术、新工艺、新设备，以加速施工进度，保证工程质量，提高生产效率，改善劳动条件。还应考虑到围岩发生变化时，施工方法的适应性和变更的可能。

1. 隧道工程施工特点

（1）隧道是地下建筑物，受地质和水文地质条件的制约，施工环境差、难度大、技术复杂、要求高。

（2）隧道施工是一种多工序、多工程联合的地下作业，工作面狭窄，出砟、进料运输量多，施工干扰大，为加快施工进度，需以横洞、斜井、竖井、平行导坑增加工作面，施工复杂而艰巨。因此，必须全面规划，科学地组织施工，编制切实可行的实施性施工组织设计。

（3）隧道工程大部分地处深山峻岭之中，场地狭小，要使用多种机械设备，需要相当数量的洞外设施来保证洞内施工，而洞外往往受地形限制，场地布置比较困难。

（4）由于工作环境差，劳动条件恶劣，常发生坍塌、涌水、瓦斯泄漏等诸多事故，因此，要制定出切实可行的安全技术组织措施。

（5）由于地质、水文地质以及围岩压力复杂多变，在施工过程中往往需要改变施工方法，同时也要求隧道施工必须不间断地连续进行。

2. 主要施工方案和施工方法

（1）隧道工程施工方案应根据施工条件、地质条件、隧道长度、隧道横断面、埋置深度、工期要求、经济效益、环境保护等因素综合选定，主要施工方案见表6.30。

表 6.30 隧道工程主要施工方案

名　称	内　容
施工组织形式	顺序作业、平行作业、流水作业
开挖方法	钻爆法、掘进机（TBM）法、盾构法、沉管法、明挖法
二次衬砌	液压模板台车、简易衬砌台车
超前支护类型	超前管棚、超前锚杆、超前注浆
出　渣	有轨运输、无轨运输
辅助坑道	横洞、斜井、平导、竖井

（2）地质复杂及高风险隧道（包括富水软弱破碎围岩、岩溶、风积沙与含水砂层、瓦斯、岩爆、挤压性围岩与膨胀岩、黄土、高原冻土、高低温等隧道）应结合现场实际情况，分析工程及水文地质资料，做出风险评估，制定施工技术方案和专项应急救援预案。

（3）隧道工程主要开挖方法及适用条件见表6.31，开挖方法示意图见表6.32。

表 6.31 隧道工程主要开挖方法及适用条件

名　称		适用条件
钻爆法	全断面法	1. 单线隧道Ⅰ、Ⅱ、Ⅲ级围岩 2. 双线隧道Ⅰ、Ⅱ级围岩 3. 地下水状态：干燥或潮湿
	下导洞超前法	1. 单线隧道Ⅲ、Ⅳ级围岩 2. 双线隧道Ⅱ、Ⅲ级围岩 3. 地下水状态：有渗水或股水
	台阶法	1. 单线隧道Ⅲ、Ⅳ级围岩 2. 双线隧道Ⅲ级围岩 3. 地下水状态：干燥或潮湿
	环形开挖预留核心土法	1. 单线隧道Ⅳ、Ⅴ、Ⅵ级围岩 2. 双线隧道Ⅲ、Ⅳ级围岩 3. 地下水状态：有渗水或股水
	双侧壁导坑法	1. 单线隧道Ⅴ、Ⅵ级围岩 2. 双线隧道Ⅳ、Ⅴ级围岩 3. 地下水状态：有渗水或股水
	中洞法	双联拱隧道
	中隔壁法（CD法）	单、双线隧道Ⅴ级围岩、浅埋隧道、三线隧道
	交叉中隔壁法（CRD法）	双线、三线隧道Ⅴ、Ⅵ级围岩、浅理隧道
掘进机法	敞开式掘进机	围岩自稳性较好、以Ⅲ级及以上围岩为主的山岭隧道
	护盾式掘进机	常用于混合地层
盾构法	土压平衡盾构机	1. 细颗粒地层 2. 适应黏土、砂土、砂砾，卵石土、泥质粉砂岩夹砂岩、页岩 3. 地层渗透系数小于10^{-7} m/s
	泥水平衡盾构机	1. 较粗颗粒地层 2. 适应粉质黏土、粉细砂、中粗砂，卵石层、泥质粉砂岩夹砂岩、页岩 3. 地层渗透系数小于10^{-4} m/s

表 6.32　隧道开挖方法示意图

序号	名称	横断面示意图	纵断面示意图
1	全断面开挖法		
2	台阶开挖法		

序号	名称	横断面示意图	纵断面示意图
3	环形开挖预留核心土开挖法		
4	双侧壁导坑开挖法		
5	中洞开挖法		
6	中隔壁开挖法（CD法）		
7	交叉中隔壁开挖法（CRD法）		

6.3.4 施工进度及资源安排

1. 隧道工程施工进度计划的编制程序

（1）确定隧道工程施工总期限。

（2）划分施工工序。

根据隧道施工方法不同，施工工序的划分也不同，全断面、半断面、上下导坑施工方法等各自划分工序不同。

（3）确定作业顺序及作业间距。

根据施工前后顺序及工程顺序确定施工作业间距，为了安全生产，减少作业之间的相互干扰，保证施工质量，提高生产效率，必须保持各作业间的最小间距。

（4）确定施工作业组织形式。

隧道施工各个工序都在隧道内狭窄的空间内进行，容易出现相互干扰。为尽量减少或避免相互干扰，在满足施工质量和工期要求的基础上确定合理的施工作业组织形式。

（5）确定工序作业施工进度。

隧道开挖工期是以钻眼、装药、爆破、通风、安全处理、出渣、支护等一次循环作业时间为基础，选定有关参数进行计算确定，也可运用网络技术，分工序绘制循环作业网络图分析计算，以此作为分析月平均施工进度指标的依据。

（6）绘制施工进度图。

① 两端各作业项目完工时间应相交在同一断面，以利工作量的划分。

② 水沟及压浆工作：若为混凝土衬砌时，可在边墙或拱圈完成后 7~14 d 完成；若为砌石圬工时，可在边墙及拱圈完工后 3~4 d 完成。

③ 边墙及拱圈的衬砌随开挖进度进行。铺底工程应在墙拱主体衬砌及水沟、电缆槽完工后开始铺砌。洞门工程可根据地质情况及工程数量来确定工期，地质不良的洞门应尽早尽快完成，以保证施工安全。

隧道工程的总进度，往往受开挖或运输等关键作业项目的进度所控制。如采用全断面开挖法，则开挖为关键作业项目；采用以导坑引进的其他各种开挖方法，则导坑开挖将控制隧道的进度，而开挖又受运输的控制，因此在安排施工进度时，必须配备相适应的运输能力，以满足出砟和进料的需要。

2. 隧道工序作业施工进度的计算

1）隧道开挖作业进度的计算

影响隧道开挖进度的因素很多，如围岩类别，岩石硬度，炮眼的个数，布置、深度等都直接关系到开挖的进度，而这些因素又是千变万化的，可根据施工定额或施工统计资料和有关参数进行开挖作业进度计算。

【例 6.4】某单线隧道采用二臂凿岩台车全断面法施工，围岩为次坚石，开挖断面为 45 m²，采用进口钻具。根据《铁路工程劳动定额标准》，每开挖作业循环时间如表 6.33，以确定单口月开挖进度。

表 6.33　开挖作业循环时间

项目	测量划线	钻爆破眼	钻锚杆眼	装药起爆	安全处理	灌锚杆	喷射混凝土	装载机装砟	综合循环时间
时间/h	0.930	3.43	0.360	1.89	1.06	1.08	2.45	4.61	15.81

解：每一循环开挖进度为 2.80 m，据此可确定单口月开挖进度为

$$\frac{24}{15.81} \times 2.8 \times 30 = 128（m）$$

因此，隧道施工进度指标可以该数据为依据，并综合考虑各种因素选用。

2）衬砌作业进度的计算

衬砌作业的进度受到相应开挖作业进度的控制。在实施性施工组织设计中，通常是以开挖进度来安排衬砌进度的，只有铺底作业为避免影响洞内运输，往往放在各开挖、衬砌项目完成后进行。衬砌作业施工进度也可根据施工定额或有关指标计算。

隧道衬砌一般采用复合衬砌。正常施工时，一个喷射混凝土工班（8 h）可喷射干拌料 5 ~ 15 m³，以单线铁路隧道喷射混凝土衬砌厚 10 cm 计，可完成 30 ~ 90 m³，折合拱部 3.3 ~ 9.0 延长米或边墙（两侧）2.7 ~ 8.1 延长米。一个锚杆工班（8 h）可插锚杆 50 ~ 100 根，以单线隧道每延长米 8 ~ 9 根计，可完成 6.3 ~ 10.1 延长米。

3. 工期参考指标

1）隧道工程施工工期指标（表 6.34）

表 6.34　隧道工程施工工期指标

工程分类	工程项目			围岩等级	进度指标/（延长米/月）	
					无轨运输	有轨运输
新奥法隧道	正洞	正洞工区	≤60 m²	Ⅱ	130 ~ 190（200 ~ 260）	150 ~ 210
				Ⅲ	90 ~ 120（160 ~ 230）	120 ~ 140
				Ⅳ	60 ~ 85（110 ~ 180）	60 ~ 85
				Ⅴ	35 ~ 50（60 ~ 90）	35 ~ 50
		断面有效面积	>60 m²	Ⅱ	140 ~ 200（220 ~ 280）	160 ~ 220
				Ⅲ	100 ~ 130（180 ~ 240）	130 ~ 150
				Ⅳ	70 ~ 95（90 ~ 160）	70 ~ 95
				Ⅴ	35 ~ 50（60 ~ 90）	35 ~ 50
		斜井工区	≤60 m²	Ⅱ	120 ~ 175（200 ~ 250）	130 ~ 190
				Ⅲ	80 ~ 110（150 ~ 210）	90 ~ 120
				Ⅳ	60 ~ 80（100 ~ 160）	60 ~ 80
				Ⅴ	35 ~ 50（60 ~ 90）	35 ~ 50
			>60 m²	Ⅱ	125 ~ 180（200 ~ 250）	140 ~ 200
				Ⅲ	90 ~ 130（160 ~ 220）	110 ~ 130
				Ⅳ	70 ~ 90（80 ~ 150）	70 ~ 90
				Ⅴ	35 ~ 50（60 ~ 90）	35 ~ 50
新奥法隧道	辅助坑道	斜　井		Ⅱ	250 ~ 300	100 ~ 120
				Ⅲ	180 ~ 240	90 ~ 100
				Ⅳ	120 ~ 170	45 ~ 60
				Ⅴ	60 ~ 90	30 ~ 40
		平行导坑、横洞、横通道		Ⅱ	260 ~ 310	180 ~ 250
				Ⅲ	190 ~ 250	120 ~ 180
				Ⅳ	130 ~ 180	90 ~ 120
				Ⅴ	70 ~ 100	60 ~ 80

工程分类	工程项目	围岩等级	进度指标/（延长米/月）	
			无轨运输	有轨运输
掘进机（TBM）法隧道	φ9~11 m 开敞式掘进机	II	230~250	
		III	360~420	
		IV	400~480	
		V	300~330	
	φ9~11 m 护盾式掘进机	II	270~300	
		III	420~450	
		IV	520~550	
		V	360~400	

注：① 括号内数字为机械化配套进度指标。

② 西南地区地质复杂隧道进度指标可在本指标基础上适当降低，可乘以不低于 0.85 的调整系数；高风险等级隧道进度指标应另行分析确定。

③ 辅助坑道无轨运输进度指标可根据辅助坑道长度增加适当降低，可乘以不低于 0.9 的调整系数。

④ 掘进机进场运输及安装调试时间应另行考虑。

2）说　明

（1）隧道工程按照 24 小时连续施工确定进度指标。

（2）钻爆法隧道施工后序工程包括未完衬砌，明洞、管沟，洞门及附属设施，在开挖通后 1~3 个月完成。掘进机（TBM）法施工指标中已含后序工程。

（3）掘进机（TBM）法隧道施工，工期安排需预留 10~12 个月设备定制时间，设备到场后拼装时间 1~2 个月，贯通后拆除时间 1 个月。

（4）表 6.34 中进度指标仅适用一般地质条件下的隧道施工，对于地质复杂及高风险隧道，如富水断层破碎围岩膨胀性和挤压性围岩、岩溶地质、高地应力硬岩（岩爆）地质、煤系地层、高地温、偏压等特殊岩及高风险隧道的进度指标，需要根据实际情况另行分析计算。

（5）隧道工程条目为单口月成洞米，是按照一个工作面、基本工班、机具配置的作业队的进度指标，使用时应根据工期要求，合理的配置作业队和划分施工区段，确定隧道工程工期。

（6）作为控制工程的长大隧道单口施工正洞长度以 2~3 km 为宜。

（7）钻爆法隧道工作内容：超前地质预报、超前支护、开挖、出砟、初期支护，通风、高压风水管、照明、电线路。不含无砟道床施工。

（8）掘进机（TBM）法隧道工作内容：现场设备拼装，开挖、出渣、初期支护、注浆、喷豆砾石、二次衬砌（管片安装）、明洞，电力电信管沟、电缆槽、洞门及附属设施。不含无砟道床施工。

4. 施工劳动力和机具设备组织

隧道施工劳动力组织和机具配备类型、规格、数量，应结合隧道施工方法、工期要求、地质情况、机具来源、运输条件以及工作面等因素综合安排，并尽可能采用隧道综合机械化施工。做到施工机械的配套体用，以充分发挥机具的效能。

（1）采用新奥法施工的隧道，劳动力组织应按开挖喷锚、衬砌两条机械化流水作业线安排，分别参见表6.35和表6.36。

表6.35　机械化开挖喷锚流水作业线劳动力组织

工　班	人数	说　明
测量班	12	中线水平5人，断面组4人，量测组3人
台车班	22	班长2人，台车司机2人，司钻工10人，电工4人，维修4人
装炮班	24	班长2人，炸药加工4人，装药爆破13人，洒水清危5人
通风班	16	班长1人，粉尘测定3人，电工6人，通风管安装维修6人
喷锚班	35	班长2人，拌和司机2人，喷射机司机2人，喷射手6人，锚杆7人，其他16人
装运班	25	班长2人，装载司机8人，汽车司机10人，修理工5人
辅助班	16	班长1人，清底，水沟开挖，避人车洞开挖，其他辅助工作15人
合　计	150	

注：表中劳动力组织为无轨运输，如采用有轨运输，则需增加电瓶车司机和调车员。

表6.36　衬砌作业机械化流水劳动力组织

工　种	人数	说　明
碎石生产线	40	
拌和楼生产	27	负责1人，搅拌司机4人，拉铲司机4人，辅助3人，配料工15人。
混凝土灌注	34	负责1人，模板台车作业15人，混凝土输送车司机12人，混凝土运输泵司机6人
防水板粘贴	15	
模板台车位移	18	
铺垫水沟灌注	20	脱立模10人，钢轨铺拆8人
合　计	154	

（2）每一洞口常用施工机具配备见表6.37。

表6.37　每一洞口常用施工机具的配件

顺序	机具名称	规格	单位	隧道长度/m				说明
				500～1 000	1 000～2 000	2 000～4 000	4 000～6 000	
1	空气压缩机		m³/min	30～50	40～60	80～100	120～150	以电动的为主
2	凿岩机（带气腿）	YT-23、YT-25	台	15～20	20～30	25～35	40～50	
3	锻钎机	IR-50	台	1	1	1～2	1～2	
4	装岩机	电动或风动	台	1	1～2	2～4	3～5	

顺序	机具名称	规格	单位	隧道长度/m				说明
				500～1 000	1 000～2 000	2 000～4 000	4 000～6 000	
5	胶带运输机		台			2～3	3～5	也用在洞外配合碎石机
6	电瓶车	XK8-7/132A	台	1～2	3～4	4～5	6～8	
7	充电机	14.5 kW	台	1～2	2～3	3～4	5～6	
8	混凝土拌和机	250 或 400 L	台	1	1	2～3	2～3	
9	混凝土捣固机	插入式	台	4	6	8	10	
10	砂浆拌和机		台	1	1～2	1～2	2～3	
11	风动压浆机		台	1	1～2	1～2	2～3	
12	电动压浆机		台	1	1～2	1～2	2	检查压浆用
13	喷混凝土机		台	1	1～2	1～2	2～3	视围岩条件而配
14	混凝土输送泵		台		1	1～2	1～2	视需要而定
15	金属活动模板台车		台		1	1～2	1～2	与混凝土输送泵配套使用
16	卷扬机	电 0.3～1 t	台	3～4	4～5	5～6	6～7	洞内提升用
17	通风机	主扇 70B2-12 型	台			1	1	平行导坑主扇另备用 1 台
18	通风机	局扇 JBT-52，61，62	台	4	4～6	6～8	8～10	
19	潜水泵		台	1～2	2～3	3～4	3～4	
20	抽水机		台	2	4	4～6	4～6	用于排水，大量涌水时另配
21	低压变压机	5 kV·A、380/220-36 V	台	2～4	4～6	6～8	6～8	
22	钢拱架		榀	50～60	60～80	80～100	100～120	
23	斗车	0.75～2.0 m³	辆	40～50	50～70	80～100	120～150	
24	平车	1 t	辆	12～15	15～21	24～30	36～45	运料用，按斗车的 30% 计
25	平移调车器		台	2	2	2～4	4～6	开挖面调车用
26	伸缩式凿岩机	YXP-24 型	台	1	1	2～3	3～4	锚杆支撑钻眼用
27	碎石机	电动 17 kW	台	1	1	1～2	2～3	
28	磨砂机		台	1	1	1～2	2～3	无天然砂源或供应不足时使用

顺序	机具名称	规格	单位	隧道长度/m				说明
				500~1 000	1 000~2 000	2 000~4 000	4 000~6 000	
29	电焊机		台	1	1	1	1	洞口修配所用
30	氧焊机		台	1	1	1	1	洞口修配所用
31	磨钻机		台	1	1	1	1	洞口修配所用
32	车床		台	1	1	1	1	洞口修配所用
33	钻床		台	1	1	1	1	洞口修配所用
34	砂轮		台	1	1	1	1	洞口修配所用
35	钻杆对焊机		台	1	1	1	1	洞口修配所用

注：① 洞外无高压电源可利用时，需另配发电机供电。
② 上列机具数量和压缩空气量均未包括备用量。

（3）三管两线配备（按每一洞口担负的施工长度计算）见表6.38。

表6.38　三管两线需要量

顺序	名称		规格	单位	洞口负担的施工长度/m					说明
					300~500	500~1 000	1 000~1 500	1 000~1 500 有平导	2 000~2 500 有平导	
1	高压风管		ϕ200 mm	m	450~650	650~1 150	1 200~1 650	2 100~2 600	2 700~3 100	包括机器房至洞口150~200 m
2	高压水管		ϕ100~150 mm	m	500~700	700~1 250	1 300~1 800	2 400~2 900	3 000~3 700	包括水池至洞口200~300 m
3	通风管		ϕ500~600 mm	m	400~600	600~1 100	1 100~1 600	500~600	600~800	
4	钢轨		18~24 kg/m	双m	1 050~1 450	1 700~2 700	2 750~4 000	5 000~7 000	7 500~8 500	包括洞外场地
5	道岔		6号	组	10~15	14~18	16~22	30~38	40~50	包括洞外场地
6	电缆	主线		m	—	400~700	700~1 100	1 150~1 730	1 800~2 300	动力线自洞外变压器起算
7		支线		m	500~650	1 000~1 200	1 500~1 750	2 400~2 800	3 000~3 600	动力线自洞外变压器起算

6.3.5　施工场地布置

1. 施工场地布置的内容

隧道施工临时工程种类繁多，且受地形限制较大，对隧道施工影响较大。临时工程的内容主要包括：施工便道、弃渣场、施工用水、施工用电、施工通风、堆料场、机械房、混凝土搅拌桩、油库、火工品仓库、生活用房、污水处理池、三管两线等各种设施。

2. 施工场地布置的原则

隧道作业面少，洞口场地受施工场地限制，施工机械、原材料多，施工场地的布置对施工安排和施工效率有较大的影响，在考虑隧道洞口施工场地布置时，可按以下原则进行：

（1）应避开坡面坍滑、危岩落石及泥石流等危害，确保临时设施安全。

（2）大堆材料堆放场地，应方便运输。

（3）尽量利用工程红线内场地作为施工场地，减少施工用地，少占农田，场地布置紧合理。

（4）保证运输方便通畅。

（5）合理划分施工区域，减少各项施工干扰。

（6）各种生产、生活设施布设要利用有利地形、合理布局，便于工人生产、生活。

（7）满足防潮、防水、防洪和劳动保护要求。

（8）预留突发自然或地质灾害时的安全通道。

3. 隧道施工场地布置要求

1）施工便道

施工便道主要有进出工点便道、洞口至弃渣场便道、洞口到混凝土搅拌站便道以及至生活区、炸药库通道。隧道工地一般受地形限制较大，连接工地外的施工便道要满足车流量和使用的要求；施工场地内的临时道路要结合场地内临时工程的布置来进行设计。工地的主干道宜呈环状布置，次要道路可布置成枝状，应有回车的调头场地。

2）弃渣场

弃渣场宜设在空地的低洼处，并尽量少占农田。确定弃渣场的位置和范围后，应先设置挡护结构后弃渣，坡面按设计进行复垦或绿化，弃渣后顶面整平造田，坡脚进行防护，防止水土流失。如无弃渣场地而弃于河道中时，应满足水通畅和通航要求，并应检查各种水位时弃渣是否会形成挑水影响本岸和彼岸坡面稳定。

3）材料库及加工场

大宗材料（如砂、石料、水泥、木材、钢材等）的存放地点及木材，钢材加工场地的布置，应考虑材料运进工地方便，易于卸车，尽量布置在运输道路附近，避免出现交叉运输和反向运输；应靠近使用地点，以方便加工搬运和施工使用。同时，还应满足防洪、防潮及防火的要求。

4）混凝土搅拌站

混凝土搅拌站是隧道施工中的重要临时设施，由于隧道工程混凝土需求量大，搅拌站占地面积较大。混凝土搅拌站的布置要结合隧道工程量施工进度以及隧道所处地形条件来进行布置。混凝土搅拌站的布置可按以下原则来进行安排。

（1）充分利用地形条件，力求布置紧凑，节省用地面积。

（2）符合工艺流程，保证工艺流程顺利进行。

（3）建筑物、构筑物的距离要满足生产、消防、环保、卫生和采光的要求。

（4）混凝土搅拌机应尽量靠近洞口，靠近砂、石料，便于装车运输等。

（5）生活设施应布置在厂区的上风方向。

（6）在搅拌机前应留有足够的混凝土运输车辆作业场地；在搅拌机后可设置一条单行车道，便于混凝土拌和原料的增加以及运输车辆的回转。

（7）试验室、调度室尽量布置在搅拌机与厂区大门的主通道附近；水池、混凝土回收站宜布置在搅拌机附近；厂区的场地排水宜采用明沟加盖形式，在排入市政管网之前应设置沉淀池。

（8）由于车流量大，工厂出入口应做到人车分流，并配置足够的场地面积，作为混凝土运输车辆的停车场。

5）火工品仓库

火工品仓库包括炸药库、雷管库、发放室和看守房，建议严格按照公安部门管理要求和安全标准建设。炸药和雷管要分别存放，其库房要选择远离居民区和施工生产生活区域300 m以上的隐蔽地点，并安装避雷针，设专人看守。

6）油　库

油库应设在隐蔽、安全、远离民房、厂房、工棚和炸药库的偏僻之地，占地一般50～100 m²。

7）机械停放、检修场地及设备的组装场地

机械停放、检修场地及设备的组装场地主要停放挖掘机、出渣运输车辆、混凝土运输车辆、装载机、混凝土输送泵等，侧边应设机械保养维修间，占地一般200～250 m²，可利用弃渣场填平后的场地；组装场地主要是用于衬砌台车、盾构机等的组装，宜先将所需范围平整硬化，将来作为组装场地。施工机械场所的位置，要求便道可直达，并且用电、用水方便。

8）污水处理设施

在隧道出口和生活区，应该设置污水处理池。隧道施工产生中的废水、污水经过"三级沉淀净化处理达标后排放。生活区的生活污水也要经过处理，达到相关排放标准后才能排放，污水池上面设盖板，并经常清淤保持洞内排水通畅，严禁将含有污染物质或可见悬浮物的水随意排放。

9）生活用房

生活用房要与洞口保持一定距离，以保证工人和工作人员有一个较安静的休息环境，但又不宜过远，使工人上下班行走方便。生活区还要考虑职工室外文体活动场地的布置，做好环境保护和卫生。生活用房的需要面积根据各工点现场施工生产、管理人员数量确定，一般按高峰期不少于150人确定。

10）水、电、通风、消防设施

隧道施工用水有压力要求，可采取高山水池或在管道上设增压泵。高山水池要求水头高度大于本工点任务范围最高掌子面高程 30 m，达不到要求可采取增压措施。高压水池一般不宜设在线路上方，要适当偏离中线 30 m 左右，容积根据用水量计算来确定。高压水管采用带法兰盘、密封圈的无缝钢管，直径一般为$\phi100$ mm。

生产、生活用电主要设施有变压器、配电房、发电机房，一般设置在隧道洞口附近。

一般一个洞口设 20 m³ 空压机不少于 6 台。通风机房和空压机房应靠近洞口，尽量缩短管道长度，以减少管道能量损失，尤其要尽量避免出现过多的角度弯折。

在隧道口、生活区等一些有消防安全需要的地方，需要设置数量足够的消防器材，消防器材必须经过必要的质量检查以保证其可用性。消防器材可选择防水板作业台车、手持灭火器、防火砂等，生活区应设置消防砂及手持灭火器。

11）洞内管道、线路布置

洞内管道、线路布置最好不跨越运输道路，以免管道、线路埋设或架空困难。

（1）风（水）管道：

① 管道尽可能干、顺、直，转弯少，管径一致。

② 分风、分水接头和闸阀必须满足施工要求，但数量要尽量减少。

③ 有平行导坑者，管道从横通道穿入正洞时，可以从轨下穿过，平导支管可考虑向前倒用。

④ 无平行导坑者，布置在靠空压机旁一侧。

⑤ 管道与水沟不宜在同一侧，以免影响排水。

（2）动力及照明电线：

① 动力、照明电线的截面积和长度必须根据施工最大用电负荷考虑，一次架设，逐渐随施工掘进向洞内延伸。

② 动力电缆与照明电线，可悬挂在同一侧，但必须上下分开悬挂，不得同悬于一个横担上。

③ 电线与电缆，必须与风管、水管以及爆破用电线，分别悬挂在隧道两侧。

④ 爆破电线主线应用绝缘电缆，其主线与区域线均不能与其他电线靠近和交叉。

⑤ 电线电缆悬挂高度，距人行道地面不得小于 2 m。

⑥ 较长隧道应考虑信号线路和电话线路的位置。

（3）洞内管线的布置：

洞内管道和线路布置可参考图 6.1。

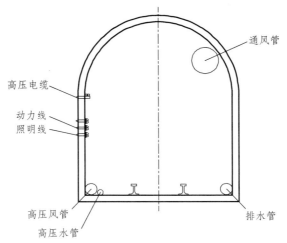

（a）全断面开挖地段

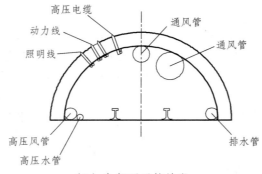

（b）半断面开挖地段

图 6.1　隧道洞内管道和线路布置示意图

任务 6.4
铁路轨道工程施工组织设计

6.4.1　施工组织设计文件组成及其内容

1. 铺轨工程实施性施工组织设计

（1）说明书。

① 工程概况及工期要求。

② 铺轨、架梁的施工方法。

③ 轨道材料和轨排的运输方法。

④ 铺架施工进度计划。

⑤ 铺架的组织、组装基地和换装站的组织等。

⑥ 主要材料、机械设备、运输工具需要量的计算和供应计划的编制。

⑦ 轨料或轨排列车编组说明。

（2）附图。

① 铺轨架梁施工进度图。

② 铺轨材料基地、轨排组装基地、换装站的平面布置图。

③ 曲线配轨图。

④ 轨梁列车或轨排列车的编组图和运行图。

（3）附表。

① 铺轨架梁主要工程数量表。

② 主要材料和机具需要量及供应计划表。

③ 劳动力需要量及调配计划表。

④ 临时设施数量表。

2. 铺砟工程实施性施工组织设计

（1）确定砟场位置并拟定道砟数量。
（2）确定道砟装、运、卸的机具及其数量。
（3）确定铺砟方式方法。
（4）安排铺砟工程施工期限及进度。
（5）编制施工进度图及有关施工措施。

6.4.2 准备工作

1. 施工调查

施工调查是施工准备的关键，其主要内容有：
（1）考察并选择铺设基地设置方案；落实道砟采集场，并考虑采用的运输方案和道路系统。
（2）落实所需水、电、材料及机具设备供应。
（3）了解架梁河道概况，必要时提出临时通航及采用便道通过方案。
（4）了解平交道口附近地形、地貌和车辆通行情况，提出维持道路交通的临时措施。
（5）调查站前工程完成情况，看其能否保证铺轨、铺砟工作的顺利进行。
（6）检查路基修整情况。
（7）检查预铺道砟地段的已铺道床是否符合规定。
（8）检查线路中线桩和临时标志埋设是否符合规定，是否齐全，如有缺损应在铺轨前补齐。
（9）检查限界情况。检查跨越路基的通信和电力线路的高度及其他建筑物限界能否保证铺轨机安全通过。如不能，则必须在铺架机械到达前进行处理。

2. 技术准备

1）审核设计文件资料

在铺轨前除审阅复核已有的设计文件外，还应向有关施工单位索取路基和桥涵、隧道的竣工资料，查明铺轨起讫里程、正线站线里程、桥梁架设座数与孔数（分清正线与便线）、中线控制桩表、水准基点表、断链表、曲线表、坡度及设计表、车站表、桥梁表、隧道表、线路有无路拱地段表、整体道床地段表、陡坡地段表、道口表、路基整修表、架桥岔线表等，作为编制铺轨铺砟工程施工组织设计的依据。

审核复制轨道铺设技术标准和车站平面布置图。主要内容为：钢轨类型、数量，轨枕根数，道岔类型、开向、数量及中心里程，股道坐标及附带曲线半径、长度，引轨及插入短轨的类型、长度，异型接头及轨道电路绝缘接头位置等。

2）埋设线路标志及线路测量

铺轨用的临时里程标、曲线标及坡度标等线路标志，均应在铺轨前定设齐全。在铺轨前 1 个月，由施工单位从铺轨起点测设线路中线桩。直线地段每隔 25 m、圆曲线上每隔 20 m、缓和曲线上每隔 10 m 一个桩。在曲线起讫点、缓圆点、曲中点、圆缓点、道口中心点及岔头、岔尾点、道砟厚度变更点等均须钉设中线桩。然后做水平测量，测出路基纵断面高程，并编制路基纵断面修整表，以便路基整修。

3）路基整修

不论采用何种铺轨方案及方法，在铺轨前都必须根据测量的结果进行路基修整，使之达到规范规定的技术要求后才可铺轨。

铺轨前 15 天应对已完工的路基进行全面检查，如果尚有过高或过低等凹凸不平、路面宽度不够等现象，应进行整修，以符合设计要求。路基平面和纵、横面的形状尺寸应符合设计要求。不同土质路基交界处按 1%递减率做好顺坡，路基宽度如小于设计宽度的应予补足。如果路堤欠填高度或路堑超挖深度不足 5 cm 时，可不作处理；超过 5 cm 时，应用同类土壤填补、夯实。如果路堤超填高度或路堑欠挖深度不足 5 cm 时，可不作处理；超过 5 cm 时，必须进行铲除。此外，还应彻底清除路基面上的草皮、树根和污垢杂物，整平坑洼及波浪起伏的路面。

4）预铺道砟

为保证铺轨列车的安全行驶防止压断轨枕和破坏路基面，铺轨前应在已整修好的路基上先铺设底层道砟。有垫层的道床按垫层厚度铺足，无垫层的道床一般厚 15 cm 左右，要求顶面平整、中间拉槽，以免混凝土轨枕中部受力折断。如砟源困难，可先在每根下铺设厚度不小于 10 cm，宽度不窄于 60 cm 的砟带。石砟带厚度应均匀一致。

在桥头铺轨时，两端路基上应先铺足碎石或卵石道砟（如道砟供应不便，可用填土或轨枕暂行承垫，铺轨后再更换）。桥梁全长 10 m 及 10 m 以上的桥头，应铺足长度不小于 30 m 的道砟平台，且桥头道砟面应比桥台挡砟墙高出 5 cm，顺坡坡度可采用 5%，以便临时通车。钢筋混凝土桥的道砟槽，必须在铺轨前将梁上道砟铺好。

6.4.3 轨排组装基地

铺轨基地是新建铁路的一项临时性工程，是铺轨材料装卸、存放、轨料加工以及轨排组装、列车编组、发送的场所，是铺轨工程的后方基地。在筹建时，必须全面考虑，统一规划，尽量与永久性工程相结合，做到投资少、占地少、作业方便，并使铺轨列车调度灵活，充分发挥基地的生产潜力。

1. 基地设置原则

轨排组装基地包括轨料存放场、轨节组装场和轨节储备场三大部分。合理设置轨节组装基地，对控制铺轨进度和铺轨工程造价起着重要的作用。在选择基地位置时，应综合考虑下列因素。

（1）基地一般应在铺轨前 7 ~ 10 个月内开始筹建。

（2）基地最大经济供应半径：新建线为 200 ~ 300 km；既有线改建为 100 ~ 150 km。

（3）充分利用当地的运输道路、水源、电源等资源，以减少临时设施。

（4）基地应设在平坦宽敞处，减少基地建设的土石方数量，同时要尽量少占农田。

（5）利用新建或扩建站场设备，从既有线车站的站线出岔，用联络线引进基地。同时要考虑轨节列车进出方便，与运营线路干扰少。

2. 基地平面布置

轨排组装基地包括轨料存放场、轨节组装场和轨节储备场三大部分，应合理安排，使轨排组装工作顺利进行。

1）轨料存放场

布置轨料存放场时，应根据铺轨进度和铺轨基地距轨料来源的远近、运输状况来确定，一般应保证铺轨日进度的 10 倍左右或至少能满足一个区间的轨料。

场内轨料的堆放必须考虑经济原则，要尽量减少倒装、搬运的次数，要缩短运距以节约劳力。为便于轨料的装卸、搬运，场内应备有必要的吊车设备及其行走道路和进料卸车的股道。同时，还应该使各种轨料向组装车间运送方便，作业手续简化。

2）轨排组装车间

布置轨排组装车间时，应按照进料→轨排组装→轨排装车的次序考虑。进料线与装车线分设于线装线两侧，进料线连接轨料场，便于运出轨排和回运空车。组装作业线的两旁放置组装用的机具设备，以便进行组装作业。

3）轨排储备场

为了保证轨排的连续性生产与供应，必须有轨排储备。轨排储备场的场地应平整坚实，以免底层轨排变形或轨排垛倾倒。场地大小视计划的铺轨日进度与组装能力而定，一般应储存铺设 2~3 天所需的轨排。

储备场的布置要便于装卸，力求简化调车编组作业。一般储备场设有两台龙门吊担负轨排的装卸。由于在储备场存放轨排，会增加倒运、装卸的工作量，故一般都由组装车间直接装车运往工地。如轨排供应紧张，可从储备场补充；因工地架桥等原因停止铺轨时，可先将轨排储存起来。

4）其他设施的布置

除了上述三个主要部分外，基地内还应根据场地条件、每日生产进度、轨排组装方式以及轨料供应数量等布置调车走行股道以及停放车辆的股道等。所有这些股道均应使调车作业走行距离短，通过道岔少，迅速方便。另外，为了满足基地作业需要，还应设置动力、照明、机械维修等设备，修建必要的生产和生活房屋。

3. 轨排组装

轨节组装方式有固定台位式、单线往复式及双线循环式等三种。

1）固定台位式

固定台位式，是将组装作业线划分为若干个作业台位，作业时，各工序人员和所需机具沿各个工作台位完成自己工序的作业后依次前移，而所组装的轨排则固定在工作台上不动，并在这一台位上完成全部工序。当沿作业线Ⅰ组装完第一层轨排后，又在第一层轨排上面继续依次组装第二层轨排，到第三层轨排后，人员再转移到作业线Ⅱ的台位上，继续组装。

该作业方式轨排固定不动，人员和机具沿工作台移动，作业线的布置比较简单，只需在组装作业线上划分一下固定工作台的台位。每一台位长 26 m，而台位的多少和作业线的长短，可根据铺轨任务和日进度的需要来决定。

2）单线往复式

单线往复式生产线是我国目前新线及运营线使用最多的一种轨排组装生产线（图 6.2）。单线往复式作业过程为：将人员和所需机具，按工序的先后固定在相应的台位上，而用若干个可以移动的工作台组成流水作业线，依靠工作台往复移动传递轨排，按组装顺序流水作业，直到轨排组装完毕。

单线往复式作业方式既节省拼装作业场地，也节省拼装所需设备和劳动力，有利于实现轨排组装全面机械化，在地形狭小、场地受限制时较为适宜。

图 6.2　单线往复式流水作业线

3）双线循环式

双线循环式轨排组装分设在两条作业线上完成。第一作业线上完成其规定的几个工序后，经横移坑横移到第二作业线上，继续作业，直到轨排组装完毕，进行装车。空的工作台经另一横移坑再横移到第一作业线上，继续循环作业，每一循环完成一个轨排的组装。

双线循环式作业方式，可将各工序组成循环流水作业线，从而改善工作条件，提高工作效率。该作业方式要求场地比较宽阔，因而受到一定的限制。

4. 轨排运输

为了确保机械铺轨的速度，将基地组装好的轨排按照轨排编号次序装车运到铺轨前沿工地，保证不间断铺轨，必须组织好从轨排组装基地到铺轨工地的轨排运输。

目前，我国运输轨排主要方法有：滚筒车运输和平板车运输。轨排运输工作需要机、车、工、电等各部门、各方面的密切配合，同时需配备一定数量的机车车辆。

轨排运输列车的数量必须合理。如果轨排列车过少，则会产生铺轨工程停工待轨的现象，同时，轨排组装车间已组装完毕的轨排大量积压，造成存储费用的增加。如果轨排列车过多，则会造成大量车辆积压。轨排运输列车的数量与下列因素有关：

（1）铺轨机每天铺轨的能力。

（2）每列轨排列车能够装载轨排的数量。

（3）每列轨排列车的装车和运行的周转时间。

机械铺轨时，一般有一列轨排车在工地跟随铺轨机供应轨排。当该列车的轨排铺完后，该列车立即返回邻近车站，以便让另一列轨排车继续前行供应轨排。因此，当工地距基地较近，轨排列车装车和运行的时间之和小于或等于铺轨机铺设一列车轨排所需的时间时，则需配备两列轨排车。当基地到工地的距离逐渐增加，而轨排列车装车与运行时间大于铺轨机铺设一列车轨排所需时间时，则需配备三列轨排列车。其中，两列用于装车运输，一列用于随铺轨机供应轨排。

随着铺轨工作向前进行，铺轨工地离组装基地越来越远，供应轨排的周转时间就越长，则所需的轨排列车就越多。为了更经济合理地供应轨排，一般当铺轨工地距离组装基地超过 80 km 时，宜在靠近铺轨工地附近的车站设置轨排换装站。轨排换装站一般设在距铺轨工地较近且至少有 3 个股道的车站。一股进行调车作业，停放车辆及机车整备；另一股为轨排换装线；正线为列车到发线，应经常保持畅通。轨排换装线应设在直线股道上，其平面布置见图 6.3。

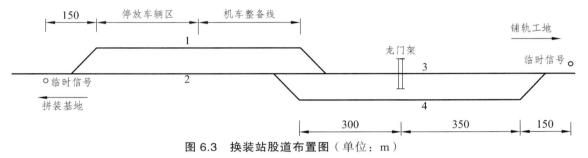

图 6.3　换装站股道布置图（单位：m）

一般每列车装 6 组轨排，每组 6 层，每组可铺轨 150 m，每组需滚筒车 2 辆，共需滚筒车 12 辆。另外，在基地还应预留备用滚筒车若干辆。设置轨排换装站后，基地到换装站就可用普通的平板车将轨排倒装到滚筒车上，再拉到前方铺设。

6.4.4　施工方案选择

1. 轨道工程项目分类

1）新建线路

新建线路主要包括铺新（旧）轨、铺新（旧）岔、铺道床（粒料道床和整体道床）及线路有关工程（线路备料及钢轨架）。

2）改建线路

改建线路项目比较复杂，主要分为以下几类：

（1）线路。包括：拆除、起落、拆铺及拨移线路；抽换或补充钢轨、轨枕、扣件、配件加固设备。

（2）道岔。包括：拆除、拆铺、拨移道岔；抽换道岔部件及岔枕、补充零配件。

（3）道床。主要指粒料道床。包括扒除、清筛、回填及补充道砟。

2. 主要施工方案

（1）轨道工程施工方案应根据设计标准、线路长度、施工条件、安全质量与工期要求等因素综合选定。主要施工方案见表 6.39。

表 6.39 轨道工程主要施工方案表

名　称	内　容
钢轨铺设	人工铺轨、机械铺轨
道岔铺设	原位组装预铺、机械分段铺设、换铺法
钢轨焊接	闪光接触焊、铝热焊、气压焊
应力放散	滚筒放散法、综合放散法
无缝线路铺轨	单枕连续铺设法、工具轨换铺法、长钢轨推送入槽法

（2）无缝线路的锁定轨温应严格控制在设计锁定轨温允许范围内，无缝线路锁定时必须准确记录锁定轨温。相邻单元轨节间的锁定轨温差不应大于 5 ℃，左右股钢轨的锁定轨温差不应大于 3 ℃，同一区间内单元轨节的最高与最低锁定轨温差不应大于 10 ℃。

3. 合理确定施工方案

正确选择轨道工程施工方案对控制整个工程的工期和造价至关重要，因此，首先要正确选择铺轨铺砟施工方案。

（1）确定铺轨方向。铺轨方向应根据轨料供应点的位置确定，铺轨方向可为单向或多向。

（2）确定道砟铺设方式。道砟来源决定铺砟方向，以便于预铺或紧随铺轨进行铺砟工作。

（3）确定先铺轨后铺砟或先铺砟后铺轨方案。

（4）选择人工或机械铺轨并确定各自的施工范围。

6.4.5　施工进度及资源安排

1. 工期参考指标

轨道工程施工工期参考指标见表 6.40。

表 6.40 轨道工程施工工期指标

工程分类			工程项目		单位	进度指标
轨道	铺道床	有砟	预铺底砟		m/d	900～1 000
		无砟	双块式	路基段支承层		300～400
				桥梁段底座		100～140
				隧道段底座		70～90
				道床板		100～140

工程分类	工程项目				单位	进度指标
		板式	Ⅰ、Ⅲ型	路基段底座		90～110
				桥梁段底座		100～140
				隧道段底座		70～90
轨道	铺道床	无砟	板式	路基段底座		300～400
				桥梁段底座		100～140
				隧道段底座		70～90
			Ⅰ型	轨道板		160～200
			Ⅱ型	轨道板		140～180
			Ⅲ型	轨道板		110～180
	铺轨	有缝	人工铺轨		km/d	0.6～0.8
			机械铺轨			2.0～2.5
		无缝	有砟	单枕法		1.4～1.6
				换铺法		2.4～2.6
			无砟	拖拉法		4～5
		铺轨后续工程（含轨道精调）			月/全部工程	1～3

铺轨作业时间与铺轨工作量、铺轨方法、轨排生产能力、施工水平及工作班数等有关，同时要考虑铺砟工程的影响及架梁作业、铺架转换作业所占的时间。

2. 劳动力组织及机具配置

1）人工铺轨

人工铺轨一般在铺轨机械不足、铺轨工程量小的便线、专用线、既有线局部平面改建、站线延长和增加股道的情况下采用。在编制实施性施工组织设计进度计划时，应以施工定额为依据，并结合施工单位的可出工人数确定。

2）悬臂铺轨机铺设轨排

铺轨劳动组织（不包括供应轨排的人员）及机具配置可参见 6.41。

表 6.41 机械铺轨劳动组织及机具配置

序号	工种	主要作业内容	人数	序号	工种	主要作业内容	人数
		高臂铺轨机				低臂铺轨机	
		机组人员				机组人员	
1	领工员	指挥主机铺轨	1	1	领工员	指挥主机铺轨	1
2	司机	司机室操纵司机	1	2	司机	主机牵引走行	1
3	司机	内燃发电司机	1	3	司机	龙门小车运行提升	1
4	司机	操纵拖拉卷场机	1	4	司机	内燃发电司机	1
5	电工	接线,检修电器设备	2~3	5	司机	前支腿对位	1
6	钳工	机械设备检修	2	6	司机	摆头油缸操纵	1
7	列检	车辆检修	1	7	电工	电器检修	2
				8	钳工	机械检修	2
				9	列检	车辆检修	1
		以上小计	9~10			以上小计	11
		铺轨人员				铺轨人员	
1	普工	挂钩	2~4	1	普工	挂钩	4
2	普工	上夹板接头	8	2	普工	上夹板接头	10
3	普工	拨正中线	8~10	3	普工	拨正中线	10
4	普工	送托轨	4	4	普工	送托轨	0~4
5	普工	机后补螺栓并拧紧	2	5	普工	机后补螺栓并拧紧	2
		以上小计	24~28			以上小计	26~30
		总 计	33~38			总 计	37~41

3)龙门架铺轨机铺设轨排

按滚轮车装运轨排,4 台龙门架架设,人工拨正龙门架走行轨等条件,一班(8 h)作业的生产人员及机具配置见表 6.42。

表 6.42 龙门架铺轨机铺轨劳动组织及机具配置

顺序	工种	主要作业任务	人数	主要机具
1	领工员	指挥全部工作	1	
2	发电司机	操作柴油发电机组	1	
3	卷扬机司机	操作拖拉轨排电动卷扬机	1	
4	龙门架司机	操作龙门架的起重和运行	4	
5	电工	日常接电和电器维修	1	
6	钳工	日常机械设备维修	2	
7	普工	按线路中桩画出中线	2	划线绳及划钩

顺序	工种	主要作业任务	人数	主要机具
8	线路工	上夹板和螺栓	6	扳手4把，小撬棍2根，6磅锤一个
9	线路工	机后补上夹板螺栓并拧紧	4	扳手4把
10	普工	拨正轨排，对准线路中心	13	撬棍10~13根或压道机
11	起重工	拖拉轨排，摘挂钢丝绳	4	大锤2把
12	起重工	挂钩	4	小撬棍4根
13	起重工	回送托轨	4	
	合　计		47	

4）机械吊铺道岔

机械吊铺道岔劳动组织及机具配置如表6.43。

表6.43　道岔铺设劳动组织及机具配置

顺序	作业项目	主要作业内容	人数	主要作业机具
1	成品道岔挂钩	在车上挂钩	2	装吊用 ϕ19千斤绳2根
2	拉绳摘钩	在车下用拉绳拉住道岔并摘钩	2	稳定绳2副
3	拼对成品道岔及拨正	拼对接头，穿枕木	7	撬棍等
4	上鱼尾板螺栓		4	扳手
5	补打道钉	放垫板及补齐所有未打道钉	3	
6	吊车司机		2	轨行或履带起重机
7	指　挥		1	
	合　计		21	

5）道砟铺设

（1）人工铺砟

人工铺砟一般在工长带领下进行。起道工作由8人完成，散砟、串砟12人完成，捣固工作4人完成，拨道工作由散砟、串砟小组完成，整修由6~8人完成。

（2）机械铺砟

铺轨机械主要分单项作业机械和联合作业机械。

单项作业机械指少数人可以搬运、安装、拆卸的小型机具，适用在列车间隔时间少和比较狭窄的地段上作业。目前使用的有上砟机械（如上砟犁）、均轨缝机械（如液压轨缝调整器）、起道机械（如矮形齿条式起道机）、拨道机械（如液压起拨道机）、捣固机械（如 XYD-2 型液压捣固机）、道砟夯实机械（如单、双面夯实机）。

联合作业机械是将几种作业联合在一台机械上进行施工的一种大中型轨行机械。目前使用的有配砟整形机械（如 YZC-1 型、PZC-1 型）、起拨道机械（该机械设有激光准直仪）、道砟捣固机械（该机械均有抄平装置，如 08-32 抄平、起拨道捣固车）、道床夯实机械。

6）无缝线路轨道铺设

无缝线路轨道铺设主要施工机具有：专用铺轨机、配有大型铺轨吊机的轨排运输列车、长钢轨运输装卸列车、换轨车、周转轨回收列车等。

6.4.6 既有线改建与增建第二线轨道工程施工

1. 施工内容及作业程序

由于既有线改建与增建第二线可以根据运输要求分区间、站场单独设计，单独施工，单独配套交付使用，因而，其铺轨工作具有跳跃断续性。铺轨工作不同于新建单线按顺序连续铺轨，通常先铺设原通过能力较小的限制区间和某些关键工程所在的区间。由于增建第二线可利用已铺第二线运送轨料，亦可利用既有线运送轨料，故可采用多面铺轨。虽然增建第二线铺轨的基本工作与铺设新建单线区别不大，但存在施工和运营相互干扰的问题，这是既有线改建与增设第二线轨道工程铺轨施工的特点，为此须做好以下工作。

1）轨节组装、拆卸基地

在既有线改建施工时，通常需将线上原有轨节运回基地拆开，将轨料分类堆码在轨料储存场内，以待调往别处使用。因此，铺轨基地除具备新线铺轨基地的设备外，还需布置拆旧线场地和设备。

2）复线地段换边拨接施工

增建第二线区间换边地段的铺轨，应先将新线按设计位置，在不影响建筑限界的情况下，尽量铺到拨道量最小的地方，然后封锁线路，进行拨道，接通上行或下行线。复线拨接施工过程一般分三个阶段。

（1）封锁前的准备工作

为了在封锁时间内顺利完成拨接施工，要求在封锁线路前做到匀好轨缝，方正接头，松动既有轨道的夹板螺栓，扒开枕木盒内三分之一道砟，锯轨，钻孔等工作。

（2）封锁作业

当准备工作就绪后，即可请求封锁线路。得到封锁命令后，进行下列工作。

① 彻底扒平枕盒及轨枕头的道砟，并整平待铺位置的道砟顶面。

② 由专人拆开拨接点的接头。

③ 用起道机对拨量大的地段略起一下道，以松动枕底道砟，减小横向道床阻力。

④ 用拨道机械或撬棍按计划中心接道。

⑤ 粗拨就位后，用正矢检查，并进行细拨。

⑥ 当新旧轨拨到联结的位置，由专人安装夹板，上紧夹板螺栓。

⑦ 对轨道进行全面起道捣固，回填道砟。

⑧ 再细拨轨道方向，安装拆除的防爬设备、道口铺面等。

⑨ 检查线路，若符合放行列车条件，则撤销封锁，申请开通线路。

（3）封锁后的作业

线路开通后，全面检查线路，并根据检查情况安排好整修作业计划，组织力量进行整修。

3）站场改建施工

站场改建施工主要包括拆除道岔、新铺道岔、增建股道（包括第二线）、延长股道、拨移股道、纵断面抬高或降低、更换钢轨等。施工时要按站场改建施工顺序施工，并需要运输、电务部门的配合。

（1）增设新道

在既有线上插入道岔，需要点封锁既有线路，采用机械或人工拆除岔位处既有线路，按岔位铺入新道岔。其施工方法有两种：

① 预铺横移法。封锁前在岔位旁预铺好配有引轨的成品道岔，并在道岔底串入垂直于线路的4根钢轨，并扣上滑轮。接着封锁线路，拆除既有线路，横移道岔就位。此方法需40人左右，封锁时间约90 min。

② 先直后曲法。在岔位和岔枕位置上，按规格单根抽换岔枕，将两直股对正岔位连接于道心，要点拨正，接通直股，开通直股线路。曲股则利用行车间隙铺设。该方法需30~50人，封锁时间约30 min。

（2）改铺道岔

改铺道岔是将道岔从原位拆除，移铺于新的位置，在到发线有效长从850 m改为1050 m工程中较为常见，其施工方法有两种：

① 拆铺分期进行。先封锁线路，将道岔拆除，恢复原岔位线路以维持通车。下次封锁线路，再将道岔铺于设计岔位处。

② 整组道岔迁移。在封锁时间内将整组道岔抬起（事先解开岔首，岔尾连接），串通滑轨用钢轨插入并设5%~8%的坡度横向拨移或纵向拖拉到新的岔位铺设。

（3）延长股道

延长股道前先铺好道岔，然后作延长部分线路的铺轨、上砟、养路，再在封锁要点时间内进行拨接开通。

（4）增设股道

根据站场条件，可在一端道岔铺设后，由道岔接头处开铺，铺好轨后上砟养路。也可先铺股道线路部分，上砟养路，待两端道岔铺好时再与线路接通。

（5）站场改建工程的施工顺序

站场改建工程一般分为封锁前、封锁、封锁后三个阶段施工。

① 封锁前阶段（一期工程）。在未对线路封锁前，进行那些不影响行车安全的作业项目。如外围工程，预铺道岔，铺第二线部分线路，铺股道的延长部分，铺增加股道的部分线路等。

② 封锁阶段（二期工程）。在正线上拆除、插入或整组更换道岔时，必须对线路进行封锁。为减少封锁次数和时间，安排施工时要尽量采用平行作业。

③ 封锁后阶段（三期工程）。站场恢复使用后，对线路全面上砟整道，沉落整修，安装轨道加强设备，并准备移交。

2. 施工组织设计的原则

既有线改建与增建第二线工程在运营线上施工，施工与运营相互干扰，为正确处理施工和运营之间的矛盾，施工组织设计原则如下：

（1）正确合理地选择轨节组装基地及换装站的位置。

（2）充分利用既有设备和新增线路设备。

（3）先安排与行车干扰不大的工程。

（4）对局部少量和改建工程应在零星要点及"天窗"等时间内抓紧进行。

（5）改建工程对行车干扰较大时，要加强同工务、电务、车站等部门的联系，得到他们的配合，必要时共同制订施工过渡方案。

（6）先安排影响运能的站场或区间，后安排一般的站场或区间；站场内先安排道岔咽喉区，后安排改建或增建股道。

（7）加强工程运输。

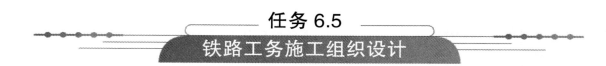

任务 6.5
铁路工务施工组织设计

铁路工务施工是根据运输需要及线路设备损耗规律，周期性地、有计划地对损耗部分进行更新和修理，恢复和提高设备强度，延长设备使用寿命，增强轨道承载能力的工作。

铁路工务施工组织主要是针对本单位负责维护的线路情况、设备性能和可作业时间等，结合本单位具体条件，确定线路维修方案和施工方法，编制作业计划，制定出施工安全、成本低，确保线路通行要求的技术措施和组织管理措施。

6.5.1 线路设备修理施工调查

1. 线路设备修理基本任务及工作范围

1）线路设备大修

线路设备大修的基本任务是根据运输需要及线路设备损耗规律，有计划地、周期性地对线路设备进行更新和修理，恢复和提高线路设备强度，增强轨道承载能力。线路设备大修应有大修施工和设计专业队伍，装备必要的施工机械和运输车辆，安排与施工项目相适应的施工天窗。

线路设备大修的工作范围：

（1）线路大修。线路上的钢轨疲劳伤损，轨型不符合要求，不能满足当前或近期铁路运输需要时，必须进行线路大修。线路大修分为普通线路换轨大修和无缝线路换轨大修，无缝线路换轨大修按施工阶段可分为铺设无缝线路前期工程和铺设无缝线路。

（2）成段更换再用轨（整修轨）。

（3）成组更换道岔和岔枕。

（4）成段更换混凝土枕。

（5）道口大修。

（6）隔离栅栏大修。

（7）其他大修。

（8）线路中修。

在线路大修周期内，道床严重板结或脏污，其弹性不能满足铁路运输需要时，应进行线路中修。对石灰岩道砟地段，应结合中修有计划地更换为一级道砟。在无路基病害、一级道砟、道床污染较轻、使用大型养路机械按周期进行修理的区段，通过有计划地进行边坡清筛，可取消线路中修。

2）线路设备维修

线路设备维修的基本任务是保持线路设备完整和质量均衡，使列车能以规定速度安全、平稳和不间断地运行，并尽量延长线路设备使用寿命。

线路设备维修应实行天窗修制度，并逐步实行检修分开的管理体制；应实行科学管理，建立和健全责任制；提高机械化施工作业程度，采用新技术、新设备、新材料、新工艺，改进施工作业方法，优化劳动组织，充分利用信息化手段，提高劳动生产率和施工作业质量，降低成本；改善检测手段，严格执行检查验收制度。

线路设备维修工作范围：

（1）综合维修

综合维修指根据线路变化规律和特点，以全面改善轨道弹性、调整轨道几何尺寸和更换、整修失效零部件为重点，以大型养路机械为主要作业手段，按周期、有计划地对线路进行的综合性维修，以恢复线路完好技术状态。

（2）经常保养

经常保养指根据线路变化情况，以中小型养路机械为主要作业手段，对全线进行有计划、有重点的经常性养护，以保持线路质量处于均衡状态。

（3）临时补修

临时补修指以小型养路机械为主要作业手段，及时对线路几何尺寸超过临时补修容许偏差管理值及其他不良处所进行的临时性整修，以保证行车安全和平稳。

2. 线路设备大修施工调查

线路设备大修施工调查的关键在于认真地进行实地勘查。勘查的目的不仅要摸清现场情况，正确编制大修计划，而且还应该核查设计中是否存在问题，并于施工前得到纠正。

1）大修施工调查的主要内容

调查的内容主要包括道床厚度、坡度衔接、起道量与桥面坡度和道口坡度的配合，对电务信号设备、行车设备、机务设备和旅客设备等的影响及解决办法，道口、桥隧及绝缘接头位置等轨道构造状态，路基断面及排水情况，道岔类型及轨道与道岔的连接形式，起落道量对路基断面及站场排水的影响，曲线轨道拨道量对路基的影响，石料的来源、数量和运距，以及施工时占用车站股道、宿营地的确定、车辆停站条件和职工生活条件等。

通过施工调查，掌握线路实际情况，确定大修工作量及材料需要量，对可能发生的问题做好预案，并在此基础上审核预算，以保证顺利完成作业任务。

2）大修外业调查工作要点

基于外业调查资料直接影响大修设计的质量，故应着重完成以下调查工作。

（1）钢轨调查

钢轨调查主要是正确鉴定损伤钢轨及其数量。

（2）轨枕调查

混凝土枕需根据枕型、扣件类型分别统计，以免混铺混用，并且同时调查严重伤损的混凝土枕。轨枕的配置和失效、严重伤损的标准均按《铁路线路修理规则》规定。

3）联结零件调查

主要调查钢轨扣件的类型、规格、位置及延长，螺旋道钉锚固种类、位置及延长，失效状态及数量等。对大（小）胶垫的失效数，每千米至少调查两处，每处连续查 100～200 m，计算失效百分率。

4）轨道加强设备调查

对防爬器、防爬支撑、轨距杆、轨撑进行全面调查，并按规格、现有数、补充数、失效数分别统计。

5）道床调查

通过横断面测量核查道床横断面的现有尺寸，根据筛分质量比确定道床脏污百分率。

6）标志和常备轨调查

全面调查所有线路标志和信号标志，以便抽换、补充修理和油漆刷新。全面调查沿线常备轨和钢轨架的现状，以便更换补充。

7）其他调查

站场调查仅调查与正线大修有关的技术资料。成组更换新道岔和新岔枕列入单项大修。

此外，还有路基及排水调查、道口调查、桥隧涵调查、其他项目调查等。以上调查结果应分别填写在相应的调查表格中供设计使用。

3. 线路设备维修的施工调查

线路设备状态调查是线路维修的基础工作，它是获得线路设备状态信息掌握线路设备变化规律，编制维修作业计划和分析设备病害的主要依据。因此应认真、细致、真实地进行调查，反映出设备的实际状态，制定出准确的任务计划，做到维修工作有的放矢。

线路设备状态调查分为静态检查和动态检查两种。

1）线路设备静态检查内容和检查周期

（1）静态检查周期

设有线路设备专业检查车间的工务段,应由线路设备专业检查车间有计划地对工务段管辖线路设备进行月度周期性检查,线路车间负责线路设备专业检查车间检查内容以外的检查和巡视工作。

未设线路设备专业检查车间的工务段,应由线路车间组织线路设备专业检查工区有计划地对线路车间管辖线路设备进行月度周期性检查,组织线路工区进行线路设备专业检查工区检查内容以外的检查和巡视工作。

（2）静态检查内容

① 正线线路和道岔,每月应检查 2 次（当月有轨检车检查的线路可减少 1 次）;其他线路和道岔,每月应检查 1 次。检查时轨距、水平、三角坑应全面检查、记录,轨向、高低及设备其他状态应全面查看,重点记录,对伤损钢轨、夹板和焊缝应同时检查。

② 曲线正矢,每季应结合线路检查至少全面检查 1 次并填写记录。同时应对线路高低和直线轨向用弦线重点检查,重点记录。

③ 对无缝线路轨条位移,每月应观测 1 次,并填写记录,发现固定区累计位移量大于 10 mm 时,应及时上报工务段查明原因,采取相应措施。对普通线路爬行情况,每季应检查 1 次,爬行量大于 20 mm 时,应及时整正。

④ 对钢轨焊接接头的表面质量及平直度,每半年应检查 1 次。

⑤ 对严重线路病害地段和薄弱处所,应经常检查。

工务段长、副段长、技术科长、检查监控车间主任、线路车间主任和线路工长应定期检查线路、道岔和其他线路设备,并重点检查薄弱处所,具体办法由铁路局规定。

2）线路设备动态检查

线路设备动态检查是指通过轨道检查车的检查,了解和掌握线路局部不平顺（峰值管理）和线路区段整体不平顺（均值管理）的动态质量,指导线路养护维修工作。

（1）动态检查周期

检查周期根据运量和线路状态确定。

① 铁路总公司轨道检查车,应根据铁路总公司运输局安排,对容许速度大于 120 km/h 的线路及其他主要繁忙干线进行定期检查。

② 铁路局轨道检查车,对容许速度大于 120 km/h 的线路每月检查不少于 2 遍（含铁路总公司轨道检查车检查）,对年通过总重不小于 80 Mt 的正线 15 ~ 30 d 检查 1 遍,对年通过总重为 25 ~ 80 Mt 的正线每月检查 1 遍,对年通过总重小于 25 Mt 的正线每季度检查 1 遍,对状态较差的线路,可适当增加检查遍数。

（2）轨道检查车对线路局部不平顺（峰值管理）检查评定标准

① 各项偏差等级扣分标准:

线路局部不平顺（峰值管理）偏差分为 4 级,其中 I 级每处扣 1 分, II 级每处扣 5 分, III 级每处扣 130 分, IV 级每处扣 301 分。

② 线路动态评定标准:

线路动态评定以千米为单位;每千米扣分总数为各级、各项偏差扣分总和。

每千米线路动态评定标准为:优良（扣分总数在 50 分及以内）、合格（扣分总数在 51 ~ 300 分）、失格（扣分总数在 300 分以上）。

（3）检测报告

① 铁路总公司轨道检查车检查中发现的问题，应及时通知有关单位，检查后及时将检测报告提交有关单位，每月末向铁路总公司提报月度（或年度）检测、分析报告（含轨检车线路评分统计报告表）。

② 铁路局轨道检查车检查中发现的问题，应立即通知工务段，检查后向有关单位通报检查结果，每月上旬向铁路公司提报上月（或上年度）检查、分析报告（含轨检车线路评分统计报告）。

（4）检测问题的处理

① 工务段或施工单位对轨检车查出的Ⅲ级超限处所应及时处理，对查出Ⅳ级超限处所应立即限制行车速度，并及时封锁处理。

② 应重视以下轨道不平顺的判别，并及时处理。

a. 周期性连续三波及多波的轨道不平顺中，幅值为 10 mm 的轨向不平顺，12 mm 的水平不平顺，14 mm 的高低不平顺。

b. 对于 50 m 范围内有 3 处大于以下幅值的轨道不平顺：12 mm 的轨向不平顺，12 mm 的水平不平顺，16 mm 的高低不平顺。

c. 轨向、水平逆向复合不平顺。

d. 速度大于 160 km/h 区段，高低、轨向的波长在 30 m 以上的长波不平顺，当轨道检查车检查其高低幅值达到 11 mm 或轨向幅值达到 8 mm 时。

工务段段长（或副段长）、线路车间主任对管内正线每月应用添乘仪至少检查 1 遍。发现超限处所和不良地段，应及时通知线路车间或工区进行整修，并在段添乘检查记录簿上登记。

6.5.2 线路设备大修施工作业程序及方法

1. 线路设备大修施工的特点

线路设备大修是在运营线上，在保证列车按规定速度安全行驶的条件下，组织进行的一项较大规模的施工。它与新线施工及线路维修有所不同，具有下列特点：

（1）施工的工作面沿线路来回移动，施工人员和机械分布在较长的线路上工作。

（2）线路设备大修施工一般采用大型施工机械、必须采取封锁线路的施工方法。

（3）在封锁线路的施工过程中，由于破坏了原线路的完整状态，需要经过一定的整修和多次列车碾压，才能使线路达到稳定，强度得到提高。因此，封锁时间完了，线路开通后，还需要在适当时间内限制列车运行速度，以确保行车安全。

（4）线路设备大修施工是一个十分复杂的系统工程。除本身系统外，还要涉及机务、车辆、房建、电务、工务和运输等诸多方面。因此，明确目标，统一规划，相互配合，协调工作至关重要。

（5）在施工过程中，应随时或在严格规定的时间以前停止工作，准备列车通过。此时，应将线路恢复到一定的完好状态，从线路上撤下所有的机具，同时施工人员也必须下道避车，保证列车按规定的速度安全通过，等列车通过后，再重新上道恢复工作。

（6）施工地点、基地和宿营地常分散在各地，应合理安排，以免影响施工任务的完成。正是由于线路设备大修施工具有以上一系列特点，特别是又必须分散在一段较长的线路上进行工作，以及必须在严格规定的封锁时间以前，把被破坏了的线路恢复到保证行车安全的完整状态，准备列车通过，这就使线路大修工作的施工组织大大地复杂化，需要一些专门的线路机械和机具设备，以及编制必要的技术作业过程。

线路设备大修内容较多，在此重点介绍线路换轨大修和成组更换道岔的施工。

2. 线路换轨大修施工

目前，各国铁路线路大修机械化施工方法，都是根据各自的机械能力、财力、人力和列车密度等情况来考虑的，大致有轨排换铺法、分别铺设法和分别拆铺法三种线路大修机械化（或成套机械列车）流水作业施工方法。

1）轨排换铺法

轨排换铺法是被许多国家广泛采用的线路大修施工方法。它主要是由牵引机车、门式吊车、新旧轨排车、道砟清筛车、配砟平砟车、捣固车、整形车和动力稳定车等组成线路大修机械化施工列车。

轨排换铺法的作业程序是：先拆除旧轨排—清筛道床—平整夯实道床—铺设新轨排—整修轨道—起道捣固。但也有先清筛道床再拆除旧轨排的，也有在铺好新轨排后再清筛道床的。作业程序虽有不同，但均系流水作业。

如果是结合大修换铺无缝线路，新轨排通常是先用新轨枕和再用轨组成。如大修地段原为无缝线路，仍需先将长轨锯断，或先换上与新轨排设计长度相同的再用轨。两者均系二次换轨。

2）分别铺设法

拆旧轨排、铺新枕、再铺新长钢轨的分别铺设法是在轨排换铺法的基础上，为避免两次换轨而发展形成的一次铺设无缝线路的方法。但如大修地段原为无缝线路，仍需把旧长钢轨锯短，若采用门式自动走行吊车拆铺轨道，仍需工作轨或预卸长钢轨作为临时工作轨用。

这种方法的机械列车编组，大致与轨排换铺法相似，只是把新轨排车改为新轨枕车及扣件车。

作业程序是：先用门式吊车拆除旧轨排，平整道床，用另一组门式吊车吊运新轨枕并按规定间距逐根铺在整平的道砟上，再用拨道机把作为工作轨的焊接新长钢轨推移到新轨枕上，并装好扣件，用道砟清筛机和整修机清筛道床，扒砟和整修道床（新砟是预卸在轨枕端头外侧，并扒平铺临时工作轨），最后用将捣固车进行起道和捣固，也有在拆除旧轨排前进行道床清筛作业的。

3）分别拆铺法

轨枕与钢轨分别拆铺法是鉴于作业机械日渐发展和劳力紧张、列车间隔时间短的情况下而出现的一种方法。

这种施工方法的机械化自动化程度较高，可用于换铺各种长度钢轨，也可直接结合线路大修铺设无缝线路，而不需两次换轨，也不需铺设工作轨，由于在作业中使用托盘搬运轨枕，既可大量减少人工装卸又可保证作业安全，同时又由于是采用随拆随铺的流水作业，可使轨道断开空隙保持很短（约45 m），便于必要时迅速开通线路。

线路大修机械列车编组先由旧枕车在前拆除旧轨道，再由平砟车居中平整道砟，最后由新枕车在后铺设新轨道作业。在上述作业完成后，用维修机械、清筛道砟机或整修道床机和捣固车进行清筛、整修、起拨道和捣固作业。最后，再用带有起拨道设备的重型捣固车作业一遍。

这种线路大修机械列车施工流水作业法，全部作业过程中，作业人员在车上各有固定工作岗位，并备有对讲机联系，安全和劳动保护条件好，工效高（每小时可达 550 m），虽然机械构造复杂，一次投资较大，比其他方法约高 60%，但作业成本却较其他方法约低 40%，所需时间也可减少一半。

3. 成组更换道岔施工

道岔结构复杂，零部件较多，技术要求严格，因此，道岔的更换铺设是一项细致复杂的工作。

1）道岔预铺

根据现场地势，选好预铺地点，初步确定换岔方案。严格道岔铺设标准，减少线上整修。

2）大修道岔施工前准备

首先，在确定初步施工方案的基础上，制定施工组织措施，附带两图一表，并报主管单位审批。再与车务、电务及运输部门细化施工方案，制定施工计划。具体工作如下：

（1）施工前与电务部门一起到现场研究配合方案。

（2）旧道岔枕盒换砟。

（3）道岔前后配轨。

（4）机械、料具准备。

（5）召开施工预备会。

3）大修道岔施工

（1）点前准备：

① 点前不限速时，原则上不进行准备工作。

② 点前 1 h 限速 45 km/h 时，可适当进行准备工作，但要严格控制，避免准备超量。

（2）点中施工：

① 放倒有碍施工的地灯、电箱，拆除连接零件，抬出钢轨、轨枕到指定地点。

② 石砟清除及整平。要求深度达到枕下 300 mm。

③ 安装滑道轨并找平，要求滑道轨位置与邻线的标记相对。

④ 横移道岔对位。注意岔尾部分不要侵入邻线限界。

⑤ 撤除滑道轨，新岔回落，回落前枕下必须垫保护做，随着新岔高度下降逐步撤除。枕下反垫滑道轮，中间垫好鱼尾板，进行道岔微移对位，对位后连接道岔前后鱼尾板，道岔落地，回填石砟。

⑥ 按支距拨正道岔方向。

⑦ 从岔头向岔尾进行起、捣整修，并配合电务调试道岔。

⑧ 开通前再次起、捣整修。

⑨ 检查并开通线路。对有问题的地段及时安排整修并安排人复查。

⑩ 按规定进行阶梯提速，每次提速前安排专人检查设备，并按施工计划及时更换慢行牌。

（3）点后整修、清理现场：

① 如换岔施工夜间进行，那么白天就要安排人员利用慢行点整修，达到提速要求。

② 清理现场，按达标建线标准 7 日内整理到位。

③ 与所在车间进行验收、交接，填写验收单。

④ 做好道岔焊联计划，并及时组织实施。

（4）大修道岔强制保养：

大修道岔更换后状态不易保持，需在一定时间内安排强制保养，方可达到稳定状态。

（5）施工控制图、施工平面图、关键问题卡控表：

① 施工控制图如图 6.4 所示。

限速45km/h		封锁施工					限速开通线路	
点前准备 60 min	拆除旧道岔 30 min	清除旧石砟 35 min	回填石砟 铺滑道 道岔对位 30 min	抽滑道 道岔入位 25 min	连接道岔 回填石砟 拨道岔 起道捣固 30 min	清理限界 道岔整细 20 min	检查开通 20 min	抽滑道 道岔入位 25 min
道岔提前横、纵移60 min	拆除转撤机 20 min							

图 6.4　更换混凝土轨枕道岔施工控制图

② 施工平面图根据施工现场的具体情况绘制。

③ 关键问题卡控表如表 6.44 所示。

表 6.44　更换混凝土轨枕道岔施工关键问题卡控表

序号	施工中关键问题	部门	负责人	序号	施工中关键问题	部门	负责人
1	施工准备专项检查	大修段	大修段长	11	起道小车安装、撤除	技术科施工队	
2	施工全过程安全监控	安全科	主任安全员	12	拆除、安装吊轨卡子	施工队	
3	施工质量检查 验收开通检查	技术科	主任领工员	13	锯轨、打眼	综合车间	
4	各组道岔施工	技术科	主任领工员	14	机具维修	工厂车间	
5	轨排横、纵移	技术科	主任领工员	15	驻站员	所在车间	另定
6	拉绳防护	安全科		16	两侧防护拔插、 更换牌子	所在车间	另定
7	夜间施工照明	综合车间		17	滑道分组	技术科	
8	道岔对位线间距	技术科		18	滑导轨、平车、 小车、木墩等	施工队	
9	放倒电箱、电盒 及恢复	技术科	领工员	19	新、旧轨料收发	所在车间	领工员
10	钉固道岔	所在车间					

4. 龙门架换铺轨排施工

在既有运营线线路大修地段，使用龙门架拆铺轨排施工，需按预定的计划，在封锁线路、中断行车的条件下进行。

施工前要开行工程列车，施工中要按预定计划全部拆铺轨排，施工后列车要限速运行。施工组织者要在施工前的相当一段时间内，做好施工的各项组织准备工作，掌握使用龙门架施工的特点和规律，安排好施工劳动组织、作业程序和材料供应，处理好施工中的技术问题，才能保证大修施工不间断地进行，保证安全、优质和高效地按期完成全年的大修任务。

1）工程列车的组成

工程列车是线路大修施工基地与现场间的主要运输车辆，不仅要保证在运营线上行驶安全，还要满足大修施工现场各项作业的要求。所用车辆均是 50 t 或 60 t 路用平车，有关定检定修都按车辆有关规定办理。根据工作需要，工程部门还配备检车员和车长，具体负责工程列车的运行与安全。视施工现场作业项目的不同，整列工程车可划分为新轨排车和旧轨排车两部分，一般编组 41 辆。除新旧轨排龙门架托架车及搭茬轨车因受龙门架内侧距离所限需置配 N10 型平车外，其余均可选用 50 t 或 60 t 路用平车。

新旧轨排滚筒车上有滚筒滑行装置，轨排分几层平放在滚筒上，用绞车将轨排从一辆滚筒车牵拽到另一辆滚筒车上。滚筒车的数量根据大修施工的进度而配置，目前各铁路局大修施工封锁时间多为 2.5 ~ 3.5 h，平均日进度 550 m 左右，最高可达 700 m。按每两辆滚筒可装载 5 层 25 m 的混凝土枕轨排计算，新旧轨排滚筒车均需配挂 10 ~ 12 辆。在工程列车编组中，前后都配有一辆发电卷扬机车，作为现场作业的临时动力源。前一辆供吊装旧轨排龙门架用电，后一辆供吊卸新轨排龙门架用电。发电机每台功率一般为 84 ~ 120 kW，可满足龙门架及轨排卷扬机所需。

工程列车到达施工地点后，分解为两部分，前半列吊装旧轨排，后半列设新轨排，前后两部分相距 100 m 左右。

根据工程列车运行距离的长短，还编挂一辆餐车和一辆宿管车，以供机车乘务员和施工机械操作人员用来就餐和休息。编组中列车的前后部都挂有一辆路用守车，为的是保证工程列车作业完毕后，全列车即可返回基地，免去返回车站后的调车作业，不致影响第二天的作业。为保证工程列车在运行与卷动轨排时的安全，前后发电车与滚筒车之间都编挂一辆安全隔离车。龙门架车上共可悬挂两组 8 片龙门架，其中 4 片为一组吊运 25 m 的旧轨排，另外 4 片为一组吊运 25 m 的新轨排。

2）施工准备工作

为保证龙门架拆铺轨排作业顺利地进行，在线路大修正式开工以前，应做好以下各项施工组织准备工作。

（1）做好施工调查工作。

现场调查应依据铁路局下达的线路大修设计说明书的要求，并结合施工单位有关施工和组织方面的问题，有组织、有计划地进行。现场调查应徒步进行，事先应安排好调查计划。调查重点应侧重下列几个方面：

① 核实线路大修设计说明书中规定的工程地点及数量、技术标准及既有线路技术状态。

调查中如发现现场条件与设计要求不相符合时，应做好详细记录，如果遇有牵涉面较大的问题需要变更设计时，应将详细的调查资料及建议意见上报，争取在做出整体施工计划及施工组织以前得以解决。

② 调查大修施工疑难地段的情况，如长大路堑、小半径曲线地段、大编组站的线路设备条件、严重病害地段等等。

③ 调查各施工队宿营站的线路、地形条件，了解施工队宿营点的供电、给水及通信设备条件。

④ 调查大修施工机械如清筛机、捣固车、轨道车等停放车站的线路和调车作业以及供电设施条件。

经过现场调查，施工组织领导者做到心中有数，就可进行超前预想和准备工作，这对正确地制订全年的统筹施工计划，有针对性地安排施工及其组织措施，是非常必要的。

（2）调整劳动组织。

根据大修设计文件要求和现场调查结果，编制或调整好施工工序及劳动组织。这种统筹安排要努力做到既简化又优化，避免协调不当或重复作业。要尽量合理地利用工时，以提高劳动生产率，降低大修成本。

（3）与运输部门协调运输施工方案。

线路大修施工需要较长时间中断行车和限速运行，这将对运输产生很大的干扰。如何兼顾运输和施工，如何最大限度地减少对列车运行的干扰，需要在铁路局的宏观控制下，统筹协调施工与运输的关系，力求做到施工与运输两不误。

一般来说，施工单位应将年度施工安排及各项要求，如施工区段、里程、起止日期、封锁时间、限速条件、工程运输、施工便线、施工机械站外停放等问题提交运输部门，经运输部门研究后统筹安排全年运输施工方案，调整运行图，为线路大修施工预留天窗。在方案确定下来后，施工单位应在正式施工前一个月向运输部门提报月施工计划。运输部门将施工计划纳入铁路局的月运输施工计划中，施工单位应严格遵照执行。由于在龙门架开始铺排之前，要做许多准备工作，如扒道床、松螺栓、打防爬等，这些工作已经部分地削弱了轨道的稳定性，轨排铺设完毕后，线路虽已开通，但尚未立即完全稳定，还需一定的整理恢复作业时间。因此，在封锁前和开通后的一段时间内，都要限速运行，以确保行车安全。

至于列车限速多少，限速地段的里程，限速时间的长短，由施工单位依照《普速铁路工务安全规则》及有关规定，并根据施工进度、线路条件和施工组织情况研究确定后，向铁路局提报。

目前，在破底清筛、龙门架换轨排地段，较普遍的慢行条件是，封锁施工前 1 h 限速 25 km/h，封锁开通后首列限速 15 km/h，1 h 后限速 25 km/h，再 1 h 后限速 35 km/h，若干小时后限速 45～55 km/h，直至次日施工封锁前 1 h 止。也有大修施工单位，在采取了妥善、可靠的安全措施后，当日即能恢复列车正常速度。

（4）施工设备检修。

大修施工的各项设备都要在施工淡季内安排好检修。设备检修实行按台的质量责任制必须在铺设轨排前全部完成，经检查验收合格。对于重要设备如龙门架、托架车、发电机组等，还应模拟现场条件重载试运，以保证各项设备良好、状态可靠。

（5）材料到位。

施工所用的轨料、混凝土轨枕及扣件、锚固材料等材料，要统一计划，保证按质按量供应。线路补充石砟计划，要提前一个月向运输部门提出并纳入铁路局的货物运输方案中，施工月份按旬计划及时装卸。

此外，还应提前安排线上再用料的外调工作。旧轨排拉回基地后被拆卸，再用轨和再用枕如长时间堆放于基地，将会堵塞旧料储存场地，影响全局。因此，于开工前应按月份安排好旧轨排的拆除计划及旧轨料的外调事宜。

（6）施工测量及技术交底。

在即将开工之前，施工单位应根据设计文件进行施工测量；主要是复核施工地段的线路平纵断面，重新标明遗落或模糊不清的里程及曲线头尾桩标记，并设置施工用的方向和水平标桩。制定指导施工的纵断面和水平资料，并分发给有关施工队（分段）及班组，作为指导施工的技术依据。

（7）工程列车运行办法。

编组工程列车中的龙门架托架车系超级、超限车，故每年在开工前都要对工程列车所经过的线路及其两侧、上方的建筑限界进行检查。由运输部门定出工程列车每天往返经过的区间线路及站线的行车限制办法，如由于受高站台、高矮柱信号机等有关设备现有限界的控制，而不能进入铺轨列车的站、场等某些线路时，铁路局将按照限界要求发出电报另线接入或通过。在双线区段，线间距小于 4.3 m 时，区间禁超限列车。

（8）施工便线。

根据全年施工的统筹安排，各施工队（分段）的宿营地要提前铺好宿营便线，及时安排宿营车的转线工作。宿营地的用水、供电及通信等必备条件，应及早请有关单位协助解决，做到施工前各队都能进入预定宿营位置。

3）铺轨排作业过程

龙门架换铺轨排施工，一般分为封锁前的准备作业、封锁中的基本作业和封锁后的整理作业三个阶段。通常，把一些暂时无碍安全的作业分别提到封锁之前和放到封之后进行，以减少封锁时间内的工作量，从而缩短封锁时间。同时要求准备作业切实充分，不漏项目，基本作业迅速准确，安全正点，整理作业干净利落，符合标准。各阶段作业项目及施工顺序如表 6.45。

表 6.45　铺轨排作业各阶段作业项目及施工顺序

封锁前	封锁中	开通后
① 扒出枕盒内石砟	① 工程列车进入施工封锁区间	① 继续回填石砟
② 松开钢轨接头螺栓	② 设防护	② 拨道
③ 拆除道口铺面，清除障碍物	③ 工程列车分解	③ 拉长平整正水平
④ 设置临时铺轨方向桩	④ 轨排车上的准备作业	④ 检查轨距
⑤ 移设线路里程及施工桩号	⑤ 拆卸旧轨接头	⑤ 方正轨枕整理扣件
⑥ 打浮钉和加木塞	⑥ 吊装旧轨排	⑥ 补齐接头螺栓
⑦ 拆除桥梁护轨	⑦ 平整道床	⑦ 道口及桥梁作业
⑧ 串轨	⑧ 吊铺新轨排	⑧ 匀轨缝
⑨ 合龙口	⑨ 合龙口	⑨ 安全班作业
⑩ 准备走行轨	⑩ 龙门架上架	⑩ 恢复线路里程标志
⑪ 准备滑行轨	⑪ 工程列车连接	⑪ 找细交工
⑫ 取量放散作业	⑫ 回填石砟	
⑬ 工程列车运行	⑬ 工程列车撤离施工区间	
⑭ 办好施工封锁手续	⑭ 检查并开通线路	

上述换铺轨排作业，在区间内可以每天连续不间断地进行。但在接近车站时，因受道岔、站台等限制，必须在车站最外道岔前中止铺轨排作业，转移新旧轨排车走行轨，越过道岔群地段后，在道岔岔跟引轨后再继续铺排作业。

6.5.3 线路维修作业程序

1. 线路维修基本作业要求

线路维修基本作业是养护工作中的最重要的环节，作业质量的好坏不仅直接影响设备质量，而且涉及劳动生产效率和行车安全，线路作业是由多个单项作业组成，只有做好这些单项作业，才能保证整体作业的质量。

线路作业一定要认真贯彻作业标准化，养护工作一日作业标准化及现场责任制度如下。

（1）出工前：

① 工作预报。按日计划在作业牌上公布作业项目和分工，准备好机具、备品和材料。出库机具材料及时做好登记。

② 列队点名。布置当日工作计划（地点、项目、工作量）、质量要求以及安全措施和注意事项。

③ 根据作业的内容，按规定办理登记签认手续，联系有关单位配合施工。按规定办理乘车或列队行走前往施工地点，施工负责人在前，安全员在队后，推起道机必须有2人，其中1人负责瞭望，按规定设置防护信号。

（2）作业中：

① 听从工班长统一指挥，按岗位责任制和操作规则上道作业，做到不简化、不留病害，按规定工料定额完成任务。

② 随时注意瞭望列车，听从防护员、施工负责人指挥，带好工具及时按规定下道避车。

③ 严格执行规章制度，实行安全生产，杜绝违章作业。中间休息，人员机具必须撤离行车限界。

④ 复线地段作业时，应面向来车方向。复线及站场内作业，邻线来车本线也应下道。

⑤ 执行作业首件检查和随时抽查，保证质量，杜绝无效劳动。

⑥ 按半日清和当日清的作业要求，结束施工。认真执行回检制度，不复合质量验收要求，应返工重做。

（3）作业后：

① 撤除防护，按规定乘车办法或列队行走返回。

② 整理机具材料入库，对号定位，堆码整齐。

③ 根据当日完成数量、质量核算工料消耗，填写日计划完成情况。

④ 分析当日安全、质量、数量、纪律等情况，进行评比记分；编制次日工作计划并组织安全预想。

（4）线路作业现场责任制度：

线路作业应加强施工领导，实行记名修，避免无效劳动，消灭有害劳动。车间主任、工长应按规定参加有关线路作业。下列工作工长必须亲自参加：

① 封锁、慢行的各项施工作业。

② 更换钢轨、夹板、撤叉、尖轨和基本轨。

③ 使用轻轨车、吊轨车和运送材料的单轨车。

④ 装卸钢轨、轨枕、道砟及笨重材料机具。

⑤ 使用直轨机、轨缝调整器等有碍行车机具。

⑥ 无缝线路的应力放散作业。

⑦ 电务配合施工的有关作业项目。

2. 线路设备维修作业程序

具体内容见表 6.46。

表 6.46　线路设备维修作业程序

项目		作业范围	作业条件	作业程序
起道、捣固、垫砟和垫板作业	起道作业	① 找平线路轨道水平、三角坑及高低超限。 ② 整治线路坑洼、线路爬底，增加道床厚度。 ③ 调整线路纵断面、局部或全面起道	① 根据起道量大小，办理封锁慢行施工作业手续，同时按规定指定专人担任施工作业负责人。 ② 利用列车间隔时间进行起道作业时，起道负责人要切实掌握好列车时间，尽量做到在一次间隔时间内完成，减少重复作业，认真执行《普速铁路工务安全规则》放行列车条件的规定。 ③ 无缝线路的起道作业，应按《铁路线路修理规则》规定的作业轨温条件执行。 ④ 起道地段要有足够的道砟。全面起道，起道量普遍超过 40 mm 时，一般应用仪器测量并设置起道标桩，按标桩起道	① 核对量具。 ② 调查划撬。 ③ 调整垫板。 ④ 指挥起道。 ⑤ 起标准股。 ⑥ 起对面股
	线路捣固找小坑作业	① 找平线路轨道水平、三角坑及高低超限。 ② 线路有暗坑、吊板，需安排捣固整修	① 利用列车间隔时间进行线路找小坑作业，由工班长或由段批准、经过考试合格的人员负责，两端用作业标防护。 ② 线路找小坑作业应做到一撬一清，封好道床。 ③ 无缝线路地段遵守有关作业注意事项，起道器放置位置距铝热焊接缝不少于一个轨枕孔	① 调查画撬。 ② 扒道床。 ③ 方正轨枕。 ④ 起道。 ⑤ 捣固。 ⑥ 回检。 ⑦ 打紧防爬设备。 ⑧ 回填整理道床

项目		作业范围	作业条件	作业程序
起道、捣固、垫砟和垫板作业	线路垫砟找小坑作业	① 混凝土枕地段，找平线路轨道水平、三角坑及高低超限。 ② 线路有暗坑、吊板，在经常保养和临时补修中，可采取垫砟与垫板相结合的方法安排整修。 ③ 混凝土宽枕线路起道作业，采用枕下垫砟和枕上垫板相结合的方法进行养护维修	① 利用列车间隔时间进行线路垫砟找小坑作业，用作业标防护，专人瞭望列车，按要求指定专人担任施工负责人。 ② 线路垫砟找小坑作业应做到一撬一清，封好道床。 ③ 无缝线路地段遵守有关作业注意事项，起道器放置位置距铝热焊缝不少于一个轨枕孔。 ④ 垫砟起道应具备的设备条件：混凝土枕、混凝土宽枕线路和混凝土岔枕道岔；路基稳定，无翻浆；道床较稳定，局部下沉量较小；当轨下调高垫板厚度超过 10 mm，或连续 3 根及以上轨枕调高垫板厚度达到 8～10 mm，使用调高扣件时调高垫板厚度超过 25 mm。 ⑤ 垫砟使用的道砟，应采用火成岩材料，粒径为 8～20 mm	① 调查画撬。 ② 准备作业。 ③ 扒道床。 ④ 方正轨枕。 ⑤ 起道。 ⑥ 垫砟。 ⑦ 回检。 ⑧ 回填整理
	道镐捣固作业	① 捣实线路轨道水平、三角坑及纵向高低超限处所道床。 ② 整治线路暗坑、吊板和低接头等病害。 ③ 抬高线路、破底清筛道床和进行线路综合维修捣实枕底道床。 ④ 更换轨枕、拔道量超过 40 mm、方正轨枕超过 50 mm 以及进行其他影响轨枕底道床坚实的作业	① 配合起道时，按起道作业条件设置防护。一般消灭空吊板时，由工班长或由段长批准，经过考试合格的人员负责，区间设置作业标防护。 ② 混凝土枕无缝线路扒道床作业，应按照《铁路线路修理规则》规定的作业轨温条件，掌握扒开道床的长度。 ③ 普通线路 25 m 钢轨地段，轨温超过 30 ℃，每次连续扒开道床不得超过 50 m	① 调查画撬。 ② 起出防爬支撑。 ③ 扒右手镐窝。 ④ 压打道钉和拧紧扣件。 ⑤ 右手镐捣固。 ⑥ 左手镐扒窝捣固。 ⑦ 回检找细。 ⑧ 回填整理道床
	垫板作业	① 在混凝土枕线路进行经常保养和临时补修作业，用捣固方法找平小坑洼难以保证质量时。 ② 在混凝土宽枕线路出现坑洼无法采用起道捣固的方法进行整平时	① 必须用作业标进行防护。 ② 只对已稳定的混凝土枕及混凝土宽枕线路垫板，其他线路不垫。高低、水平误差小于 6 mm（宽枕 8 mm）可以垫板，超过 6 mm 时一般用起道捣固（垫砟）解决。低接头可以垫板，长漫坑和下沉地段不垫	① 调查工作量。 ② 按标准股垫高量垫起标准股。 ③ 决定对面股的垫高量，垫平对面股。 ④ 测量轨距，整理扣件，拧紧轨枕螺栓。 ⑤ 质量回检，返修超限处理

项目		作业范围	作业条件	作业程序
拨道作业	直线拨道作业	① 在线路养护维修中，有计划地调整线路平面时直线部分的拨动。 ② 根据季节特点和线路变化情况，进行春季全面拨道。 ③ 直线方向超限处所，进行临时补修时重点拨道	① 根据拨道量大小（线路拨道，一次拨道量超过100 m），办理封锁慢行施工作业手续，同时按规定指定专人担任施工作业负责人。 ② 利用列车间隔时间作业，一次拨道量不超过40 mm时，工班长负责，区间设置作业标防护。 ③ 无缝线路的拨道作业，应按《铁路线路修理规则》规定的作业轨温条件执行	① 调查准备。 ② 扒松道床。 ③ 粗拨道。 ④ 细拨道。 ⑤ 整平夯实。 ⑥ 回检验收
	曲线拨道作业	① 在线路养护维修中，有计划地调整线路平面时曲线部分的拨动。 ② 根据季节特点和线路变化情况，进行春秋季全面拨正曲线方向。 ③ 曲线方向超限处所，进行临时补修时重点拨道	① 根据拨道量大小，按规定办理封锁慢行施工作业手续，同时按规定指定专人担任施工作业负责人。 ② 利用列车间隔时间作业，一次拨道量不超过40 mm时，可由工班长负责，区间设置作业标防护。 ③ 无缝线路的拨道作业，应按《铁路线路修理规则》规定的作业轨温条件执行。 ④ 拨道量较大时，应事先检算轨缝。轨温较高时，道床应充足	① 调查准备。 ② 量取现场正矢。 ③ 拨道计算。 ④ 拨道前准备。 ⑤ 拨道。 ⑥ 整平夯实。 ⑦ 回检验收
木枕改道及打道钉		① 木枕地段改正超限或接近超限的轨距及其变化率。 ② 改正轨道上出现的小方向。 ③ 消除浮离不良道钉，使用垫板整治冻害，以及其他起拨道钉作业	① 木枕改道及打道钉作业由工班长或由段、队批准经过考试合格的人员负责，区间设置作业标防护。 ② 瞭望条件不良及大站场改道时，应设专人防护	① 计划准备。 ② 起拨道钉。 ③ 整修钉孔。 ④ 整直道钉。 ⑤ 改正轨距。 ⑥ 打道钉
混凝土枕改道及组装扣件		① 混凝土枕地段改正超限或接近超限的轨距及变化率。 ② 改正轨道上出现的小方向。 ③ 消除"三不密"扣件，用垫片整正线路水平、高低，修整扣件，以及其他有关松卸与组装扣件作业	① 混凝土枕改道及组装扣件作业，由工班长或由段、队批准经过考试合格的人员负责，区间设置作业标防护。 ② 瞭望条件不良及大站场改道时应设专人防护	① 调查画撬。 ② 调换扣板或轨距挡板。 ③ 改正对面股。 ④ 拧紧螺栓帽。 ⑤ 回检找细

项目	作业范围	作业条件	作业程序
人工成段更换钢轨	① 对钢轨磨耗超限，成段擦伤，轻、老、杂轨状态不良，有计划地成段更换和线路上同类型或不同类型的钢轨。 ② 成段倒换直线与曲线，隧道内与隧道外钢轨。 ③ 由于其他原因需成段更换钢轨	① 根据成段更换钢轨一次更换数量，办理封锁施工作业手续，同时根据《普速铁路工务安全规则》规定指定专人担任施工作业负责人。 ② 不限速放行列车时，每个接头至少上紧4个螺栓，每端2个，每根木枕包括桥枕上钢轨里外口各钉好一个道钉，混凝土枕上拧紧扣件。 ③ 减速放行列车时，每个接头至少上紧4个螺栓。除半径小于800 m曲线地段和接头2根轨枕包括桥枕上应钉齐或上齐外，准许每隔一根钉或每隔两根上紧一根，并允许拆除影响施工的一段护轨。 ④ 成段更换每根长度为25 m的标准钢轨，在准备作业联结钢轨和基本作业更换钢轨时，作业轨温的限制范围按《铁路线路修理规则》规定办理	丈量钢轨长度→整治钢轨病害→计算配轨→散布钢轨→连接钢轨→清理枕面→松卸配件→拆开接头→起冒道钉→拨出原来的钢轨至轨道外侧→撤除与安设铁垫板→拨进待换入钢轨→安装夹板→钉道→补齐配件→回检整理
人工更换单根钢轨	① 线路上发生断轨和重伤钢轨 ② 有计划地更换轻伤钢轨。 ③ 由于其他原因需单根更换钢轨	① 办理封锁施工手续，由不低于工长的人员负责。 ② 放行列车时，每个接头至少上紧4个螺栓，每端2个，每根木枕头包括桥枕上钢轨里外各钉好一个道钉，混凝土枕上齐扣件	检查准备→运放钢轨→松卸配件→卸开接头→全面起冒道钉或松卸扣件→拨出旧轨，拨进待换入钢轨→安装夹板，穿入和拧紧螺栓→钉道→补齐配件→回检找细整理
调整轨缝作业	适用于部分轨缝不均匀，连续3个及以上瞎缝，绝缘接头轨缝超过5~15 mm范围，用不拆开接头的方法进行调整	① 用电话或对讲机联系，由工长负责，掌握列车运行情况，利用列车间隔时间作业，用停车手信号防护，放行列车或单机时不限速。 ② 列车通过时，每个接头上紧4个螺栓，每端2个，全部压打起的道钉或拧紧松动的扣件	① 调查轨缝 ② 安排计划 ③ 松开配件 ④ 按计划串动钢轨 ⑤ 紧固配件 ⑤ 回检整修

项目	作业范围	作业条件	作业程序
单根更换轨枕作业	单根更换木枕	线路上铺设的木枕达到《铁路线路修理规则》规定的失效标准，有计划地更换失效的或其他需要更换的木枕	① 单根更换木枕，由工班长或由段、队批准经过考试合格的人员负责，区间设置作业标防护。 ② 按规定要求放行列车，来车穿不进木枕时，允许每隔6根木枕有一根不穿入。 ③ 劈裂的新木枕，更换前应经过捆扎或钉组钉板处理。 ④ 与电务有关时，应执行相应的规定要求	预钻道钉孔和捆头→散布木枕→拆除防爬设备→扒砟→起钉→抽出旧枕→穿入新枕→捣固→回填整理→回检验收
	单根更换混凝土枕	线路上铺设的混凝土枕达到《铁路线路修理规则》规定的失效标准时，应有计划地更换失效的或其他需要更换的混凝土枕	① 单根更换混凝土枕，由工班长或由段、车间批准经过考试合格的人员负责，区间设置作业防护。 ② 认真执行《普速铁路工务安全规则》放行列车条件的有关规定，来车穿不进轨枕时，允许每隔6根有1根不穿入。 ③ 与电务有关时，必须通知电务人员配合作业	散布木枕→拆除防爬设备和轨距杆→扒道床→卸下扣件，抽出旧轨枕→整平枕底道床→穿入新轨枕→安装扣件→捣固→安装防爬设备和轨距杆→回检找细，整理料具
道岔各部件的更换作业	更换尖轨	单根更换伤损及其他不良的尖轨	办理封锁施工手续，利用列车间隔时间施工，设置移动停车信号防护，放行列车或单机时不限速，由工长负责作业	① 检查换入尖轨的状态，类型尺寸，各螺栓孔位置、孔径，同时检查原有基本轨状态，尖轨跟端位置，滑床板变形情况，调查尖轨跟端基本轨前后轨缝，必要时先进行调整。 ② 到车站办理封锁施工手续，确认作业时间，通知电务人员配合作业，按《普速铁路工务安全规则》规定设好防护。 ③ 拆卸联结杆螺栓并除锈涂油。 ④ 拆卸轨撑、防爬卡铁、尖轨跟端接头螺栓和夹板，将卸下的螺栓带上螺母，放在轨枕面上。 ⑤ 移出旧尖轨，清除滑床板污垢。 ⑥ 移入新尖轨，摆正位置。 ⑦ 安好尖轨跟端螺栓，上好夹板。 ⑧ 安装联结杆，拧紧联结螺栓，插上开口销。 ⑨ 检查各部尺寸和零件，整修不良处所。 ⑩ 与有关人员共同检查、试验，确认状态良好，尺寸符合技术要求后，通知车站开通道岔，撤除防护，清理现场，将换下的旧尖轨和配件运至适当地点存放或转移

项目	作业范围	作业条件	作业程序
道岔各部件的更换作业	更换转辙部分基本轨	转辙部分基本轨伤损达到《铁路线路修理规则》规定程度，需要更换	办理封锁施工手续，设置移动停车信号防护，放行列车或单机时不限速。施工作业与电务有关时，应通知电务部门配合作业，工长负责作业	① 检查换入基本轨状态、长度、类型，各孔眼的位置、孔径。检查弯折点位置、矢度是否符合标准，安排作业计划。根据作业计划，准备材料、工具。 ② 到车站办理封锁施工手续，确认作业时间，按照《普速铁路工务安全规则》规定设好防护。 ③ 轨缝宽度和位置不准时，按调整轨缝作业标准调整轨缝。 ④ 拆卸接头和尖轨跟端螺栓、夹板以及全部轨撑；拔出道钉或拆卸扣件；移出旧基本轨、清扫垫板和滑床板。 ⑤ 移入新基本轨。 ⑥ 安装接头夹板、跟端轨撑，拧紧螺栓；安装全部轨撑；钉好道钉。 ⑦ 作业结束后，全面检查，整修不良处所。 ⑧ 与有关人员共同检查试验，确认符合技术要求，通知车站开通道岔，注销登记，撤除防护。 ⑨ 通车后，复拧螺母，打好浮离道钉。 ⑩ 清理现场，将更换下来的基本轨运至适当地点存放
	更换辙叉部分基本轨	单根更换伤损、磨耗超限以及其他有病害的护轨基本轨	封锁施工手续，设置移动停车信号防护，放行列车或单机不限速，工长负责作业	① 检查基本轨的状态、长度、类型，各螺栓孔的位置及孔径，安排作业计划；根据作业计划，准备材料、工具。 ② 到车站办理封锁施工手续，确认作业时间，按《普速铁路工务安全规则》规定设好防护。 ③ 拆卸螺栓，拔出基本轨侧道钉，卸下基本轨的轨撑。 ④ 移出旧基本轨，移入新基本轨。 ⑤ 安装夹板、护轨间隔铁，上紧螺栓。 ⑥ 安装轨撑。 ⑦ 道钉孔插入经过防腐处理的木片，钉好道钉。 ⑧ 作业结束后，经过检查确认符合技术要求后，通知车站开通道岔，注销登记，撤除防护。 ⑨ 通车后，复查各部尺寸和各部零配件，复拧螺母，打靠浮离道钉。 ⑩ 清理现场，将换下的基本轨和零配件运至适当地点存放

项目		作业范围	作业条件	作业程序
道岔各部件的更换作业	更换辙叉	① 辙叉部分伤损达到《铁路线路修理规则》有关规定，需要更换。② 将钢轨组合辙叉换为锰钢整铸辙叉。③ 对单侧通过列车的道岔，有计划地倒换	办理封锁施工手续，设置移动停车信号防护，放行列车或单机时不限速，工长负责作业	① 检查新旧辙叉的状态，安排作业计划。按作业计划，准备材料、工具，对难卸的螺栓先松动、涂油后再上紧，打紧前后防爬设备。② 将待换入的新辙叉放置在侧向线路中心。③ 到车站办理封锁施工手续，确认作业时间，按《普速铁路工务安全规则》规定设好防护。④ 拆卸接头螺栓和夹板；拔出道钉或拆卸扣件，道钉孔插入经防腐处理的木片；移出旧辙叉。⑤ 削平影响更换作业的木枕面。将木枕面清除干净，摆正或补充、更换垫板。⑥ 移入新辙叉，摆正位置。⑦ 安装接头夹板，拧紧螺栓。⑧ 量好轨距，钉好道钉或上好扣件，拧紧螺纹道钉。⑨ 检查各部尺寸和零配件，整修不良处所，确认符合技术要求后，通知车站开通道岔，注销登记，撤除防护。⑩ 通车后，复查各部尺寸，复拧螺栓，打紧浮起道钉，清理现场，转移
	更换护轨	单根更换伤损、磨耗超限及其他不良的护轨	办理封锁施工手续，设置移动停车信号防护，放行列车不限速，工长负责作业	① 按标准图或设计图选择合适的护轨，安排作业计划。② 按计划准备材料、工具。③ 到车站办理封锁施工手续，确认作业时间，按《普速铁路工务安全规则》规定设好防护。④ 拆卸轨撑，拔出护轨一侧道钉，卸下护轨螺栓。⑤ 移出旧护轨，清扫岔枕顶面及垫板、轨撑上的污垢。⑥ 移入新护轨，摆正位置，串号间隔铁位置，穿入螺栓，拧紧螺母。⑦ 检查轨距、查照间隔、护背距离，如达到技术要求，安装轨撑，钉好道钉。⑧ 作业结束后，全面检查，整修不良处所，确认完全符合技术要求后，通知车站开通道岔，注销登记，撤除防护。⑨ 通车后，复拧螺栓，打下浮起道钉，清理现场

3. 无缝线路养护维修作业规定

无缝线路维修作业时，必须掌握轨温，观测钢轨位移，分析锁定轨温变化，按实际锁定轨温，根据作业轨温条件进行作业，严格执行"维修作业半日一清、临时补修作业一撬一清"和"作业前、作业中、作业后测量轨温"制度，并注意做好以下各项工作：

① 在维修地段按需要备足道砟。
② 起道前应先拨正线路方向。
③ 起、拨道机不得安放在铝热焊缝处。
④ 列车通过前，起道、拨道应做好顺坡、顺撬。
⑤ 扒开的道床应及时回填、夯实。

6.5.4　工务施工管理组织

1. 线路设备维修管理组织

1）线路的管辖范围

工务段管辖的范围：正线延长单线以 500～700 km 为宜；双线以 800～1 000 km 为宜；特殊情况下由铁路局规定。山区铁路或管辖范围内有编组站或一等及以上车站时，管辖的正线长度可适当减少。

线路车间管辖的范围：正线延长单线以 60～80 km 为宜，双线以 100～120 km 为宜。

线路工区管辖的范围以正线延长 10～20 km 为宜。

工务段应按检修分开的原则，下设线路车间、检查监控车间和综合机修车间，根据需要还可设机械化维修、道口、路基等车间。

线路车间下设线路工区和机械化维修工区，未设检查监控车间的工务段应在线路车间设置检查监控工区。其他车间可根据需要设置工区。

2）线路设备维修制度

线路设备维修实行检修分开制度。

检修分开的基本原则是实行专业检查和机械化集中修理，实现检查与维修的异体监督。

检查监控车间（工区）应按规定的项目和周期进行设备检查分析，并及时传递检查信息线路车间负责安全生产组织实施；线路工区主要负责线路设备巡查、临时补修、故障处理；机械化维修车间（工区）负责综合维修、配合大机维修作业和经常保养；综合维修车间负责钢轨、道岔焊补，养路机械的维修保养，工具制作、修理及线路配件修理等工作。

3）综合维修组织形式

（1）工务机械段负责综合维修的大型养路机械作业项目，工务段配合施工，并负责其他作业项目和质量验收。

（2）当大型养路机械维修不能覆盖时，由工务段按检修分开的原则组织综合维修和质量验收。

4）路基维修工作的管理组织

工务段设有路基工区时，路基工区负责路基维修工作；未设路基工区时，路基维修工作由线路工区负责，并根据路基设备数量配置相应定员。

凡影响行车的线路设备施工作业均应在天窗内进行。铁路局应安排与修理工作相适应的天窗，应做到平行作业，综合利用。

5）线路设备维修工作计划

（1）工务段应根据铁路局下达的年度计划，编制年度分月维修计划，下达至各线路车间（机械化维修车间）。主要内容包括：线路、道岔综合维修数量；经常保养工作的重点安排，各项技术指标；劳动力和主要材料计划。

工务机械段应根据铁路局下达的年度计划编制年度分月维修计划。

（2）线路车间（机械化维修车间）应根据工务段下达的年度分月维修计划和各项技术指标编制月度维修计划。主要内容包括：

① 综合维修、经常保养的主要项目、数量、地点、材料和人工数。

② 工作量调查、验收的人工数。

③ 日常巡查的主要内容、材料和人工数。

④ 临时补修使用人工数。

⑤ 天窗使用计划。

（3）检查监控车间（工区）应根据有关规定和要求编制月度检查计划。主要内容包括：

① 检查的项目、范围、数量及时间。

② 使用仪器、量具、材料和人工数。

（4）检查监控工区、机械化维修工区、线路工区的日作业计划，由工长负责调查与编制。

在线路设备维修计划中，应根据线路设备条件和状态，结合季节特点，合理安排综合维修经常保养和重点工作。

2. 线路大修施工管理组织

1）专业施工队伍必备条件

（1）线路大修施工，应由专业线路大修队伍承担。工作量小、技术比较简单的大修件名，也可由工务段承担。为保证生产秩序，提高技术水平，大修队伍应有固定的生产人员作为基本生产队伍。

（2）为提高线路大修工作效率，保证线路大修质量，减轻劳动强度，改善职工生活条件，大修施工单位必须具备如下设施：

① 铁路局应根据近、远期规划，统筹安排，修建必要的大修基地。大修基地应有足够的配线和场地，具备必要的生产和生活设施，且交通便利。

② 大修施工单位应配备与大修施工任务相适应的线路大修施工机械、交通运输工具、通信设备以及与检修施工机械相适应的检修机具、检修车间和机修车库等检修设备及设施，以逐步提高施工机械化程度。

③ 大修施工单位应配备足够的流动生活设施（如宿营车辆等）。

2）线路大修施工计划

线路大修施工计划是搞好企业管理，加强施工组织工作的重要环节，必须认真细致地编制年度、季度和月度施工计划。线路大修施工必须以正式批准的设计文件和施工计划为依据。需要封锁线路或限制行车速度的施工、工程列车和长轨列车运行、道砟运输等，均应纳入铁路局的运输方案。

3）线路大修施工管理

线路设备大修施工必须认真贯彻执行"安全第一、预防为主"的方针，严格执行各项施工作业标准，科学组织施工，确保施工安全质量和进度。

施工单位应按照设计文件、有关技术标准和施工工艺流程组织施工，合理控制施工和慢行长度。施工负责人应深入现场，加强领导，落实安全责任制。

线路设备大修施工实行安全监督制度。负责设备管理的工务段，必须派人常驻施工工地，加强与施工单位的联系，相互配合，密切协作，协助检查施工安全和施工质量。工务段应对施工全过程进行监督，发现施工安全隐患及质量问题时应责令施工单位立即纠正，危及行车安全时有权责令其停止施工。

线路大修施工单位必须建立以下制度：

（1）施工三检制。在每次开工前、施工中、线路开通及收工前，施工负责人应组织有关人员分别按分工地段对施工准备、施工作业方法和线路设备状态进行检查。

（2）巡查养护制。施工现场应设置巡养人员，对施工地段进行巡查养护工作，发现并及时消除危及行车安全的处所。

（3）工序交接制。前一工序要给下一工序打好基础，在前一个工序完成后，应由施工领导人组织工序负责人进行交接。

（4）隐蔽工程分阶段施工制度。每个阶段结束前，由施工单位会同接管单位共同检查，并填写记录，确认符合设计要求后，方准开始下一阶段施工。

（5）职工岗前培训制。新工人上岗前必须经过安全教育和技术培训，经考试合格方准上岗。采用新工艺、新设备时，必须首先制定安全保证措施和操作规程，并对职工进行培训后方准进行操作和调试。

（6）安全检查分析制。施工安全工作应抓早、抓小、抓苗头、抓薄弱环节，应定期加强检查，重点加强季节性、节假日和工地转移前后的检查，及时消除隐患。应组织开展事故预想活动，预防事故的发生。对事故苗头和事故应及时分析、处理，吸取教训。

4）线路大修施工材料管理

（1）施工单位应建立健全材料管理制度，不得使用质量、规格不符合标准或出厂证件不符合要求的材料。

（2）材料应及时清点入库，堆码整齐，采取必要措施防止丢失或损坏。

（3）下道旧料应及时回收，做到工完料净

（4）应按规定办理材料的收发、运送、使用和交接手续。

5）线路大修施工机械管理

施工单位应建立健全各种施工、运输和装卸机械的管理制度，加强设备台账和技术档案的管理，实行岗位责任制，严格执行设备检修保养制度，保证配件储备，提高设备完好率。

6）线路大修施工技术作业要求

（1）线路大修应按流水作业组织施工，使各工序紧密衔接，合理控制施工和慢行地段长度。
（2）应严格按照设计平、纵断面和有关技术标准组织施工。
（3）积极采用新技术、新材料、新工艺、新设备，努力提高施工技术水平。

6.5.5 线路大修施工组织设计的编制

1. 编制步骤

根据设计文件的要求，以及施工调查研究资料，可按下列步骤编制施工组织设计。
（1）计算工作量。

根据年度大修施工任务，施工里程及位置，工期安排与要求，以及施工方法、工作项目，按月任务计算工作量。对于经常不变的工作项目（如拆铺轨排、清筛道床、起道捣固等），一般都已实现专业化，施工方法与施工组织变化不大，可按每千米定额计算；对于变化较大的工作项目（如挖水沟、大拨道等），可按实际工作量计算；对于零星项目（如砌片石盲沟、处理路基病害等），应分别按其工作量计算。
（2）选择施工方法，确定施工顺序。
（3）编制劳动力计划。

劳动力计划系按各项工作量，依据查定的实际先进定额（大修单项劳动定额），按千米计算月使用直接工和辅助工的工数，并在此基础上编制每月每千米的劳动力计划表。这里应注意到劳动组织、机具使用、施工程序和方法，以及各工序间的衔接等
（4）编制用料计划。

用料计划除了主要定额材料（如每千米的钢轨、轨枕及联结零件等）外，最主要的是石料计划。大修每千米用石料较多，只有计划准确，才能既保证任务的完成，又可避免不足或积压。此外，还应考虑消耗材料、机具需要量，以及材料供应运输等。
（5）编制施工进度。

施工作业的组织方法一般有顺序作业法、平行作业法、流水作业法和平行流水作业法。线路大修施工一般多采用流水作业法和平行作业法。在计算了每月每千米的工作量、用料量及劳动力后，即可编制施工进度指示图表。这里，应特别注意各项工作之间的有机配合与衔接，也就是必须进行平衡工作。特别要注意各个项目工作之间的进度应平衡，任何脱节或重叠，均会造成工作上的混乱。反复平衡是非常重要的措施。

施工进度指示图表除了表示各项工作量外，还应表示出线路设备的具体情况，以便全面考虑问题。施工进度指示图表还应规定各项工作的进度、材料供应数量、交验日期等，使计划与实际工作都能一目了然，便于发现问题，及时解决。

（6）制定施工技术措施和安全措施。

为了能指导施工，保证质量，提高效率，应根据具体情况分别制定保证完成任务的施工技术措施和安全措施。

2. 线路大修施工组织设计内容

线路设备大修施工单位依据设计文件进行现场调查和施工测量，研究制定施工方案；按工件名及批准的施工计划编制施工组织设计。其主要内容如下：

（1）工程概况。

主要说明施工任务，如工程范围、钢轨及配件、轨枕及扣件标准、桥梁隧道状况、道床、道口、路基与侧沟、线路平面及纵断面等情况。

（2）施工技术条件和技术标准。

（3）工程数量及材料供应。

（4）施工方法、劳动组织、机具使用和施工配合。

（5）按工序编制施工进度图表。

（6）保证施工安全、质量和进度的措施。

（7）施工临时设施。

（8）职工生活安排。

思考题

6.1　路基工程主要包括哪些工程项目和工作内容？

6.2　选择土石方施工机械时应考虑哪些因素？

6.3　如何合理选择施工方法与机械类型？

6.4　土石方调配应遵守哪些基本原则？如何考虑与其他工程相互利用和配合？

6.5　桥涵工程施工有哪些特点？

6.6　选择桥涵工程最佳施工方案和方法应考虑哪些因素？

6.7　如表 6.47 所示，有 8 座桥涵的圬工数量，总工期 90 日历天（不包括准备工作和清理工作），每天生产圬工数量 60 m³，试确定施工作业组织方法，并合理划分施工区段。

表 6.47　桥涵圬工数量表

桥涵编号	圬工数量/m³	桥涵编号	圬工数量/m³
1	1 360	5	1 690
2	1 070	6	1 130
3	1 160	7	1 920
4	960	8	1 740

6.8　桥涵工程施工场地平面布置的内容有哪些，应注意哪些问题？

6.9　隧道施工中有哪些辅助设施，各起到什么作用？

6.10　选择隧道施工方法应考虑哪些因素，注意哪些问题？

6.11　简述隧道施工进度图的编制程序。

6.12　隧道工程施工场地平面布置的内容有哪些，应遵循哪些原则？

6.13　轨道工程施工准备工作包括哪些内容？

第二篇 铁路工程概预算

项目 7

工程定额及其应用

任务 7.1
定额简介

7.1.1　工程定额的概念

在基本建设工程施工过程中，要完成某项工程或某一结构构件的生产，必须消耗一定的人力、物力和财力。耗用多少才算合理，一般均以定额为标准。所谓定额，就是指在正常施工条件下（即施工过程按生产工艺和质量验收规范操作，施工条件完善，劳动组织合理，机械运转正常，材料供应及时），完成单位合格产品所必须消耗的劳（人工）、材（材料）、机（机械使用台班）及其资金的限额标准。它不仅规定了所需的数量，而且还规定了它的工作内容、质量和安全要求。

我国工程建设定额具有科学性、法令性、相对稳定性、群众性和实践性。因此，定额在基本建设中应用很广，在企业的生产经营活动中起着重要的作用。它是编制各种计划和施工组织设计的依据，也是编制建设项目概、预算，确定工程造价，评定设计方案的基础资料，还是企业推行经济责任制，开展经济核算，贯彻各尽所能、按劳分配和降低工程成本的重要环节。实行定额的最终目的，是在工程建设活动中调动职工生产积极性，提高工人劳动生产率，挖掘一切潜力，力求用最少的人力、物力和财力生产出符合社会需要的建筑产品，获得好的经济效益。

7.1.2　工程定额的分类

工程定额的形式与内容，是根据施工生产需要决定的。因此，工程定额的分类也是多样化，这里简介如下（见图 7.1）。

从图 7.1 可以看出，建筑安装工程定额无论按何种方法分类，其内容都包含着按生产要素分类这个因素，即劳动定额、材料消耗定额和机械台班使用定额。这三种定额是制定其他各种定额的基础，因此，称之为基本定额。

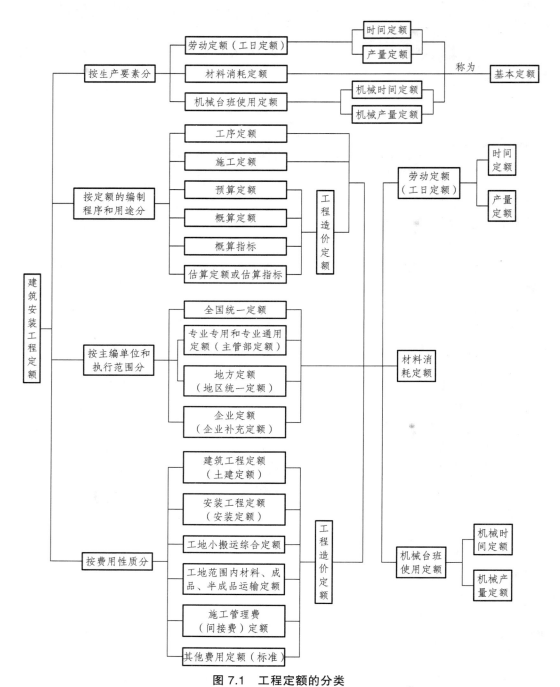

图 7.1　工程定额的分类

任务 7.2
定额的基本内容

7.2.1 劳动定额

劳动定额亦称人工定额、工时定额或工日定额。它蕴含着生产效益和劳动力合理运用的标准，反映了建筑安装工人劳动生产率的平均先进水平，不仅体现了劳动与产品的关系，还体现了劳动配备与组织的关系。它是计算完成单位合格产品或单位工程量所需人工的依据。

1. 劳动定额的表示形式

劳动定额以时间定额或产量定额表示。

1）时间定额

时间定额指某种专业、某种技术等级工人班组或个人，在正常施工条件下，完成单位合格产品或单位工程量所必需的工作时间。它包括准备工作与结束工作时间、基本生产时间、辅助生产时间和工人的必须休息时间。时间定额的计算方法如下：

$$时间定额（工日）=\frac{劳动时间}{工作时间内完成的产量或工程量}$$
$$=\frac{工作人数×工作时间}{工作时间内完成的产量或工程量}$$

我国现行工作制度，每一工日（工天）除隧道工程按 7 h 计算外，其他工程均按 8 h 计算。生产量或工程量的单位，以单位产品或工程量的计量单位计算，如 m^3、m^2、m、t、块、根等。时间定额的计量单位以每单位产品或工程量所消耗的工日数表示，如工日/m^3、工日/m^2、工日/t、工日/块等。

2）产量定额

产量定额指在正常施工条件下，某种专业、某种技术等级工人班组或个人，在单位时间内所应完成的合格产品数量或工程量。

$$产量定额=\frac{工作时间内完成的产量或工程量}{劳动时间}$$
$$=\frac{工作时间内完成的产量或工程量}{工作人数×工作时间}$$

产量定额的计量单位是以单位工日完成合格产品或工程量的计量单位表示，如 m^3/工日、m^2/工日、t/工日、块/工日等。

2. 时间定额与产量定额的关系

1）时间定额与产量定额互为倒数

它们的关系如下：

$$时间定额 \times 产量定额 = 1$$

由此可见，知道了时间定额就很容易求出产量定额。例如，人工挖松土，工日定额为 3.96 工日/100 m³，则工日产量（产量定额）为：1/（3.96 工日/100 m³）=0.253（100 m³/工日）。

2）时间定额与产量定额成反比关系

时间定额降低，产量定额则相应增加，反之亦然。

$$时间定额降低百分率（\%）= \frac{产量定额增加百分率}{1+产量定额增加百分率}$$

$$产量定额降低百分率（\%）= \frac{时间定额增加百分率}{1-时间定额增加百分率}$$

时间定额的降低或产量定额的提高，对劳动生产率的提高起着重大影响，这需要通过加强企业管理，采用先进的施工组织和技术措施来实现。

7.2.2 材料消耗定额

1. 材料消耗定额的组成

材料消耗定额是指在合理使用材料的条件下，完成单位合格产品或单位工程量所必须消耗的一定规格的建筑材料、半成品或构配件的数量标准。所谓合格产品或工程量是指质量、规格等方面要符合国家标准、部颁标准或省、自治区、直辖市的标准。材料消耗定额的计量单位是以生产单位产品或工程量所需材料的计量单位表示。如片石混凝土所需水泥、砂子、石子、片石的计量单位分别为 "t" 和 "m³"。

材料消耗定额包括直接用于产品生产或工程施工的材料净用量及不可避免的工艺和非工艺性的材料损耗（包括料头、装卸车散失）。前者称为材料的净消耗定额，亦称净定额（D_j）。这是生产某产品或完成某一施工过程的有效消耗量。后者称为材料的损耗定额（D_s），但不包括可以避免的浪费和损失的材料。这是非有效消耗量。二者之和称为材料消耗总定额（D_z），也叫材料消耗定额，用公式 $D_z = D_j + D_s$。

例如，浇制混凝土构件，所需混凝土材料在搅拌、运输、浇注过程中产生不可避免的零星损耗，以及振捣体积变得密实，凝固后体积发生收缩等，因此，每立方米混凝土产品实际需耗用 1.01～1.02 m³ 的混凝土材料。

2. 材料损耗量

1）材料损耗分类

（1）运输损耗，指材料在运输过程中所发生的自然损耗。这种从生产厂或供料基地运输到工地库所发生的损耗不包括在材料消耗定额中，应列入材料采购保管费内。

（2）保管损耗，指材料在保管过程中发生的自然损耗。这种损耗也不包括在材料损耗定额中，应列入材料采购保管费内。

（3）施工损耗，指在施工过程中，现场搬运、堆存及施工操作中不可避免的材料损耗以及残余材料损耗和废料损耗等。这些损耗应包括在材料消耗定额内。

2）材料损耗量

施工过程中材料损耗一般用损耗率表示。材料损耗率有两种计算方法：

$$材料损耗率 K_总 = \frac{材料损耗量 D_s}{材料总损耗量 D_z} \times 100\%$$

$$材料净损耗率 K_净 = \frac{材料损耗量 D_s}{材料净用量 D_j} \times 100\%$$

$K_总$ 和 $K_净$ 相差甚微，可认为 $K_总 = K_净 = K$，则 K 称为材料损耗率，可从铁路预算基本定额或材料消耗定额中查出。

3. 材料总消耗量

材料净用量与损耗量的和即为材料总消耗量，即：

$$D_z = (1+K)D_j$$

建筑材料种类繁多，数量庞大。基本建设中，材料费在建筑工程造价中一般占 35%～40%。材料消耗量是节约或是浪费，对产品价值和工程造价有决定性影响。在一定的产品数量和材料质量的情况下，材料的需用量和供应量主要取决于材料消耗定额。先进合理的材料消耗定额，可以起到对物质消耗的控制和监督，保证材料的合理供应和使用。材料消耗定额还是制定概、预算定额中材料数量及其费用的基础数据。

7.2.3　机械台班使用定额

机械台班使用定额亦称机械设备使用定额。它标志着机械生产率的水平，用它可计算出完成合格产品或工程量所需用的机械台班数量。

1. 机械台班使用定额的表示形式

机械台班使用定额以机械时间定额和机械产量定额两种形式表示。

1）机械时间定额（也称机械台班时间定额）

机械时间定额指在正常施工条件下，规定某种机械设备完成质量合格的单位产品或单位工程量所需消耗的机械工作时间，包括有效工作时间、不可避免的空转时间和不可避免地中断时间。其计算公式如下：

$$机械使用定额 = \frac{机械台数 \times 机械工作时间}{工作时间内完成的产品数量或工程量}$$

机械台数与机械工作时间相乘之积为机械工作时间消耗量，计量单位为台班。一个台班表示一台机械工作一个工作班（8 h）。产品数量或工程量的计量单位应能具体正确地表示产品或工程量的形体特征。如 m^3、m^2、km、t 等。机械时间定额一般以台班（或台时）/产品或工程的计量单位表示。如台班/ m^3、台时/m^3、台班/ km 等。

2）机械产量定额（也称机械台班产量定额）

机械产量定额指在正常施工条件下，规定某种机械设备在单位时间内应完成质量合格的产品数量或工程量。其计算公式如下：

$$机械产量定额 = \frac{工作时间内完成的产品数量或工作量}{机械台班数 \times 机械工作时间}$$

机械产量定额的计量单位，以产品或工程的计量单位/台班表示。例如：挖掘机挖土产量定额的计量单位为 m^3/台班。

2. 机械时间定额与机械产量定额的关系

机械时间定额与机械产量定额两者的关系互为倒数。即：

$$机械时间定额 \times 机械产量定额 = 1$$

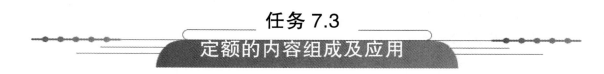

任务 7.3
定额的内容组成及应用

7.3.1　工程造价定额

工程造价定额是指为适应工程建设各个阶段，计算和控制工程造价的需要，对工程建设消耗人力、物力和财力所规定的标准或衡量尺度。它包括用来计算控制建筑安装工程费用的定额（如预、概算定额，其他直接费定额，施工管理费和其他间接费取费定额，计划利润率等）和控制工程建设其他费用的定额及铁路工程建设概算指标、估算指标等。工程造价定额是决定工程价格的重要基础，而价格是国家或企业在经济管理中，控制和调节固定资产投资最有效的手段。因此，必须切实做好工程造价定额的制定、修改、使用和管理工作。本节主要介绍预算定额、概算定额、概算指标和估算指标。

1. 预算定额

预算定额是在正常的施工条件下，完成一定计量单位合格分项工程和结构构件所需消耗的人工、材料、机具台班数量及相应费用标准。它是在施工定额的基础上，综合施工定额工作细目为预算定额的工作细目，并且纳入已经应用的新技术、新工艺，按照合理的施工组织、正常的施工条件、平均的劳动熟练程度和劳动强度编制的，反映了社会平均水平，比施工定额更具综合性。

预算定额是工程建设中重要的技术经济文件，是编制施工图预算的主要依据，是确定和控制工程造价的基础。

2. 概算定额

概算定额（亦称扩大结构定额或综合预算定额）是确定一定计量单位的扩大分部工程、结构构件或扩大分项工程的人工、材料和机械台班消耗数量及其基价费用标准。它是在预算定额基础上根据有代表性的通用设计图和标准图等资料，以主要工序为准，结合相关工序，进行综合、扩大和合并而成的定额。

概算定额和预算定额都是工程计价的依据，应反映现阶段大多数企业的设计、生产和施工管理水平，即社会平均水平，但两者之间应保留必要的幅度差。概算定额的内容和深度是以预算定额为基础的综合和扩大，在合并中不得遗漏或增及项目，需保证其严密性和正确性。

概算定额与预算定额的相同之处在于它们都是以建（构）筑物各个结构部分和分部分项工程为单位表示，内容也包括人工、材料和机具台班使用量定额三个基本部分，并列有基价。概算定额表达的主要内容、主要方式及基本使用方法都与预算定额相近。

概算定额与预算定额的不同之处在于项目划分和综合扩大程度上的差异，同时，概算定额主要用于估算或设计概算的编制。由于概算定额综合了若干分项工程的预算定额，因此概算工程量计算和概算表的编制都比施工图预算简化一些。

3. 概算指标

概算指标是以整个建筑或整个分部工程为单位而规定的人工、材料和机械台班消耗指标及其基数费用指标。它是在预算定额和概算定额的基础上编制的。目前，在初步设计阶段，"站前"工程设计概算需用概算定额或预算定额编制，"站后"工程设计概算则需用概算指标编制，故只需制定"站后"工程概算指标。

概算指标与概算定额相比，其综合性更强，对"站后"工程进行原则性方案的经济比较更加方便。例如，铁路房屋工程，概算定额分基础、墙体、金属结构、钢筋混凝土柱、梁、楼地面、屋面、门窗以及其他工程，各分部工程下又分若干分项工程。预算定额则分得更细更具体，而概算指标是以成型的房屋建筑面积 $100\ m^2$ 为单位编制，将上述分部分项工程综合在内，只要根据房屋设计建筑面积，即可按概算指标算出房屋工、料、机费用及所需工天、主要材料、机械台班数量。但精确性较差，主要用于初步设计阶段编制总概算。

4. 估算指标

估算指标亦称投资估算指标，是通过对已交付使用的各种不同地形条件，不同设计标准的建设项目的主要工程量及预概算和决算资料进行分析研究，并在概算指标的基础上扩大计量单位，增加费用内容而制定的各有关专业工程量和建设费用的消耗指标。估算指标构成的数据是根据各种预概算和决算资料，经过整理、研究、分析、归纳、计算而得，因此，它实际上是一个概括性很强的统计分析指标。

估算指标是确定和控制建设项目全过程各项投资支出的技术经济指标，主要用来编制建设项目建议书、设计任务书和进行可行性方案研究以及投资结算。

7.3.2 定额的组成

1. 预算定额的组成

现行的《铁路工程预算定额》（以下简称《预算定额》）的组成部分主要有以下几方面：

（1）定额的颁发文件。定额的颁发文件是指刊印在《预算定额》前面，由政府主管部门颁发的关于定额执行日期、定额性质、适用范围及负责解释的部门等法令性文件。

（2）总说明。总说明综合阐述定额的编制原则、指导思想、编制依据和适用范围，以及涉及定额使用方面的全面性的规定和解释，是各章说明的总纲，具有统管全局的作用。

（3）目录。目录位于总说明之后，目录简明扼要地反映了定额的全部内容及相应的页码，对查用定额起索引作用。

（4）章（节）说明。《铁路工程预算定额》是标准轨距铁道工程专业性全国统一定额，本定额适用于新建和改建铁路工程，按专业分为 13 个分册，各分册定额既有专业分工，有多种专业使用的定额，又可跨册、跨阶段使用。

预算定额中，由于各章的工程结构内容繁多，因此，每章又由若干节组成，并在每章、每节的首页都有章说明和节说明。

为方便使用，另行发行了《铁路工程材料基期价格》《铁路工程施工机具台班费用定额》《铁路工程基本定额》《铁路估算指标》等专项定额。当定额中基价不适合现场使用时，另外发行与原定额配套使用的基价表。

（5）定额表。定额表是各类定额的主要组成部分，是定额各指标数额的具体体现。其主要内容如下：

① 编号及定额表名称。定额是由大量的定额表组成的，每张定额表都具有自己唯一的定额号。

② 工程内容。工程内容位于定额表的左上方，主要说明本定额表所包括的主要操作内容。查定额时，必须将实际发生的操作内容与表中的工程内容相对照，若不一致，应按照章、节说明中的规定进行调整。

③ 定额单位。定额单位位于定额表的右上方，是合格产品的计量单位，实际的工程数量应是定额单位的倍数。

④ 代号。当采用电算方法编制工程概预算时，可引用表中代号作为工、料、机名称的识别符号。

⑤ 项目。项目是定额表中第2项内容，即工程所需的人工、材料、机具、费用的名称和规格。

⑥ 定额值。定额值就是定额表中各种资源消耗量的数值，括号内的数值表示基价中未包括其价值。

⑦ 基价。基价是指该工程细目在指定时间与地点的工程价格。

2. 概算定额的组成

概算定额的组成与预算定额相同，只是项目划分更为粗略。例如，在《铁路工程预算定额》第二册《桥涵工程》中，挖孔桩定额分为桩孔开挖、挖孔抽水、桩身混凝土、桩身钢筋及护壁四部分定额，而在《铁路工程概算定额》第二册《桥涵工程》中，挖孔桩定额只分为挖孔桩和桩身钢筋两部分扩大定额。

3. 多专业使用的定额的跨册使用简介

为了避免多专业使用的工程定额在各专册重复出现，这类工程集中放在某册内，使用的专业只能跨册使用。下面简单介绍跨册使用的主要情况。

（1）各专业工程使用的除锈、刷漆、保温定额均在机械设备安装工程定额内。

（2）站后各专业工程的通用机械设备安装定额均使用机械设备安装工程的定额。

（3）路基工程的挡墙基础开挖和基础定额部分使用桥涵工程的定额

（4）电气照明和电气设备安装调试定额全部集中在电力工程定额中。

（5）电力牵引供电工程使用了部分电力工程和机械设备安装工程的定额。

（6）车站地道的顶进工程，除出入口在站场建筑设备工程外，其余部分的定额使用桥涵工程定额。

（7）机械设备安装中有电梯和各种起重机轨道安装，可供房建、站场等专业使用。

7.3.3 定额的应用

1. 正确使用定额注意事项

铁路工程定额系专业性全国统一定额，用于国家、地方及工矿企业标准轨距的铁路工程建设。正确使用定额须注意以下几方面：

（1）学习和理解定额的总说明和分部工程说明及附注、附录、附表的规定。这是定额的核心部分。因为它指出了定额编制的指导思想、原则、依据、适用范围、使用方法、调整换算、已考虑和未考虑的因素，以及其他有关问题。对因客观条件需据实调整换算也作了规定。

例如，在铁路桥涵工程预算定额说明中，如打斜桩，人工和机械台班数量应分别乘以1.15和1.21的系数。

（2）掌握分部分项工程定额所包据的工作内容和计量单位。在使用定额前，必须弄清一个工程由哪些工作项目组成，每个项目的工作内容是否与定额的工作内容一致，定额的计量单位是否采用扩大计量单位，如 10 m³、100 m² 等。例如，沉井基础是由沉井制造（下段、上段）、沉井下沉（人力开挖、卷扬机出土、卷扬机配抓土斗挖土出土）、沉井封底（水中灌注、排水灌注）、沉井填充（混凝土、片石混凝土、砂）、沉井井盖（有模板、无模板）等工作项目组成，当每个项目的工作内容与定额包含的工作内容一致，才能直接使用相应定额。

（3）弄清定额项目表中各子目栏工作条目的名称、内容和步距划分。以定额的计量单位为标准，将该工程各个项目按定额子目栏的工作条目逐项列出，做到完整齐全，不重不漏。

例如，在铁路路基工程预算定额中，挖掘机装车是按 ≤0.6 m³、≤1.0 m³、≤2.0 m³、≤2.5 m³ 装松土、普通土、硬土划分的。施工土方工程应按使用挖掘机工作限额、土质列项。

（4）了解定额项目表中人工、材料、机械台班名称、耗用量和计量单位。

（5）熟悉工程量计算规定及适用范围。按规定和适用范围计算工程数量，有利于统一口径。

例如，土石方工程定额的单位均为施工方，挖方为天然密实方，填方为压（夯）方。当以填方压实体积为工程量，采用以天然密实方为计量单位的定额时，所采用的定额应乘以"定额说明"中所规定的系数。

在计算工程数量时，工作条目与定额条目要对口，计量单位要一致，以保证正确使用定额，避免计算错误。

（6）对于分项工程的内容，应通过深入施工现场和工作实践，理解其实际含意，只有对定额内容了解深透了，在确定工作条目、套用、换算定额或编制补充定额时，才会快而准确。

（7）定额运用要点：

① 正确选择子目，不多不漏。

② 子目名称简练直观。

③ 核对工作内容，防止漏列、重列。

④ 看清计量单位。

⑤ 详细阅读说明和小注。

⑥ 图纸要求与定额子目或序号项目要一致，否则可能要抽换。

⑦ 施工方法要依施工组织设计而定。

⑧ 多实践，多练习，熟能生巧。

2. 定额的套用

当设计要求与定额条件相符时，可直接套用定额（即直接查找定额）。套用时应注意以下几点。

（1）正确选用定额条目。根据设计图纸要求及说明，选择与工作项目内容相符的定额条目，并对其工程内容、技术特点和施工方法仔细核对，做到内容不漏、不重、不错。

（2）核对计量单位。条目选定后，核对并调整所列工作项目的计量单位，使之与定额条目的计量单位相一致。

（3）明确定额中的用语、符号及定额表中括号内数据的意义，区分"以内""以外"和"以上""以下"的含义。

（4）注意定额的换算。当工程设计与定额内容部分不相符，而定额允许换算时，要先对套用的定额进行必要的换算后才能使用。

3. 定额的换算 (或称定额抽换)

当工作项目与定额内容部分不相符，不能直接套用定额时，应在定额规定的范围内，根据不同情况加以换算。

1）设计的规格、品种与定额不符时的换算

当设计要求的规格、品种与定额规定不同时，须先换算使用量，再按其单价换算基价。由此看来，预、概算定额的换算实际上是预、概算价格的换算。

（1）预算定额中各类混凝土均按现场拌和进行编制，当采用商品混凝土时，可将相关定额中的水泥、中粗砂、碎石的消耗量扣除，并按照定额中所列的混凝土消耗量增加商品混凝土的消耗量。

（2）砂浆或混凝土的骨料粒径，设计与定额规定不符时，须按砂浆或混凝土强度等级调整水泥用量。例如，铁路工程预、概算定额中，混凝土、钢筋混凝土、浆砌石及砂浆的水泥用量，系按中粗砂编制的，如实际使用细砂时，应按基本定额调整水泥用量。

（3）钢筋混凝土定额中的钢筋数量、规格，当设计与定额规定不符，使实际钢筋含量与定额中钢筋含量相差超过 ±5%，应先按设计要求调整定额钢筋数量，再用钢筋制作及绑扎定额调整定额工日、有关材料、机械台班数，并用定额单价计算其基价。不是因设计原因造成不符，如钢筋由粗代细、螺纹钢筋代替圆钢筋或型号改变，因此而增加的钢筋费用，不能编入定额基价内。

2）运距换算

（1）运距超过定额项目表中子项目基本运距。

【例7.1】计算载重 $\leqslant 8\,t$ 自卸汽车运土，运距 3.5 km 的定额基价。

解：《铁路工程预算定额》（2017）第一册《路基工程》，定额编号为 LY-26，自卸汽车运土，运距 $\leqslant 1\,km$（基本运距），基价 399.10 元/100 m^3；LY-27，增运 1 km，基价 109.66 元/100 m^3。

定额基价为：399.10 + 109.66 × （3.5 − 1）/1=673.25（元/100 m^3）。

（2）运距超过定额项目表中工作内容规定的运距。

【例7.2】某基坑深 8 m，采用机械无水开挖，基坑土为软石，受场地限制需用人力装车，架子车运往离基坑 210 m 处堆弃，试确定此工作项目定额基价。

解：查《铁路工程预算定额》（2017）第二册《桥涵工程》，定额编号为 QY-3，工作内容中规定，挖、运至基坑外 10 m，定额基价为 70.92 元/10 m^3。

土方需人力装车，架子车运往离基坑 210 m 处堆弃，查《铁路工程预算定额》（2017）第一册《路基工程》，定额编号为 LY-136 和 LY-137，土方外运的定额基价为：

$$1217.04+340.56 × 3=2238.72（元/100\ m^3）=223.872（元/10\ m^3）$$

此工作项目定额基价为：

$$70.92+223.872=294.79（元/10\ m^3）$$

3）断面换算

定额中取定的构件断面，是根据选择有代表性的不同设计标准，经过分析、研究、综合、加权计算确定的，称为定额断面。如实际设计断面与定额断面不符时，应按定额规定进行换算。

4）厚度或宽度换算

如防护层厚度（沥青混凝土、沥青砂浆的厚度）、抹灰层厚度等，有的定额表中划分为基本厚度或宽度和增减厚度或宽度定额。当设计厚度或宽度与定额不符时，可按设计要求和增减定额对基本厚度或宽度的定额基价进行调整换算。

5）系数换算

当实际施工条件与定额规定不符时，应按定额规定的系数进行调整。

例如，编制铁路隧道工程预算，如采用路基、桥涵及其他洞外工程定额用于洞内时，人工定额应乘 1.257 系数。

6）周转次数换算

当材料的实际周转次数达不到规定的周转次数时，定额表中周转材料的定额用量应予以抽换，按照实际的周转次数重新计算其实际定额用量，即

$$实际定额用量 = \frac{规定的周转次数}{实际的周转次数} \times 规定的定额用量$$

7）体积换算

例如，《铁路工程预算定额》明确规定"挖方与运输为天然密实方，填方为压（夯）实方。当以填方压实体积为工程量，采用以天然密实方为计量单位的定额时，所采用的定额应乘以换算系数"。

总之，定额换算，必须在定额规定的条件下进行。如果定额规定不允许换算时，不得强调本部门的特点，任意进行换算。例如，在定额总说明中规定，周转性的材料、模板、支撑、脚手杆、脚手板和挡土板等的数量，按其正常周转次数，已摊入定额内，不得因实际周转次数不同调整定额消耗量。又如，定额中各项目的施工机械种类、规格型号系按一般情况综合选定，如施工中实际采用的种类、规格与定额不一致时，除定额另有说明者外，均不得换算。

4. 补充定额

随着基本建设事业的不断发展，新结构、新技术、新工艺、新材料、新设备不断出现，设计不断更新，会出现设计要求与定额条件不一致或完全不符或缺项的情况、这就需要制定补充定额。

制定补充定额的方法有两种。一种是按前面讲的定额制定原则，用测定或综合分析等方法制定。通常材料用量是按设计图纸的构造、做法及相应的计算公式进行计算，并加入规定的材料损耗；人工工天是按劳动定额或类似定额计算，并合理考虑劳动定额中未包括而在一般正常施工情况下又不可避免的影响因素和零星用工等；机械台班数量是按机械台班使用定额或类似

定额计算，并考虑定额中未包括而在合理的施工组织条件下，尚存在的机械停歇因素所造成的机械台班损失。经有关技术、定额人员和工人分析讨论，确定其工作项目的工、料、机耗用量，然后分别乘以人工工资标准、材料预算价格及机械台班单价，即得到补充定额基价。另一种方法是套用或换算相近的定额项目。一般人工和机械台班数量及费用和其他材料费可套相近的项目，而材料消耗量可按设计图纸进行计算，再加入规定的材料损耗，或通过测定确定。

思考题

7.1　什么是工程定额？简述工程定额的特点、作用。

7.2　简述定额的分类方法，列举定额种类。

7.3　什么是劳动定额？它有几种表示方法？它们之间有何关系？

7.4　简述概算定额和预算定额的异同之处。

7.5　正确使用定额应注意哪些事项？

7.6　在什么情况下可以套用定额？套用定额应注意哪些问题？

7.7　计算用≤20 t自卸汽车运土，运距为2 000 m的基价。

7.8　某Ⅰ级铁路（设计时速 160 km）区间路基工程，按设计填筑线计算的填方数量为40 000 m³，现场无利用方，设计清除表土及原地面压实后回填至原地面标高所需的土方数量为3 000 m³，使用 1.0 m³挖掘机装车，硬土，8 t自卸汽车运土，平均运距 3 km，压路机压实。试确定该路基工程所需的人工、材料、机械台班预算定额值。

7.9　《铁路工程预算定额》第二册"桥涵工程"QY-27，工作内容中规定，机械提升至基坑外 20 m。因实际施工需用双轮车运往离基坑 220 m 处堆弃，基坑土壤为软石，确定此工作项目定额基价。

7.10　某铁路双线隧道，Ⅲ级围岩，隧道长 4 500 m，进出口两个工作面全断面法掘进施工，自卸汽车运输，洞外出渣运距 2 200 m，试确定隧道洞身开挖及出渣运输的人工预算定额值。

项目 8

工程概（预）算编制

任务 8.1
工程概（预）算基本概念

8.1.1　基本建设投资与投资额测算体系

1. 工程投资与概（预）算

我国基本建设投资的管理和控制可分为国家、项目申报单位或项目建设单位（业主）、施工单位（或承包单位）三个层次，涉及计划、建设、设计、监理和施工各部门，他们都必须以维护国家利益为原则，从各自的工作和需要出发，对基本建设项目进行严格和科学的管理，为国家把好经济关。要达到上述目的，其基本手段就是制定概（预）算定额及概（预）算编制办法。

随着投资活动的不断深化，要求对投资额进行不同深度和精度的测算，相应地形成了一个完整地反映投资在数量变化上的投资额测算体系，即从项目决策到竣工交付使用的整个过程中，根据在不同阶段投资额的作用和精度要求的不同，形成了投资估算、设计概算、施工图预算（投资检算）、施工预算、标底、投标报价、结算和决算等 8 种测算方式，并由此构成了建设项目投资额的测算体系。在以上 8 种测算方式中，工程概（预）算具有特别重要的意义和作用，是基本建设工程投资管理的基本环节。概（预）算是编制建设工程经济文件的主要依据，也是其他测算方式（投资估算除外）的基础。

铁路工程设计概算和施工图预算（投资检算），是指在执行基本建设程序过程中，根据不同设计阶段设计文件的具体内容和国家规定的定额、指标及各项费用的取费标准，预先计算和确定每项新建、扩建、改建和迁建工程所需要的全部投资额的文件，它是从经济上反映建设项目在不同建设阶段的特点，是按照国家规定的特殊计划程序，预先计算和确定基本建设工程价格的计划文件，是基本建设程序的重要组成部分。由于概（预）算的重要性，故在投资额测算体系中居于主导地位。

2. 投资额测算体系

为了对基本建设工程进行全面而有效的工程经济管理，在项目建设的各阶段都必须编制有关的经济文件，这些不同经济文件的投资额则要根据其主要内容要求，由不同测算工作来完成。投资额按工程的建设程序进行分类，有如下几种。

1）投资预估算、投资估算

一般是指在投资前期（预可行性研究报告、可行性研究报告）阶段，建设单位（业主）向国家申请拟定项目或国家对拟定项目进行决策时，确定建设项目在规划、项目建议书、可行性研究报告等不同阶段的相应投资额而编制的经济文件。

国家对任何一个拟建项目，都要通过对可行性研究报告的全面评审后，才能确定是否正式立项。在可行性研究中，除考虑国家经济发展的需要和技术上的可行性外，还要考虑经济上的合理性。投资估算为投资决策提供数量依据，也是建设项目经济效益分析中确定成本的主要依据，因此，它是建设项目在初步设计前各阶段工作中，作为论证拟建项目在经济上是否合理的重要文件，它具有如下几个方面的作用：

（1）它是国家决定拟建项目是否继续进行研究的依据。

（2）它是国家审批项目建议书的依据。

（3）它是国家审批项目建议书可行性研究报告的依据。可行性研究报告被批准后，投资估算就作为控制初步设计概算、预算的依据，也是国家对建设项目所下达的投资限额，并作为资金筹措计划的依据。

（4）它是国家编制中长期规划和保持合理投资结构的依据根据投资预估算、投资估算的作用不同，其内容的深浅程度也各不相同。

2）设计概算、修正概算

概算又分为设计概算和修正概算两种。设计概算和修正概算是指在初步设计或技术阶段（按三阶段设计时），由设计单位根据设计图纸、概算定额，各类费用定额、建设地区的自然条件和经济条件的资料，预先计算和确定建设项目从筹建至竣工验收的全部建设费用的经济文件实施招投标后，设计阶段一般实行两阶段设计，即初步设计和施工图设计，概算在初步设计阶段编制，它具有如下几个方面的作用：

（1）它是编制建设项目投资计划、确定和控制建设项目投资的依据。经批准的建设项目设计总概算的投资额，是该工程建设投资的最高限额，是签订建设工程合同和贷款合同的依据，是银行拨款或签订贷款合同的最高限额，建设项目的全部拨款或贷款以及各单项工程的拨款或贷款的累计总额，不能超过设计概算。

（2）它是控制施工图设计和施工图预算的依据。

（3）它是衡量设计方案经济合理性和选择最佳设计方案的依据。

（4）它是工程造价管理及编制招标标底和投标报价的依据。

（5）它是考核建设项目投资效果的依据。

3）投资检算（施工图预算）

在施工图设计阶段，设计单位根据施工图设计计算工程量，结合施工组织设计，预算定额现行编制办法编制反映工程造价的优化施工图设计的经济文件。所采用的编制依据、原则、编制范围及单元等，应与批准的总概算相一致，它是考核施工图设计经济合理性的依据，对于按施工图预算承包的工程它又是签订工程合同，实行建设单位和施工单位投资包干和办理工程结算的依据。

4）标底编制

实行招标的工程项目，标底一般由招标单位按发包工程的工程内容（通常由工程量清单来明确）、设计文件、合同条件以及技术规范和有关定额等资料进行编制。标底是一项重要的投资额测算，是评标的一个基本依据，也是衡量投标人报价水平高低的基本指标，在招投标工作中起关键作用。其编制一方面应遵守国家的有关规定和要求，另一方面应力求准确。标底一般以设计概算和施工图预算为基础编制，以其中的建筑安装工程费为主，要求不超过批准的设计概算。

5）报　价

报价是由投标单位根据招标文件及有关定额（有时往往是投标单位根据自身的施工经验与管理水平所制定的企业定额），并根据招标项目所在地区的自然、社会和经济条件及施工组织方案、投标单位的自身条件，计算完成招标工程所需各项费用的经济文件。报价是投标文件最重要的组成部分，是投标工作的关键和核心，也是决定能否中标的主要依据。报价过高，中标率就会降低；报价过低，尽管中标率增大，但可能无利可图，甚至承担工程亏本的风险。因此，能否准确计算和合理确定工程报价，是施工企业在投标竞争中能否获胜的前提条件。中标单位的报价，将直接成为工程承包合同价的主要基础，并对将来的施工过程起着严格的制约作用。承包单位和业主均不能随意更改报价。

报价与标底有着极为密切的关系，标底同概（预）算的性质很相近，编制方式也相同，都有较为严格的要求。报价则比标底编制要灵活，虽然二者有着很明显的差别，并且从不同角度来对同一工程的价值进行预测，计算结果很难相同，但又有极密切的相关关系随着我国投标体制的进一步改革（如项目业主责任制的推行），招投标制度的进步完善和施工监理制度的推广，将会进一步加强和完善标底与报价这两种测算工作。

报价同施工预算虽然比较接近，但不同于施工预算报价的费用组成和计算方法同概（预）算类似，但对其编制体系和要求均不同于概（预）算。尤其是目前招投标工作中一般采用单价合同，因而使报价时的费用分摊同概（预）算的费用计算方式有很大的差别。总的看来，报价和概（预）算的差别主要体现在如下方面。

（1）项目划分不同。

概（预）算的项目划分是按规定的项目表的形式划分。而报价（或标底）的项目划分是按招标文件中工程量清单。

（2）编制依据不同。

概（预）算编制是根据国家、地区颁发的定额、价格表、《编制办法》及各种政策编制的，数据取用具有一定强制性，是一种计划行为。而报价则是投标人按着"统一量、市场价、竞争费"的原则，根据对招标文件的理解，依据工程量清单、技术规范的要求，结合本单位具体情况、市场价格，灵活套用定额、取费办法进行编制，是一种市场行为。报价强调的是合理性，概（预）算强调的是合法性。

（3）编制程序和方法不同。

概（预）算中根据费用划分原则，先计算出各分项工程的直接工程费、定额直接工程费，据此逐步计算出其他各项费用，最后汇总得概（预）算总金额。而报价则是将直接工程费与各项费用捆在一起，先计算出综合单价，最后汇总各综合单价与工程数量乘积得出总报价。

（4）编制内容不同。

概（预）算除了按规定计算建筑安装工程费外，还要计算设备、工具、器具及家具购置费、工程建设其他费用、预留费用和回收金额，进而计算出工程的总造价。而报价则主要计算建安费另考虑保险费（工程险和第三者责任险）、工程造价增长费、预备费中的施工图预算包干费及其他风险因素增加费。

（5）审批程序不同。

概预算必须经过上级主管部门审批批准。而报价不需上级批准，只要本企业领导同意即可。标底也不需上级主管部门审批，但要控制在审批的预算限额内。

（6）费用项目的归属不同。

① 标底或报价中，工人的各种津贴、奖金可列入工人工资单价中去，进入直接工程费中的直接费。而概、预算中只列国家规定的津贴和补贴，其他津贴和奖金则不能列入。

② 概（预）算中将新购置的机械列入施工技术装备费中，而标底或报价中则将机械购置费按施工年限摊销，本工程该摊销的部分进入综合单价之中。

③ 编制标底或报价的指导思想是：施工方案拟订要技术上先进，经济上合理；施工计划要切实可行；估算工程成本要准确，且包含各种不可预见因素。而编制概（预）算时，根据设计图纸和施工方案，按照规定的定额、取费标准、工资单价、材料预算价格和机械台班单价，依"概（预）算编制办法"进行程序式编制。

6）施工预算

施工预算是施工单位在投标时或其基层单位（如项目经理部）在合同签订后，按企业实际定额水平编制的预算，在施工图预算的控制下，根据分项工程量、施工定额、实施性施工组织设计或分部分项工程施工过程的设计及其他有关技术资料，通过工料机分析，计算和确定完成一个工程项目或一个单位工程或其中的分部分项工程所需的人工、材料、机械台班消耗量及其他相应费用的经济文件。施工预算所采用的定额为企业定额，取费依据为投标策略或内容管理水平或实际项目赢利期望值，是施工企业对具体项目测算的实际成本，是施工企业进行成本控制与成本核算的依据，也是进行劳动组织与安排，以及进行材料和机械管理的依据，对施工组织和施工生产有着极其重要的作用。

7）工程结算

在项目建设过程中由于器材采购、劳务供应、施工单位已完工程点的移交和可行性研究设计任务的完成等经济活动而引起的货币收支行为，就是项目结算。正确而及时地组织项目结算，全面做好项目结算的各项工作，对于加速资金周转，加强经济核算，促进建设任务的完成，保证建设项目的顺利进行以及加强对项目建设过程的财政信用监督等方面都有着十分重要的意义。

项目的结算过程，实际上也是组织基本建设活动，实行基本建设拨、贷款的投资过程，也是及时掌握项目投资活动中的动态及其变化情况的过程项目结算是国家组织基本建设经济活动，及时掌握经济活动信息，实现固定资产再生产任务的重要手段。同时，通过结算，可以协助建设单位有计划地组织一切货币收支活动，使各企业、各单位的劳动耗能及时得到补偿。

项目结算的主要内容包括货物结算、劳务供应结算、工程（费用）结算及其他货币资金的结算等。货物结算是指建设单位同其他经济建设单位之间，由于物资的采购和转移而发生的结算；劳务供应结算是指建设单位同其他单位之间，由于互相提供劳务而发生的结算；工程费用结算指建设单位同施工单位之间，由于拨付各种预付款和支付已完工程等费用而发生的结算；其他货币资金结算是指基本建设各部门、各企业和各单位之间由于资金往来以及它们同银行之间，因存、贷款业务而发生的结算。工程费用结算习惯上又称为工程价款结算，即验工计价，是项目结算中最重要和最关键的部分，是项目结算的主体内容，占整个项目结算额的 75%~80%。工程价款结算，一般以实际完成的工程量和有关合同单价以及施工过程中现场实际情况的变化资料（如工程变更通知、计日工使用记录等）计算当月应付的工程价款。施工单位将实际完成的工作内容、工程量填入各种报表，按月送交驻地监理工程师验收签认，然后向建设单位提交当月工程价款结算。根据结算应付的工程价款以及经总监理工程师签认的支付证书，财务部门才能转账。目前，由于各地区施工单位流动资金供应方式的差别和具体工程项目的不同，工程价款的结算方法有多种形式。财政部建设部关于印发《建设工程价款结算暂行办法》第十三条规定，建设工程价款结算可以根据不同情况采取多种方式：① 按月计算；② 竣工后一起结算；③ 分段结算；④ 约定的其他方式结算。而实行 FIDIC 条款的合同，则明确规定了计量支付条款，对结算内容、结算方式、结算时间、结算程序给了明确规定，一般是按月申报，集中支付，分段结算，最终清算。

8）竣工决算

竣工决算是在建设项目完工后竣工验收阶段，由建设单位编制的建设项目从筹建到建成投产或使用的全部实际成本。它是工程建设投资管理的重要环节，是工程竣工验收、交付使用的重要依据，也是进行建设项目财务总结，银行对其实行监督的必要手段。其内容由文字说明和计算报表两部分组成。文字说明主要包括：工程概况，设计概算和基本建设规划执行情况，各项技术经济指标完成情况，各项拨款（或贷款）使用情况，建设成本和投资效果的分析以及建设过程中的主要经验，存在的问题和解决意见。

应当注意，施工单位往往也是根据工程结算结果，编制单位工程竣工成本决算，核算单位工程的预算成本、实际成本和成本降低额。工程结算作为企业内部成本分析、反映经营效果、总结经验、提高经营管理水平的手段，它与建设项目的竣工决算在概念上是不同的。

3. 投资进程与投资额测算关系

投资活动的进展顺序及相关工作内容和投资额测算的相互关系如图 8.1 所示。

从图 8.1 可以看出，估算、概算、预算、标底、报价和结算以及决算都是以价值形态贯穿整个投资过程中，从申请建设项目，确定和控制基本建设投资额，进行基本建设经济管理和施工单位进行经济核算，到最后以决算形成企（事）业单位的固定资产，构成了一个有机的整体，缺一不可。申报项目要编制投资估算，设计要编概算和施工图预算（投资检算）招标要编标底，投标要编报价，施工前要编施工预算，施工过程中要进行结算，施工完成要编决算，并且一般还要求决算不能超过预算，预算不能超过概算，概算则不能超出估算所容许的幅度范围，合同价不能偏离报价与标底太多，而报价（指中标价）则不能超出标底规定幅度范围，并且标底不允许超概算。总之，各种测算环环相扣，紧密联系，共同对投资额进行有效控制。

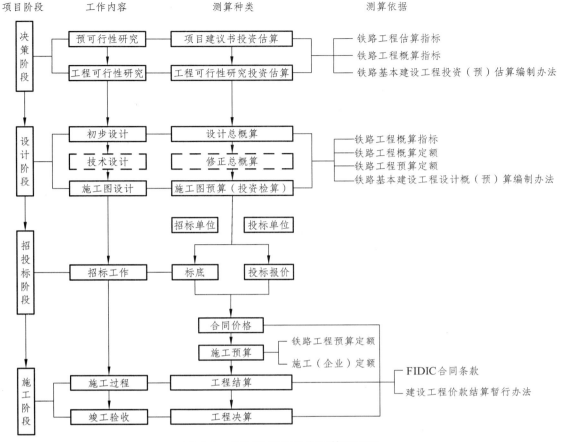

图 8.1　投资进程与投资测算关系图

8.1.2　概（预）算的概念

工程概（预）算，是根据工程各个阶段的设计内容，具体计算其全部建设费用的文件，是国家或业主对基本建设实行科学管理和监督的一种重要手段。

1. 概　算

概算指保质、保量、按期完成所批准建设项目，从筹建到竣工验交所实施的全部费用，通常称为设计概算或建设概算。

概算或修正概算是初步设计文件或技术设计文件的重要组成部分。概算应控制在批准的建设项目可行性研究报告投资估算允许浮动幅度范围内，概算经批准后是基本建设项目投资最高限额，是编制建设项目投资计划、确定和控制建设项目投资的依据，是控制施工图设计和施工图预算的依据，是衡量设计方案经济合理性和选择最佳设计方案的依据是考核建设项目投资效果的依据。设计单位应按不同的设计阶段编制概算和修正概算。编制概算或修正概算时，应全面了解工程所在地的建设条件，掌握各项基础资料，正确引用规定的定额、取费标准、工资单价和材料设备价格，按相关编制办法的规定进行编制，使概算能完整、准确地反映设计内容。在工程项目管理设计时，已批准的初步设计进行设计施工总承包招标的工程，其标底或造价控制值应在批准的总概算范围内。

2. 施工图预算 (投资检算)

施工图预算是拟建工程设计概算的具体化文件，也是单项工程综合预算的基础文件。施工图预算的编制对象为单位工程，因此也称单位工程预算，是由设计单位根据施工图设计的工程量和施工方案，按预算定额和各种费用定额，编制的反映工程造价的具体文件。

值得注意的是该阶段工作在铁路系统称为"投资检算"，而在公路等其他系统则称为"施工图预算"。投资检算的主要目的是检验施工图设计是否控制在概算之内，而施工图预算还是确定工程造价、签订工程合同、实行投资包干、办理工程结算及考核工程成本的依据。铁路工程两阶段设计时，初步设计阶段编制总概算，施工图设计阶段编制投资检算或总预算，一阶段设计时编制总预算。

预算是施工图设计文件的重要组成部分，是设计阶段控制工程造价的主要指标。预算经审定后，是确定工程造价、编制或调整固定资产投资计划和考核工程成本的依据。预算应根据施工图设计的工程量和施工方法，按照规定的定额、取费标准、工资单价、材料设备预算价格依本办法在开工前编制并报请批准。

以施工图设计进行施工招标的工程，经审定后的施工图预算是编制标段清单预算、工程标底或造价控制值的依据，也是分析、考核施工企业投标报价合理性的参考；对不宜实行招标而采用施工图预算加调整价结算的工程，经审定后的施工图预算可作为确定合同价款的基础或作为审查施工企业提出的施工预算的依据。

施工图预算是考核施工图设计经济合理性的依据。施工图设计应控制在批准的初步设计及其概算范围之内。如单位工程预算突破相应概算时，应分析原因，对施工图设计中不合理部分进行修改，对其合理部分应在总概算投资范围内调整解决。

3. 施工预算

施工预算是施工企业在工程投标时或工程开工之前，根据施工图、施工定额、实施性施工组织设计、降低工程成本的技术组织措施，并结合施工现场的实际情况，在施工图预算的控制下，编制的经济文件。

施工预算通常以单位工程为编制对象。施工预算可作为施工企业尤其是其基层单位进行企业内部经济核算，实行内部经济承包责任制，进一步组织生产，编制施工作业计划，准备现场材料、签发施工任务书和限额领料卡；考核生产工人工效，计算超额奖，审评奖励的依据。

4. 概算和预算的区别与联系

概算和预算是两个不同的概念，它们有区别也有联系，具体见表8.1。

表 8.1 概算和预算的区别与联系

序号	区别之处	概　算	施工图预算	施工预算
一、区别 1	编制单位不同	设计单位编制	设计单位编制	施工单位编制
2	编制阶段不同	初步设计阶段编制或一阶段设计时编制	施工图设计阶段编制	投标时或基层单位（项目经理部）合同签订之后编制
3	主要作用不同	作为国家确定和控制建设规模，编制基本建设计划，实行建设项目投资包干，签订承包合同和招标项目编辑标底以及建设银行拨贷款的依据，也是控制施工图预算，考核设计经济合理性和建设成本的依据	作为签订施工合同，进行价款结算的依据，也是施工企业下达施工计划，内部财务拨款，考核工程成本，进行经济核算的依据，同时也是控制施工预算的依据	确定投标报价的依据；是项目经理部组织生产，编制施工组织，签发施工任务书和限额领料卡，考核工效，计算超额奖和计件工资，进行班组核算的依据；是施工企业基本的成本计划文件
4	依据的定额不同	站前工程：预算定额　站后工程：概算定额、预算定额	预算定额	施工定额
5	依据资料不同	初步设计图纸及施工组织设计方案意见	施工图设计资料及施工组织设计	详细的施工图纸和工程数量，周密的施工组织设计，施工单位自身能力，施工现场实际情况
6	编制范围不同	建设项目的全部内容，即从筹建开始到竣工验收所需的一切费用	只编制单位工程或单项工程	根据施工单位的不同目的有不同的深度，投标时根据招标文件确定，项目管理时，根据不同项目来确定
序号	联系之处	概　算	施工图预算	施工预算
二、联系 1	均不能突破控制额	经批准的建设项目投资的最高限额	控制在概算总额之内	在合同价的控制下
2	费用组成，采用的费率，应用的表格，编制的步骤方法	基本相似		

任务 8.2

概（预）算文件的组成及编制范围

8.2.1 概（预）算文件的组成

1. 封 面

概（预）算文件的封面和扉页应按编制办法中的规定制作，扉页的次页应有建设项目名称，编制单位，编制、复核人员姓名并加盖执业（从业）资格印章，编制日期及第几册共几册等内容。

2. 目 录

按概（预）算表的内容顺序或表号顺序编排。

3. 编制说明

（1）编制范围。

设计范围及工程概况。建设项目名称，起讫里程，全长（如正、站线里程或桥、隧长），总建筑体积（如总圬工数量、总土石方数量），总建筑面积，主要结构（如桥跨结构），地貌特征，主要工程数量等。

（2）主要编制依据。

编制依据主要有建设项目设计资料的依据及有关文号。如建设项目可行性研究报告文号、初步设计和概算批准文号（编修正概算及预算时），以及根据何时的测设资料及比选方案进行编制等。

① 施工组织设计。施工期限，主要施工方法和所用机械设备，临时工程的设置，施工场地布置等。

② 施工调查资料。当地资源可利用情况，交通情况，主要材料价格、来源、运输及供应方法的安排，地质、气候、水文条件等。

③ 与概（预）算有关的委托书、协议书、会谈纪要的主要内容（或将抄件附后）。

（3）采用的定额、费用标准、人工、材料、机械台班单价依据和来源，补充定额及编制依据的详细说明。

（4）总造价指标及工、料、机等差价说明各设计方案的经济比较，以及编制中存在的问题。

（5）其他与概（预）算有关但不能在表格资料中反映的事项。

4. 概（预）算表格

铁路工程概（预）算应按统一的概（预）算表格计算。概算表格与预算表格的式样相同，只是表头字样有别。

（1）总概（预）算汇总表。

（2）总概（预）算（汇总）对照表。

（3）总概（预）算表。

（4）综合概（预）算（汇总）表。

（5）综合概（预）算（汇总）对照表。

（6）单项概（预）算表。

（7）单项概（预）算费用汇总表。

（8）主要材料平均运杂费单价分析表。

（9）补充单价分析汇总表。

（10）补充单价分析表。

（11）补充材料单价表。

（12）主要材料预算价格表。

（13）设备单价汇总表。

（14）技术经济指标统计表。

8.2.2 概（预）算编制范围

1. 设计概（预）算的编制层次

建设项目设计概（预）算按单项概（预）算、综合概（预）算、总概（预）算三个层次编制。

2. 编制范围及单元

1）总概（预）算的编制范围

总概（预）算是用以反映整个建设项目投资规模和投资构成的文件，一般应按整个建设项目的范围进行编制。若遇有以下情况，应分别编制总概（预）算，并汇编该建设项目的汇总总概（预）算。

（1）两端引入工程，与项目有关的联络线、疏解线等可根据需要单独编制总概（预）算。

（2）铁路枢纽、编组站、物流中心、动车段、动车运用所、综合物业开发相关内容应单独编制总概（预）算。

（3）采用工程所在地地区统一定额的旅客站房及站房综合楼应单独编制总概（预）算。

（4）跨越省（自治区、直辖市）或铁路局（公司）者，除应按各自所辖范围编制总概（预）算外，尚需以铁路枢纽为界，分别编制总概（预）算。

（5）分期建设的项目，应按分期建设的工程范围，分别编制总概（预）算。

（6）一个建设项目，如由两个及以上设计单位共同设计，则各设计单位按其承担的设计范围编制总概（预）算，该建设项目的汇总总概（预）算应由总体设计单位负责汇编。

如有其他特殊情况，可结合项目需要划分总概（预）算的编制范围。施工图总预算编制单元原则上应与初步设计总概算编制单元一致。

2）综合概（预）算的编制范围

综合概（预）算是具体反映一个总概（预）算范围内的工程投资总额及其构成的文件，其编制范围应与相应的总概（项）算一致。

3）单项（分项工程）概（预）算的编制范围及单元

单项概（预）算是编制综合概（预）算、总概（预）算的基础，是详细反映各工程类别和重大、特殊工点概（预）算费用的主要文件。

建筑安装工程单项概（预）算的编制内容包括人工费、材料费、施工机具使用费、价外运杂费、价差、填料费、施工措施费、特殊施工增加费、间接费和税金。设备单项概（预）算的编制内容包括设备费、设备运杂费和税金。

编制单元应按总概（预）算的编制范围划分，结合综合概（预）算章节表的要求，分工程类别编制。其中技术复杂的特大、大、中桥（指最大基础水深在 10 m 以上的桥梁或有 100 m 以上大跨度梁的桥梁或有正交异型板钢梁等特殊结构的桥梁）及高桥（最大墩高 50 m 及以上），4 000 m 以上或有辅助坑道的单、双线隧道，多线隧道及 I 级风险隧道，机车库、县级及以上旅客站房（含站房综合楼）等大型房屋以及投资较大、工程复杂的新技术工点等，应按工点分别编制单项概（预）算。

3. 编制深度及要求

设计概（预）算的编制深度应与设计阶段及设计文件组成内容的深度、细度一致。

1）单项概（预）算

应结合建设项目的具体情况、编制阶段、工程难易程度及所占投资比重的大小，视各阶段采用定额的要求，确定其编制深度。

2）综合概（预）算

根据单项概（预）算，按附录"综合概（预）算章节表"的顺序进行汇编，没有费用的章，其章号及名称应保留，各节中的细目结合具体情况可以增减调整。一个建设项目有多个综合概（预）算时，应汇编综合概（预）算汇总表。

3）总概（预）算

根据综合概（预）算，分章汇编。没有费用的章，在输出总概（预）算表时其章号及名称一律保留。一个建设项目有多个总概（预）算时，应汇编总概（预）算汇总表。

4. 定额的采用

（1）基本规定根据不同设计阶段各工程类别的编制深度要求，原则上采用铁路工程定额体系编制。

（2）旅客站房及站房综合楼的房屋工程等可采用工程所在地的地区统一定额编制，其工料机价格及单项概（预）算中的各项费用标准应配套采用。

（3）对于现行定额未涵盖或不适用而建设项目急需的工程，应根据该工程施工工艺要求等编制补充单价分析。

任务 8.3

铁路工程概(预)算费用分类与组成

1. 章节划分

铁路基本建设工程的设计概（预）算费用，按不同工程和费用类别分为四部分，共十六章36节，编制设计概（预）算应采用统一的章节表，各部分和各章节费用名称具体如下：

第一部分　　静态投资

第一章	拆迁及征地费用	0101	第 1 节	拆迁及征地费用
第二章	路基	0202	第 2 节	区间路基土石方
		0203	第 3 节	站场土石方
		0204	第 4 节	路基附属工程
第三章	桥梁	0305	第 5 节	特大桥
		0306	第 6 节	大桥
		0307	第 7 节	中桥
		0308	第 8 节	小桥
		0309	第 9 节	涵洞
第四章	隧道	0410	第 10 节	隧道
		0411	第 11 节	明洞
第五章	轨道	0512	第 12 节	正线
		0513	第 13 节	站线
		0514	第 14 节	线路有关工程
第六章	通信信号	0615	第 15 节	通信
		0616	第 16 节	信号
		0617	第 17 节	信息
		0618	第 18 节	灾害监测
第七章	电力及电力牵引	0719	第 19 节	电力
		0720	第 20 节	电力牵引供电
第八章	房屋	0821	第 21 节	旅客站房
		0822	第 22 节	其他房屋
第九章	其他运营生产设备及建筑物	0923	第 23 节	给排水
		0924	第 24 节	机务
		0925	第 25 节	车辆
		0926	第 26 节	动车
		0927	第 27 节	站场

2. 静态投资费用种类

1）建筑工程费（费用代号：Ⅰ）

建筑工程费指路基、桥涵、隧道及明洞、轨道、通信、信号、电力、电力牵引供电、房屋、给排水、机务、车辆、站场建筑、工务、其他建筑工程等和属于建筑工程范围内的管线敷设、设备基础、工作台等，以及迁改工程、大型临时设施和过渡工程中应属于建筑工程费内容的费用。

2）安装工程费（费用代号：Ⅱ）

安装工程费指各种需要安装的机电设备的装配、装置工程，与设备相连的工作台、梯子等的装设工程，附属于被安装设备的管线敷设，以及被安装设备的绝缘、刷油、保温和调试等所需的费用。

3）设备购置费（费用代号：Ⅲ）

设备购置费是指一切需要安装与不需要安装的生产、动力、弱电、起重、运输等设备（包括备品备件）的购置费，以及构成固定资产的工器具（包括备品备件）、专业工具（包括备品备件）等购置费。

4）其他费（费用代号：Ⅳ）

其他费指土地征（租）用及拆迁补偿费、项目建设管理费、建设单位印花税及其他税费、建设项目前期费、施工监理费、勘察设计费、设计文件审查费、其他咨询服务费、营业线施工配合费、安全生产费、研究试验费、联调联试等有关费用、利用外资有关费用、生产准备费、其他等。

5）基本预备费

基本预备费指为建设阶段各种不可预见因素的发生而预留的可能增加的费用。

3. 概（预）算费用组成及单项概（预）算计算程序

1）设计概（预）算费用组成

设计概（预）算费用组成如图 8.2 所示。

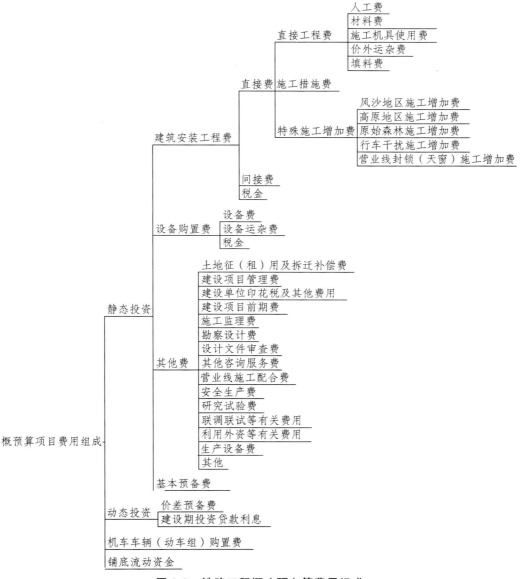

图 8.2　铁路工程概（预）算费用组成

2）建筑安装工程单项概（预）算计算程序

建筑安装工程单项概（预）算计算程序见表 8.2。

表 8.2　建筑安装工程单项概（预）算计算程序

序号	费用名称		计算式
1	基期人工费		
2	基期材料费		按设计工程量和基准价格计算
3	基期施工机械使用费		
4	定额直接工程费		（1）+（2）+（3）
5	价外运杂费		按需要单独计列的价外运杂费，按施工组织设计的材料供给方案及《铁路基本建设工程设计概（预）算编制办法》的有关规定计算
6	价差	人工费价差	基期至编制期价差按《铁路基本建设工程设计概（预）算编制办法》的有关内容计算
7		材料费价差	
8		施工机械使用费价差	
9		价差合计	（6）+（7）+（8）
10	填料费		按设计数量和购买价计算
11	直接工程费		（4）+（5）+（9）+（10）
12	施工措施费		[（1）+（3）]×费率
13	特殊施工增加费		（编制期人工费+编制期施工机械使用费）×费率 或编制期人工费×费率
14	直接费		（11）+（12）+（13）
15	间接费		[（1）+（3）]×费率
16	税　金		[（14）+（15）]×费率
17	单项概（预）算价值		（14）+（15）+（16）

3）设备单项概（预）算计算程序

设备单项概（预）算计算程序见表 8.3。

表 8.3　建筑安装工程单项概（预）算计算程序

序号	费用名称	计算式
1	基期设备费	按设计设备数量和采用的基期设备原价计列
2	设备运输费	（1）×费率
3	设备费价差	基期与编制期价差按《铁路基本建设工程设计概（预）算编制办法》的有关内容计算
4	税　金	[（1）+（2）+（3）]×税率
5	单项概（预）算价值	（1）+（2）+（3）+（4）

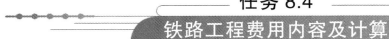
8.4.1 建筑安装工程费

1. 人工费

人工费指列入概（预）算定额的直接从事建筑安装工程施工的生产工人（包括现场内水平、垂直运输等辅助工人）和附属辅助生产单位的工人开支的各项费用。但不包括：

（1）材料采购及保管人员工资。

（2）材料到达工地以前的搬运、装卸工人等人员的工资。

（3）驾驶施工机械、运输工具的工人的工资。

（4）由管理费支付工资人员的工资。

1）费用组成

（1）基本工资。基本工资即人员基本工资。

（2）工资性补贴。工资性补贴指按规定标准发放的流动施工津贴、施工津贴、隧道津贴、副食品价格补贴、煤燃气补贴、交通费补贴、住房补贴及特殊地区津贴、补贴。

（3）生产工人辅助工资。生产工人辅助工资指生产工人年有效施工天数以外非作业天数的工资，包括开会和执行必要的社会义务时间的工资，职工学习、培训，调动工作、探亲、休假期间的工资，因气候影响停工期间的工资，女工哺乳时间的工资，病假在 6 个月以内的工资及产、婚、丧假期的工资。

（4）职工福利费。职工福利费指按国家规定标准计提的职工福利基金和医药费基金。

（5）生产工人劳动保护费。生产工人劳动保护费指按国家有关部门规定标准发放的劳动保护用品的购置费及修理费，工作服装补贴，防暑降温费，在有碍身体健康环境中施工的保健费用。

2）综合工费标准

基期综合工费单价参见表 8.4，编制期综合工费单价按有关部门颁布的调整文件执行。

表 8.4　铁路工程综合工费标准

综合工费类别	工程类别	综合工费标准/（元·工日⁻¹）
Ⅰ类工	路基（不包含路基基床表层及过渡段的级配碎石、砂砾石），涵洞，一般生产房屋和附属、给排水、站场（不包括旅客地道、天桥、雨棚）等的建筑工程，取弃土（石）场处理，临时工程	66
Ⅱ类工	路基基床表层及过渡段的级配碎石、砂砾石	68

综合工费类别	工程类别	综合工费标准/（元·工日⁻¹）
Ⅲ类工	桥梁（不含箱梁的预制、运输架设、现浇，桥面系），通信、信号、信息、灾害监测、电力牵引供电、机务、车辆、动车、工务、其他建筑及设备等的建筑工程	70
Ⅳ类工	设备安装工程（不含通信、信号、信息、灾害监测、电力、电力牵引供电的设备安装工程）	71
Ⅴ类工	箱梁（预制、运输、架设、现浇）、钢梁、钢管拱架设、桥面系、粒料道床、站房（含站房综合楼）、旅客地道、天桥、雨棚	73
Ⅵ类工	轨道（不含粒料道床），通信、信号、信息、灾害监测、电力、电力牵引供电的设备安装工程	77
Ⅶ类工	隧道	82

注：① 本表中的基期综合工费单价，不包含特殊地区津贴、补贴。特殊地区津贴、补贴按国家有关部门和省（自治区、直辖市）的规定计算，按人工费价差计列。海拔3000 m及以上高原地区工资补贴以基本工资为计算基数，按表8.5列出的补贴比例计算。基本工资按综合工费单价的40%计算。计列高原地区工资补贴后，不再计列该地区生活费补贴和艰苦边远地区津贴。

② 掘进机、盾构机施工的隧道综合工费单价结合其实际情况另行分析确定。

③ 过渡工程执行同类正式工程综合工费单价。

④ 本表工程类别外的其他工程，执行Ⅰ类工单价。

表 8.5　高原地区工资补贴比例

海拔高度/m	工资补贴比例/%
3 000（含）～3 500（含）	70
3 500（不含）～4 000（含）	100
4 000（不含）～4 500（含）	140
4 500 以上	165

3）人工费计算

$$人工费＝\sum 工程数量×工日定额×综合工费标准$$
$$＝\sum 定额人工消耗量×综合工费标准$$

式中：工程数量指编制对象按工程量计算规则计算的单项、单位工程或分部分项工程的工程数量；工日定额是指完成相应工程在相应定额中规定所需的人工工日；综合工费标准则由表8.4、表8.5得出。

值得注意的是，综合工费标准，作为编制概（预）算时工费的依据，仅作为编制概（预）算使用，它与实际工资不同。

2. 材料费

材料费，是指施工过程中耗用的构成工程实体的原材料、辅助材料、构配件、零件、半成品、成品的费用，以及不构成工程实体的一次性材料消费费用和周转材料摊销费用等。

1）建筑材料的分类

（1）按材料列算范围分类：

① 工程本身材料，指直接用于工程上，并构成建筑或结构本体的材料，可按定额计算其用量。如水泥、砂、石等。

② 辅助材料，指在施工中必需的，但不构成建筑物或结构本体的材料。如路基石方、隧道石方开挖所需的炸药、引线、雷管等一次性消耗材料。可按定额计算其用量。

③ 周转性材料，是在施工过程中，为完成建筑物或结构本体而周转使用的材料，并不构成建筑物或结构本体，按倒用次数摊于定额计算。

④ 零星材料，由于定额中只列主要材料数量，至于零星材料均未详列，故综合为其他材料费，以"元"表示。

（2）按供应渠道分类：

① 外来供应材料，指由材料供应部门供应的材料。按其不同供应方式又分为厂发料和直发料两种。

a. 厂发料，指铁路工程中由施工组织设计所拟定的材料厂、供料基地或既有线卸料地点前方办理货运业务的营业站发运的材料，这是以前铁路工程材料的主要供应方式，但现在该方式使用情况在逐步减少。

b. 直发料，指由用料单位直接从料源地组织运回的材料。

② 当地自备材料，指不属材料供应部门供应范围而由施工部门自行组织采购、开采或制作的材料、构配件等。一般有以下几种情况：

（1）向其他企业采购的砖、瓦、石灰、砂、石等地方材料。

（2）由施工部门自行开采的砂、石或设厂预制的钢筋混凝土成品（包括半成品）等。

2）铁路工程材料预算价格的组成

铁路工程材料预算价格由材料原价、价内运杂费、采购及保管费组成。

$$预算价格＝（材料原价＋价内运杂费）×（1+采购及保管费率）$$

（1）材料原价，指材料的出厂价或指定交货地点的价格。对同一种材料，因产地、供应渠道不同而出现几种原价时，其综合原价可按其供应量的比例加权平均确定。

（2）价内运杂费，是指材料自料源地（生产厂或指定交货地点）运至工地所发生的有关费用，包括运输费、装卸费及其他有关运输的费用等。

（3）采购及保管费，指材料在采购、供应和保管材料过程中所需要的各种费用。包括采购费、仓储费、工地保管费、运输损耗费、仓储损耗费，以及办理托运所发生的费用（如按规定由托运单位负担的包装、捆扎、支垫等的料具损耗费，从钢厂到焊轨基地的钢轨座架使用费、转向架租用费和托运签条）等。采购及保管费率见表8.6。

表 8.6　采购及保管费率

序号	材料名称	费率/%	其中运输损耗费率/%
1	水泥	3.78	1.00
2	碎石（包括道砟及中、小卵石）	3.45	1.00
3	砂	4.47	2.00
4	砖、瓦、石灰	4.98	2.50
5	钢轨、道岔、轨枕、钢梁、钢管拱、斜拉索、钢筋混凝土梁、铁路桥梁支座、电杆、铁塔、钢筋混凝土预制桩、接触网支柱、机柱	1.10	—
6	其他材料	2.65	—

3）铁路工程材料预算价格的确定

按照材料预算价格的组成及材料供应方式的划分，各项工程材料预算价格随各建设项目所到地区、修建年代的不同而不同。为统一概算编制工作，编制设计概算时一般采用统一发布的《铁路工程建设材料预算价格》作为基期材料价格。确定材料预算价格是计算材料费的关键，也是分析概（预）算单价的依据。正确确定材料预算价格，是为了正确合理地确定工程造价，材料预算价格是根据价格的组成及材料供应方式的不同，按下述方式分别确定。

（1）水泥、木材、钢材、砖、瓦、砂、石、石灰、粉煤灰、风沙路基防护用稻草（芦苇）、黏土、花草苗木、土工材料、钢轨、道岔、轨枕扣件（混凝土枕用）、钢梁、钢管拱、斜拉索、桥梁高强螺栓、钢筋混凝土梁、铁路桥梁支座、桥梁防水卷材、桥梁防水涂料、钢筋混凝土预制桩、隧道防水板、火工品、电杆、铁塔、机柱、接触网支柱、接触网及电力线材、光电缆线、给水排水管材、钢制防护栅栏网片等主要材料的基期价格按照现行的《铁路工程建设材料基期价格》（国铁科法【2017】32 号文）执行，编制期价格采用未含可抵扣进项税额的价格，由设计单位实地调查分析确定。若调查价格中未含采购及保管费，要计算其不含可抵扣进项税额的调查价格计取的采购及保管费；若调查价格为指定交货地点（非工地）的价格，还需要在单项概（预）算中单独计算由指定交货地运至工地所发生的价外运杂费。

（2）设计单位自行补充材料的预算价格比照主要材料预算价格的确定方法确定。

（3）施工机械用燃油料的预算价格为包含该材料全部运杂费和采购及保管费的价格。基期价格按《铁路工程材料基期价格》执行，编制期价格采用不含可抵扣进项税额的价格，由设计单位调查分析确定。编制期价格与基期价格的差额按价差列计，计入施工机具使用费价差中。

（4）除上述材料以外的其他材料（辅助材料）的预算价格为包含该材料全部运杂费和采购及保管费的价格，基期价格采用现行的《铁路工程建设材料基期价格》，其编制期与基期的价差按有关部门颁布的辅助材料价差系数调整。

4）铁路工程材料基期价格

国铁科法【2017】33 号文已将基期价格调整到 2014 年度水平，按营改增要求，不含材料单价的进项税。

铁路工程材料基于基期价格构成可分为 A、B、C 三类。A 类：包括当地料、花草苗木及直发料；B类：外来料包括三大材（钢材、木材、水泥）和除火工品（爆破材料）和汽柴油外其他允许按编制期价格调整的材料；C类：包括火工品、汽油柴油和所有不允许按编制期价格实调（按系数调整）的材料。材料基期价格计算如下：

A类材料基期价格由材料原价、采购及保管费组成，即：

$$材料基期价格=材料原价×（1+采购及保管费率）$$

B类材料基期价格由综合出厂价、采购及保管费组成，即：

$$材料基期价格=材料综合出厂价×（1+采购及保管费率）$$

（综合出厂价指在指定交货地点的价格，指定交货地点指能办理货运业务的铁路营业站、水运码头等）

C类材料基期价格由材料原价、价内运杂费、采购及保管费组成，即：

$$材料基期价格=（材料原价+价内运杂费）×（1+采购及保管费率）$$

5）材料费的计算

$$材料费=\sum（某种材料数量×相应的材料预算价格）$$

式中，某种材料数量=使用此种材料的工程数量×相应的材料消耗定额。

在确定材料数量时，应注意概（预）算定额中工程数量及材料用量的有关说明。

3. 施工机具使用费

施工机具使用费是指施工作业所发生的施工机械、仪器仪表的使用费或租赁费。主要是列入概（预）算定额的施工机械台班数量和相应机具台班费用单价计算的施工机具费用和定额所列其他施工机具费，也称施工机具台班费。

1）施工机具台班费的组成

施工机具台班费用由折旧费、检修费、维护费、安装拆卸费、人工费、燃料动力费、其他费组成。

（1）折旧费，指机械在规定的使用期限（耐用总台班）内，陆续收回其预算价格的费用。

（2）检修费，指施工机械在规定的耐用总台班内，按规定的大修间隔进行必要的检修，以恢复其正常功能所需的费用。

（3）维护费，指施工机械在规定的耐用总台班内，按规定的维护间隔进行各级维护和临时故障排除所需的费用，包括为保障机械正常运行所需的替换设备与随机配备的工具附具的摊销费用、机械运转及日常维护所需的润滑与擦拭的材料费用及机械停滞期间的维护费用等。

（4）安装拆卸费，指机械在施工现场进行安装与拆卸所需的人工、材料、机械和试运转费用以及机械辅助设施的折旧、搭设、拆除等费用。

（5）人工费，指机上司机和相关操作人员的人工费。

（6）燃料动力费，指施工机械在作业中所耗用的燃料及水、电等的费用。

（7）其他费用，指施工机械按国家和有关部门规定应交纳的车船税、保险费及检测费等。

2）施工仪器仪表台班费用的组成

施工仪器仪表台班费用由折旧费、维护费、校验费、动力费组成。

（1）折旧费，指施工仪器仪表在规定的耐用总台班内，陆续收回其预算价格的费用。

（2）维护费，指施工仪器仪表各级维护、临时故障排除所需的费用及为保证仪器仪表正常使用所需备件（备品）的维护费用。

（3）校验费，指施工仪器仪表按规定进行标定与检验的费用。

（4）动力费，指施工仪器仪表在使用过程中所消耗的电费。

3）施工机械台班单价及施工仪器仪表台班单价的确定

编制设计概（预）算以《铁路工程施工机具台班费用定额》作为计算施工机械台班单价及施工仪器仪表台班单价的依据。对《铁路工程施工机具台班费用定额》中没有的施工机具，应补充编制相应台班费用定额，作为计算该施工机具台班单价的依据。

以《铁路工程材料基期价格》中的油燃料价格及《铁路工程施工机具台班费用定额》的基期综合工费单价、基期水电单价等计算出的台班单价作为基期施工机械台班单价及基期施工仪器仪表台班单价；以编制期的折旧费、综合工费单价、油燃料价格、水电单价等计算出的台班单价作为编制期施工机械台班单价及编制期施工仪器仪表台班单价。编制期的折旧费以基期折旧费为基数乘以表 8.7 的系数计算。

表 8.7　施工机具折旧费调差系数表

施工组织设计的建设项目期	机具折旧费调差系数
2017 年 5 月 1 日—2018 年 4 月 30 日	1.111
2018 年 5 月 1 日—2019 年 4 月 30 日	1.094
2019 年 5 月 1 日—2020 年 4 月 30 日	1.077
2020 年 5 月 1 日—2021 年 4 月 30 日	1.060
2021 年 5 月 1 日—2022 年 4 月 30 日	1.043
2022 年 5 月 1 日—2023 年 4 月 30 日	1.026
2023 年 5 月 1 日—2024 年 4 月 30 日	1.013
2024 年 5 月 1 日—2025 年 4 月 30 日	1.004
2025 年以后	1.000

4）工程用水综合单价

工程用水基期单价为 0.35 元/t，该单价仅为扬程 20 m 及以下的抽水费用。一般地区编制期工程用水单价应在基期单价的基础上另加按国家或者工程所在地区的省（自治区、直辖市）政府有关规定计取的水资源费。

特殊缺水地区（指区域地表水及地下水资源匮乏的地区）或取水困难的工程（指区域浅层地下水缺乏且地表水水资源远离线路的工程），可按施工组织设计确定的供水方案，分析不含可抵扣进项税额编制期工程用水单价，并计列相关大型临时工程（如给水干管路、深水井等）

费用。必须使用城市自来水的，可按当地规定的自来水价格分析不含抵扣水进项税额的编制期工程用水单价。

5）工程用电综合单价

工程用电基期单价为 0.47 元/（kW·h）。编制期用电单价与基期用电单价之差，按价差计列。属于材料消耗用电的，计入材料费价差中；属于施工机具消耗用电的计入施工机具使用费价差中。

6）施工机具使用费的计算

$$施工机具使用费＝施工机械使用费+施工仪器仪表使用费$$

$$施工机械使用费＝\sum 定额施工机械台班消耗量×施工机械台班单价$$

$$施工仪器仪表使用费＝\sum 定额施工仪器仪表台班消耗量×施工仪器仪表台班单价$$

4. 价外运杂费

价外运杂费指根据设计需要，在编制单元概（预）算时，需在材料费之外单独计列的材料运杂费，包括材料自指定交货地点运至工地所发生的运输费、装卸费、其他有关运输的费用，以及为简化概预算编制，以该运输费、装卸费、其他有关运输费用之和为基数计算的采购及保管费。

1）运杂费的内容

（1）运输费，是指用各种运输工具运送各种材料物品所发生的运费。

（2）装卸费，是运输过程中的装车和卸车的费用。材料运到工地料库或堆料地点，可能不止一次发生装卸，应有一次计算一次。如有的运输工具的装卸费已包括在运输费中，就不能另计装卸费了，避免重复。

（3）材料采购及保管费，指由施工单位负责采购、运输、保管和供应的材料、成品、半成品、构配件和机电设备等，在采购、运输、保管和供应过程中所发生的一切有关费用（不包括材料供应部门所发生的费用）。包括采买、办理托运所发生的费用（如按规定由托运单位负担的包装、捆扎、支垫等的料具耗损费，转向架租用费和托运签条），押运、运输途中的损耗，料库盘存，天然毁损和材料的验收、检查、保管等有关各项管理费以及看料工的工资。

（4）其他有关运输的费用（如火车运输的取送车费、过轨费，汽车运输的渡船费等）。

2）运输方法及运输单价计算规则

（1）火车运输及运价
火车运输分营业线火车、临管线火车、工程列车、其他铁路四种。
① 营业线火车。
火车起码运程：营业线和临管线为 100 km，不足 100 km，按 100 km 计算，超过 100 km 部分，按 10 km 进级计算。工程列车起码运程为 50 km，不足 50 km，按 50 km 计算，超过 50 km 部分，按 10 km 进级计算。

营业线火车运价按编制期《铁路货物运价规则》等有关规定计算，计算公式如下：

$$营业线火车运价（元/t）=K_1 \times （基价_1 + 基价_2 \times 运价里程）+附加费运价$$

其中：附加费运价$=K_2 \times$（电气化附加费费率×电气化里程+新路新价均摊运价率×运价里程+铁路建设基金费率×运价里程）。

对于单片梁重≥120 t 的 32 m T 梁：

$$营业线火车运价（元/t）$$
$$=K_1 \times （基价_1 + 基价_2 \times 运价里程）+K_2 \times （电气化附加费费率×$$
$$电气化里程+新路新价均摊运价率×运价里程+铁路建设基金费率×运价里程+$$
$$D 型长大货物车使用费单价×运价里程）+D 型长大货物车空车回送费$$

计算公式中的有关因素说明如下：

a. 各种价格、费率等，均为不含可抵扣进项税额的价格与费率。

b. 各种材料计算货物运价所采用的综合系数 K_1、K_2 见表 8.8。

表 8.8　火车运输综合系数表

序号	分类名称	综合系数 K_1	综合系数 K_2
1	砖，瓦，石灰，砂石料	1.00	1.00
2	道砟	1.20	1.20
3	钢轨（≤25 m）、道砟、轨枕、钢梁、电杆、机柱、钢筋混凝土管桩、接触网圆形支柱	1.08	1.08
4	100 m 长定尺钢轨	1.80	1.80
5	500 m 长钢轨、25 m 轨排	1.43	1.43
6	单片梁质量≥120 t 的 32 m T 梁	3.01	3，01
7	其他钢筋混凝土 T 梁	3.48	1.64
8	接触网圆形支柱、铁塔、硬横梁	2.35	2.35
9	接触网及电力线材、光电缆线	2.00	2.00
10	其他材料	1.05	1.05

注：K_1 包含了游车、超限、限速和不满载等因素，K_2 只包含了不满载及游车因素。火车运土的综合系数 K_1、K_2，比照"砖、瓦、石灰、砂石料"确定。各类材料的运价号按《铁路货物运价规则》的有关规定计算。

c. 电气化附加费按该批货物经由国家铁路正式营业线和实行统一运价的运营临管线电气化区段的运价里程合并计算。

d. 货物运价、电气化附加费费率、新路新价均摊运价率、铁路建设基金费率、D 型长大货物车使用费单价、D 型长大货物车空车回送费等按《铁路货物运价规则》的有关规定执行。

e. 计算货物运输费用的运价里程，由发料地点起算，至卸料地点止，按《铁路货物运价规则》的有关规定计算。其中，区间（包括区间岔线）装卸材料的运价里程，应由发料地点的后方站起算，至卸料地点的前方站（均系指办理货运业务的营业站）止。

② 临管线火车。

临管线火车运价应执行批准的运价，扣除可抵扣进项税额后确定。运价里程应按发料地点起算，至卸料地点止，区间卸车算至区间工地。

③ 工程列车。

工程列车运价包括机车、车辆的使用费，乘务员及有关行车管理人员的工资、津贴和差旅费，线路及有关建筑物和设备的养护维修费、折旧费以及有关运输的管理费用。运价里程应按发料地点起算，至卸料地点止。区间卸车算至区间工地。工程列车运价按不含可抵扣进项税额的营业线火车运价（不包括铁路建设基金、电气化附加费、限速加成等）的1.4倍计算。

$$工程列车运价（元/t）=1.4 \times K_2 \times （基价 + 基价_2 \times 运价里程）$$

单片梁质量≥120 t的32 m T梁：

$$工程列车运价（元/t）$$
$$=1.4 \times K_2 \times （基价_1 + 基价_2 \times 运价里程 + D型长大货物车使用费单价 \times 运价里程）$$

上述运价均应为不含可抵扣进项税额的价格。

④ 其他铁路。

其他铁路运价按该铁路运输主管部门的相关价格执行。在编制设计概预算时应扣除其中包含的可抵扣进项税额。

（2）汽车运价

汽车运输综合运价率按《汽车运价规则》或市场调查资料确定。为简化概（预）算的编制，可按下列计算公式分析汽车运价：

$$汽车运价（元/t）$$
$$=公路综合运价率 \times 公路运距 + 汽车运输便道综合运价率 \times 汽车运输便道运距$$

公式中有关因素说明如下：

① 公路综合运价率（元/吨公里）：材料运输道路为公路时，考虑过路过桥费等因素，以建设所在地不含可抵扣进项税额的汽车运输单价乘以1.05的系数计算。

② 汽车运输便道综合运价率（元/吨公里）：材料运输道路为汽车运输便道时，结合地形、道路状况等因素，按当地不含可抵扣进项税额的汽车运输单价乘以1.2的系数计算。

③ 公路运距：应按发料地点起算，至卸料地点止所途经的公路长度计算。运距以千米为单位，尾数不足1 km的，四舍五入。

④ 汽车运输便道运距：应按发料地点起算，至卸料地点止所途经的汽车运输便道长度计算。运距以千米为单位，尾数不足1 km的，四舍五入。

（3）船舶运价及渡口等收费价格

按工程所在地的有关市场价格执行，在编制设计概（预）算时应扣除其中包含的可抵扣进项税额。

（4）其 他

材料运输过程中，因确需短途接运而采用的双（单）轮车、单轨车、大平车、轻轨斗车、轨道平车、小型运输车、人力挑抬等运输方法的运价，可另行分析确定，但应扣除其中包含的可抵扣进项税额。

3）各种装卸费单价

（1）火车、汽车装卸单价，按表8.9所列单价计算。

表 8.9 火车、汽车装卸费单价　　　　　　　　　　　　单位：元/t

一般材料	钢轨、道岔、接触网支柱	其他1t以上的构件
3.4	12.5	8.4

注：其中装占60%，卸占40%。

（2）水运等的装卸单价，按工程所在地的有关市场价格执行，编制设计概（预）算时应扣除其中包含的可抵扣进项税额。

（3）双（单）轮车、单轨车、大平车、轻轨斗车、轨道平车、小型运输车、人力挑抬等的装卸单价，可另行分析确定，但应扣除其中包含的可抵扣进项税额。

4）其他有关运输的费用

（1）取送车费（调车费）。用铁路机车往专用线、货物支线（包括站外出岔）或专用铁路的站外交接地点调送车辆时，核收取送车费。计算取送车费的里程，应自车站中心线起算，到交接地点或专用线最长线路终端止，里程往返合计（以 km 计）。取送车费按《铁路货物运价规则》计列，在编制设计概（预）算时应扣除其中包含的可抵扣进项税额。

（2）汽车运输的渡船费按工程所在地的有关市场价格执行，在编制设计概（预）算时应扣除其中包含的可抵扣进项税额。

5）材料采购及保管费

指按运输费、装卸费及其他有关运输的费用之和为基数计取的，应列入价外运杂费中的采购及保管费。采购及保管费率见表8.6。

6）全程平均运杂费单价分析

材料运距，是指从材料的供应地点到工地料库或堆料场地内的实际距离，应考虑起码运距和进级运距规定。平均运距是指一个施工单位在一段线路上施工，而该施工区段内工点分散且不均匀，各工点用料也不一样，所用材料又分地方料和外来料，为计算简单，对多工点用料采用各类材料运输重心的运距。在分析平均运杂费单价时均采用平均运距。

$$平均运距 = \frac{\sum 各种运输材料的质量(t) \times 该种材料的运距(km)}{\sum 各种所材料的质量(t)}$$

全程平均运杂费单价分析是根据施工组织设计确定的"材料供应计划"的材料来源、运输方法，在统一表格"主要材料（设备）平均运杂费单价分析表"上逐项分析计算，其内容包括运费、装卸费、材料管理费等。一般有以下两种形式：

（1）分析出每种单项材料的全程平均运杂费单价后，直接用于运杂费的计算。

（2）在第一种形式的基础上（即先分析出各类材料每吨全程综合运价），再按各类材料的比重或各类材料的质量加权计算该工程所运材料全程平均运杂费单价。

7）价外运杂费的计算

$$价外运杂费 = \sum（运输费+装卸费+其他有关运输的费用）×（1+采购及保管费率）$$

$$= \sum 材料质量×运杂费单价$$

5. 填料费

填料费指购买不作为材料对待的土方、石方、渗水料、矿物料等填筑用料所支出的费用。若设计为临时占地取料费，其发生的租用土地、青苗补偿、拆迁补偿、复垦及其他所有与土地有关的费用纳入第一章临时用地费项下。

以上五种费用组成为直接工程费，是指施工过程中耗费的构成工程实体的有助于工程形成的各项费用，是计算工程概预算一切费用的基础，必须确保其准确。

6. 施工措施费

施工措施费指为完成铁路建设工程施工，发生于该工程施工前和施工过程中的需综合计算的费用，是直接工程费以外施工过程发生的，定额中未包括而应属于直接费的其他各项费用。

1）施工措施费包括的内容

（1）冬雨期施工增加费，指建设项目的某些工程需在冬雨期施工，为保证工程质量，按相关规范、规程中的冬雨季施工要求，需要采取的防寒、保温、防雨、防潮和防护等措施，不需改变技术作业过程的人工与机械的功效降低等，所需增加的有关费用。

（2）夜间施工增加费，指必须在夜间连续施工或在隧道内铺砟、铺轨、敷设电线、电缆，架设接触网等工程，所发生的工作效率降低、夜班津贴，以及增设照明设施（包括所需照明设施的装拆、摊销、维修及油燃料、电）等增加的有关费用。

（3）小型临时设施费，指施工企业为进行建筑安装工程施工，所必须修建的生产和生活用的一般临时建筑物、构筑物和其他小型临时设施所发生的费用。

① 小型临时设施项目包括：

a. 为施工及施工运输（包括临管）所需修建的临时生活及居住房屋，文化教育及公共房屋（如职工宿舍、食堂、开水间、洗衣房、卫生间、洗浴室、多功能室、广播室、会议室、资料室、看护房屋、文体活动场所等）和办公生产房屋（如办公室、试验室、货运室、发电站、变电站、空压机站、料库、火工品库、车库等房屋，铺架工程临时调度房屋、材料棚、停机棚、加工棚等，不包括轨枕预制场、轨道板预制场、管片预制场主体厂房）及上述各类房屋的配套设施。

b. 为施工或施工运输而修建的小型临时设施，如通往涵洞等工程和施工队伍驻地以及料库、车库的运输便道引入线（含便桥、涵），列入大临的工地内沿线纵向运输便道以外的工地内运输便道（含便桥、涵）、轻便轨道、吨位小于 10 t 或长度小于 100 m 的龙门吊走行线、由干线到工地或施工队伍驻地的电力线、地区通信引入线和达不到大临给水管路标准的给水管路等。

c. 为施工或施工运输（包括临管）而修建的临时建筑物、构筑物。如临时给水设施（水塔、水池、井深小于 50 m 的水井等），临时排水沉淀池、隔油池、钻孔用泥浆池、沉淀池，临时整备设备（检修、上油、上砂等设备），临时信号，临时通信（指地区线路及引入部分），临时供电，临时站场建筑、接触网预配场、杆塔存放场地，分散的预制构件存放场地，钢结构等加工场，架桥机等大型机械设备安拆拼装场地及配套设施等。

d. 其他。大型临时设施和过渡工程项目内容以外的临时设施。

② 小型临时设施费用：

a. 小型临时设施的场地土石方、地基处理、硬化面、场地等的工程费用，及小型临时设施的搭设、移拆、维修、摊销及拆除恢复等费用。

b. 因修建小型临时设施，而发生的租用土地、青苗补偿、拆迁补偿、复垦及其他所有与土地有关的费用等。不含大型临时设施中临时场站生产区的土地有关费用。

（4）工具、用具及仪器、仪表使用费，指施工生产所需不属于固定资产的生产工具、检验用具及仪器、仪表等的购置、推销和维修费，以及支付给生产工人自备工具的补贴费。

（5）工程定位复测、工程点交、场地清理费。

（6）文明施工及施工环境保护费，指现场文明施工费用及防噪声、防粉尘、防振动干扰、生活垃圾清运排放等费用。

（7）已完工程及设备保护费，指竣工验收前，对已完工程及设备进行保护所需要的费用。

2）施工措施费的计算

施工措施费以各类工程的基期人工费与基期施工机械使用费之和为计算基数，根据施工措施费地区划分按表 8.10 划分，按表 8.11 所列费率计列。施工措施费分不同工程类别按下式计算：

$$施工措施费 = （基期人工费 + 基期施工机械使用费）\times 施工措施费费率$$

表 8.10 施工措施费地区划分表

地区编号	地域名称
1	上海，江苏，河南，山东，陕西（不含榆林市、延安市），浙江，安徽湖北，重庆，云南（不含昭通市、迪庆藏族自治州、贡山独龙族怒族自治县、宁蒗彝族自治县），贵州（不含毕节市），四川（不含凉山彝族自治州西昌市以西地区、阿坝藏族羌族自治州、甘孜藏族自治州、雅安市宝兴县、绵阳市的平武县和北川羌族自治县）
2	广东，广西，海南，福建，江西，湖南
3	北京，天津，河北（不含张家口市、承德市），山西（不含大同市、朔州市、忻州市原平以西各县），陕西延安市，甘肃（不含酒泉市、嘉峪关市、张掖市、金昌市、武威市、甘南藏族自治州、临夏回族自治州积石山保安族东乡族撒拉族自治县临夏县、和政县、定西市岷县及漳县、陇南市文县），宁夏，贵州毕节市，云南昭通市、迪庆藏族自治州（不含德钦县）、贡山独龙族怒族自治县、宁蒗彝族自治县，四川凉山彝族自治州西昌市以西地区，阿坝藏族羌族自治州（不含壤塘县阿坝县、若尔盖县）、甘孜藏族自治州（不含石渠县、德格县、甘孜县、白玉县色达县、理塘县）、雅安市宝兴县、绵阳市的平武县和北川羌族自治县，新疆和田地区，喀什地区（含图木舒克市）、吐鲁番地区、巴音郭楞蒙古自治州（不含若羌县、且末县）
4	河北张家口市（不含康保县）、承德市（不含围场满族蒙古族自治县），山西大同市、朔州市，忻州市原平以西各县，陕西榆林市，辽宁，内蒙古呼和浩特市、包头市、乌海市、巴彦淖尔市、鄂尔多斯市、阿拉善盟

地区编号	地域名称
5	新疆阿克苏地区（含阿拉尔市）、克孜勒苏柯尔克孜自治州、伊犁哈萨克自治州、哈密地区，甘肃酒泉市（不含阿克塞哈萨克族自治县、肃北蒙古族自治县马鬃山镇以外地区）、嘉峪关市、张掖市（不含肃南裕固族自治县皇城镇、山丹县及民乐县南部山区）、金昌市、武威市（不含天祝藏族自治县）
6	河北张家口市康保县、承德市围场满族蒙古族自治县，内蒙古赤峰市、乌兰察布市、通辽市、兴安盟锡林郭勒盟锡林浩特以南各旗（县），甘肃甘南藏族自治州，酒泉市阿克塞哈萨克族自治县及肃北蒙古族自治县马鬃山镇以外地区、张掖市肃南裕固族自治县皇城镇和山丹县及民乐县南部山区、武威市天祝藏族自治县、临夏回族自治州积石山保安族东乡族撒拉族自治县、临夏县及和政县、定西市岷县及漳县、陇南市文县，吉林，青海西宁市、海东地区、黄南藏族自治州、海南藏族自治州、海北藏族自治州（不含祁连县、门源回族自治县）、海西蒙古族藏族自治州、格尔木—都兰及以北地区（不含大柴旦—德令哈天峻以北地区），新疆乌鲁木齐市（含石河子市）、昌吉回族自治州（含五家渠市）、博尔塔拉蒙古自治州（不含温泉县）、塔城地区、克拉玛依市、巴音郭楞蒙古自治州若羌县及且末县，西藏林芝地区雅鲁藏布江以南地区、山南地区错那县，云南迪庆藏族自治州德钦县，四川甘孜藏族自治州石渠县、德格县、甘孜县、白玉县、色达县、理塘县，阿坝藏族羌族自治州壤塘县、阿坝县、若尔盖县
7	黑龙江（不含大兴安岭地区），内蒙古呼伦贝尔市阿尔山—图里河线以东各旗（县）、锡林郭勒盟锡林浩特及以北各旗（县），新疆阿勒泰地区（含北屯市）、博尔塔拉蒙古自治州温泉县，青海海西蒙古族藏族自治州格尔木—都兰以南地区（不含唐古拉山镇）及大柴旦—德令哈—天峻以北地区、玉树藏族自治州（不含曲麻莱县及其以西地区）、果洛藏族自治州（不含玛多县），西藏拉萨市（不含当雄县）、昌都地区、林芝地区雅鲁藏布江及以北地区、山南地区（不含错那县）、日喀则地区（不含萨嘎县、仲巴县、昂仁县、谢通门县）
8	内蒙古呼伦贝尔市阿尔山—图里河及以西各旗（县），黑龙江大兴安岭地区，青海玉树藏族自治州曲麻莱县及其以西地区、海北藏族自治州祁连县、门源回族自治县、果洛藏族自治州玛多县、海西蒙古族藏族自治州格尔木市辖的唐古拉山镇，西藏拉萨市当雄县阿里地区、那曲地区、日喀则地区的萨嘎县、仲巴县、昂仁县、谢通门县

表 8.11　施工措施费率

类别代号	工程类别 \ 地区编号	1	2	3	4	5	6	7	8	附录
		费率/%								
1	人力施工土石方	8	8.3	10.2	11.2	11.3	12.6	12.9	13.5	包括人力拆除工程，绿色防护，各类工程中单独挖填的土石方，石方爆破工程
2	机械施工土石方	5.7	6.1	9.2	10.1	10.3	12.5	13.0	13.8	包括机械拆除工程，填级配碎石、砂砾石、渗水土，公路路基路面，各类工程中单独挖填的土石方、综合维修通道、大临土石方工程

类别代号	工程类别	1	2	3	4	5	6	7	8	附录
	地区编号				费率/%					
3	汽车运输土石采用定额"增运"部分	3.6	3.5	3.8	4.4	4.5	4.8	4.9	5.4	仅指区间路基土石方及站场土石方,包括隧道出渣洞外运输
4	特大桥,大桥下部建筑	6.7	5.9	8.3	9.2	9.7	9.7	9.8	10.0	含附属工程
5	预制混凝土梁	13.6	10.7	19.1	21.0	22.8	22.9	23.2	23.7	含各种桥梁桥面系、支座、梁的横向连接和湿接缝
6	现浇混凝土梁	10.3	8.0	14.5	16.0	17.4	17.5	17.7	18.1	包括分段预制后拼接的混凝土梁
7	运架混凝土简支箱梁	4.1	4.1	4.2	4.5	4.6	4.8	4.9	5.1	
8	隧道、明洞、棚洞、自采砂石	6.8	6.6	7.1	7.7	7.8	7.8	7.9	7.9	不含隧道的照明、通风与空调等工程,不含掘进机、盾构施工的隧道
9	路基附属工程（不含附属土石方）	7.4	6.9	8.2	8.8	8.9	9.0	8.9	8.9	含区间线路防护栅栏、与路基同步施工的接触网支柱基础等
10	框架桥、公路桥、中小桥下部（含附属工程）、涵洞,轮渡,码头,一般生产房屋和附属、给排水、工务、站场、其他建筑物等建筑工程	7.2	6.7	8.2	8.9	9.2	9.2	9.3	9.3	含除大临土石方、大临轨道、临时电力、临时通信以外的大临工程,环保降噪声工程
11	铺轨、铺岔,架设其他混凝土梁、钢梁、钢管拱,钢结构站房（含站房综合楼）、钢结构雨棚、钢结构车库等	12.7	12.6	13.1	14.1	14.4	15.7	16.7	20.6	简支箱梁除外,包括轨道附属工程,线路备料及大临轨道;钢管拱包括钢管、钢管内混凝土、系杆、吊杆、梁及桥面板
12	铺砟	6.1	5.3	7.6	8.4	8.6	9.1	9.4	10.2	包括道床清筛、沉落整修、有砟轨道调整
13	无砟道床	16.3	13.4	21.4	23.8	25.5	25.6	25.9	26.3	包括道床过渡段
14	通信、信号、信息、灾害监测、电力、牵引变电、供电段、机务、车辆、动车的建筑工程,所有安装工程	10.9	11.0	11.2	12.0	12.1	12.3	12.5	13.0	含桥梁、隧道的照明工程,隧道通风与空调工程、临时电力、临时通信、管线路防护、管线迁改
15	接触网建筑工程	14.5	13.6	16.0	17.1	17.2	17.4	17.7	17.9	含不与路基同步施工的接触网支柱基础

7. 特殊施工增加费

特殊施工增加费，指在特殊地区及特殊施工环境下进行建筑安装工程施工时，所需增加的费用。

（1）风沙地区施工增加费，指在非固定沙漠或戈壁地区，月（或连续 30 d）平均风力达到四级以上（平均风速>5.5 m/s）的风季，在相应的风沙区段进行室外建筑安装工程时，由于受风沙影响应增加的费用，内容包括防风、防沙的措施费，材料费、人工、机械降效增加的费用，风力预警观测设施费用，以及风沙、风蚀的清理修复等费用。

本项费用以风沙区段范围内室外建筑安装工程的编制期人工费与施工机具使用费之和为基数，乘以风沙地区施工增加费费率 2.6%计算。

$$风沙地区施工增加费=\sum（编制期人工费+编制期施工机具使用费）\times2.6\%$$

大风高发月（或连续 30 d）平均风力达到四级以上（平均风速>5.5 m/s）且 1 h 极大风速大于 13.9 m/s 的风力累计 85 h 以上的风沙、大风地区，可根据调查资料另行分析计算本项费用。

（2）高原地区施工增加费，指设计线路高程在海拔 2 000 m 以上的高原地区施工时，由于人工和机械受气候、气压的影响而降低工作效率所增加的费用。

本项费用根据工程所在地的不同海拔高度，按下列算法计列。

$$高原地区施工增加费$$
$$=\sum 定额工天\times编制期综合工费单价\times高原地区工天定额增加幅度+$$
$$定额机械（仪器仪表）台班量\times编制期机械（仪器仪表）台班单价\times$$
$$高原地区机械台班定额增加幅度$$

高原地区施工定额增加幅度如表 8.12 所示。

表 8.12　高原地区施工定额增加幅度

海拔高度/m	增加幅度/%	
	工天定额	机械台班定额
2 000（含）～3 000（含）	12	20
3 000（含）～4 000（含）	22	34
4 000（含）～4 500（含）	33	54
4 500（含）～5 000（含）	40	60
5 000 以上	60	90

注：通过辅助坑道施工的隧道工程，按辅助坑道最高海拔确定高原地区施工定额增加幅度；海拔高度范围内的长大隧道（隧长>4 km），其高原地区施工定额增加幅度提高一个档别计算。

（3）原始森林地区施工增加费，指在原始森林地区进行新建或增建二线铁路施工，由于受环境影响，其路基土方工程应增加的费用。按其定额工天和机具台班量分别增加 30%计算，本项费用算法如下：

原始森林地区施工增加费

$$= \sum (路基土方工程的定额工天 \times 编制期综合工费单价 +$$
$$路基土方工程的定额机具台班量 \times 编制期机具台班单价) \times 30\%$$

（4）行车干扰施工增加费，指在不封锁的营业线上，在维持通车的情况下，或本线封锁施工，临线维持通车的情况下，进行建筑安装工程施工时，由于受行车影响造成局部停工或妨碍施工而降低工作效率等所需增加的费用。

① 行车干扰施工增加费的计费范围：

受行车干扰的计费范围见表 8.13。

表 8.13　行车干扰施工增加费计费范围

名称	受行车干扰范围	受行车干扰项目	包　括	不包括
路基	在行车线上或在行车线中心平距 12.5 m 及以内	填挖土方、填石方，地基处理工程	路基抬高落坡全部工程	
	在行车线的路堑内	开挖土石方的全部数量以及路堑内的挡土墙、护墙、护坡、侧沟、吊沟的全部砌筑工程数量		控制爆破开挖石方
	平面跨越行车线运土石方	跨越运输的全部土石方	隧道弃渣	
桥梁	在行车线上或在行车线中心平距 12.5 m 及以内	涵洞的主体圬工，桥梁工程的下部建筑主体圬工，桥梁架设、现浇	桥梁的锥体护坡及桥头填土	桥涵其他附属工程及桥面系等，框架桥、涵管的挖土、顶进，框架桥内、涵洞内的路面排水等工程
隧道及明洞	在行车线的隧道、明洞内	改扩建隧道或增设通风、照明设备的全部工程	明洞、棚洞的挖基及衬砌工程	明洞、棚洞拱上的回填及防水层、排水沟等
轨道	在行车线上或在行车线两侧中心平距± 2.5 m 及以内或在行车线的线间距 ≤12.5 m 的邻线上施工	全部数量	拆铺、改拨线路，更换钢轨、轨枕及线路整修作业	线路备料
电力牵引供电	在行车线上或在行车线两侧中心平距 12.5 m 及以内或在行车线的线间距 ≤12.5 m 的邻线上施工	在既有线上非封闭线路两侧中心平距 12.5 m 及以作业的全部工程和邻线未内或在行车线的线间距封锁而本封锁线路作业 ≤12.5 m 的邻线上施工的全部工程数量		封锁线路作业的项目（邻线未封锁的除外）；牵引变电及供电段的全部工程
其他室外建筑安装及拆除	在行车线上或在行车线中心平距 12.5 m 及以内	全部数量	靠行车线较近的基本站台、货物站台，天桥、跨线站房、灯桥、雨棚，地道的上下楼梯	站台土方不跨线取土

在未移交运营的线路上施工和在避难线、安全线、存车线及其他段管线上施工均不计列行车干扰施工增加费。

② 行车干扰施工增加费的计算：

行车干扰施工增加费包含施工期间人工、机械受行车影响降效增加的费用，因行车而做的整理和养护工作费用，以及在施工时为防护所需的信号工、电话工、看守工等的人工费用及防护用品的维修、摊销费用等。

本项费用，根据每昼夜的行车次数（以编制期铁路局运输部门的计划运行图为准，所有计划外的小运转、轨道车、补机、加点车的运行等均不计算），以及受行车干扰范围内的工程数量，按以下方法计算。

a. 土石方施工及跨股道运输的行车干扰施工增加费，不论施工方法如何，均按下列算法计列：

土石方施工及跨股道运输的行车干扰施工增加费
= 受施工干扰的工天 × 编制期综合工费单价 × 受干扰施工土石方数量 × 每昼夜行车次数 × 0.40%

土石方施工及跨股道运输计行车干扰的工天按表 8.14 所列的定额确定。

表 8.14　土石方施工及跨股道运输计行车干扰的工天定额

单位：工日/100 m³（天然密实体积）

序号	工作内容	土方	石方
1	仅挖、装（爆破石方仅为装）在行车干扰范围内	15.7	7.7
2	仅卸在行车干扰范围内	3.1	4.6
3	挖、装、卸（爆破石方为装、卸）均在行车干扰范围内	18.9	12.3
4	平面跨越行车线运输土石方，仅跨越股道或跨越双线、多线股道的第一股道	15.7	23.1
5	平面跨越行车线运输土石方，每增跨一股道	3.1	4.6

b. 接触网工程的行车干扰施工增加费按下列算法计列：

行车干扰施工增加费
= 受行车干扰范围内的工程数量 × （所对应定额的应计行车干扰的工天 × 编制期综合工费单价 + 所对应定额的应计行车干扰的施工机具台班量 × 编制期施工机具台班单价） × 每昼夜行车次数 × 0.48%

c. 其他工程的行车干扰施工增加费按下列算法计列：

行车干扰施工增加费
= 受行车干扰范围内的工程数量 × （所对应定额的应计行车干扰的工天 × 编制期综合工费单价 + 所对应定额的应计行车干扰的施工机具台班量 × 编制期施工机具台班单价） × 每昼夜行车次数 × 0.40%

d. 邻线或在列车速度大于 200 km/h 的营业线上施工时，原则上不考虑按行车间隔施工的方案。

（5）营业线封锁（天窗）施工增加费，指为确保营业线行车和施工安全，需封锁线路施工而造成的施工效率降低等所发生的费用。

根据相关规定及施工组织设计确定的需封锁线路施工或利用天窗时间施工的工程数量，以其编制期人工费和施工机具使用费之和为计算基数，乘以表 8.15 所列的工天与施工机具台班定额增加幅度计算。

表 8.15　营业线封锁（天窗）施工定额增加幅度

序号	工程类别	工天与施工机具台班的定额增加幅度/%
1	人力拆铺轨	340
2	机械拆铺轨	180
3	拆铺道岔	170
4	粒料道床	180
5	线路有关工程	120
6	接触网恒张力架线	130
7	接触网非恒张力架线	250
8	接触网其他工程	250
9	架设预应力混凝土 T 梁	150
10	架设预应力混凝土箱梁及其他上跨结构	100
11	其他工程	260

（6）特殊施工增加费的计算。

特殊施工增加费
= 风沙地区施工增加费+高原地区施工增加费+原始森林施工增加费+
行车干扰费+营业线封锁（天窗）施工增加费

8. 大型临时设施和过渡工程费

大型临时设施和过渡工程费，指施工企业为进行建筑安装工程费及维持既有线正常运营，根据施工组织设计确定所需的大型临时建筑和过渡工程修建及拆除恢复所发生的费用。

1）大型临时设施项目及费用内容

（1）大型临时设施（简称大临）：

① 铁路便线（含便桥、隧、涵），指通往临时场站、砂石（道砟）场的临时铁路线、架梁

岔线及场内铁路便线、机车转向用的三角线等，独立特大桥的吊机走行线，以及重点桥隧等工程专设的铁路运料便线等。

② 汽车运输便道（含便桥、隧、涵），指汽车运输干线、沿线纵向运输便道及通往重点土石方工点、桥梁、隧道、站房、取弃土石场、砂石（道砟）场、区间牵引变电所及临时场站等的引入线。

③ 运梁便道，指专为运架大型混凝土成品梁而修建的运输便道。

④ 临时给水设施，指为解决工程用水而铺设的给水干管路（管径 100 mm 及以上或长度 2 km 及以上）及隧道工程的水资源至山上蓄水池的给水管路，缺水地区临时蓄水站，井深 50 m 及以上的深水井等。

⑤ 临时电力线（供电电压在 6 kV 及以上），包括临时电力干线及通往隧道、特大桥、大桥和临时场站、砂石（道砟）场等的电力引入线。

⑥ 集中发电站、集中变电站（包括升压站和降压站）。

⑦ 临时通信基站，指在没有通信条件的边远山区、无人区等区域，设置的无线通信基站。

⑧ 临时场站，指根据施工组织设计需要确定的大型临时场站，包括材料场、填料集中加工站、混凝土集中拌和站、独立设置的混凝土构配件预制场、制（存）梁场（含提梁站）、钢梁拼装场（含提梁站）、掘进机拼装场、盾构泥水处理场、管片预制场、仰拱预制场、轨节拼装场、长钢轨焊接（存放）基地、换装站、道砟存储场、轨枕预制场、轨道板预制场等。

⑨ 隧道污水处理站，指根据特殊环保要求（如有水源保护区、高类别功能水域等保护要求）必须设置的隧道污水处理站。

⑩ 渡口、码头浮桥、吊桥、天桥、地道，指通行汽车为施工服务的设施。

（2）大临费用内容：

① 铁路便线，汽车运输便道，运梁便道，临时给水设施，临时电力线，临时通信基站，渡口、码头、浮桥、吊桥、天桥、地道等的工程费用及养护维修费用。

② 轨道板预制场、轨枕预制场、管片预制场的主体厂房工程费用。

③ 临时场站，集中发电站、集中变电站，隧道污水处理站等的场地土石方、地基处理、生产区硬化面、圬工、吨位不小于 10 t 且长度不小于 100 m 的龙门吊走行线等的工程费用。

④ 修建"大临"而发生的租用土地、青苗补偿、拆迁补偿、复垦及其他所有与土地有关的费用等。其中临时站场中应计列的所有与土地有关的费用列入第一章临时用地费用项下。

2）过渡工程

过渡工程，指由于改建既有线、增建第二线等工程施工，为了保持既有线（或车站）运营工作进行，尽可能地减少运输与施工之间的相互干扰和影响，从而对部分既有工程设施必须采取的施工过渡措施。

内容包括临时性便线、便桥、过渡性站场设施等及其相关的配套工程，以及由此引起的临时养护，租用土地、青苗补偿、拆迁补偿、复基及其他所有与土地有关的费用等。

3）大型临时设施和过渡工程费费用计算

大型临时设施和过渡工程费的计算，按国铁科法【2017】31 号《铁路基本建设工程设计概（预）算费用定额》执行。大型临时设施和过渡工程，应根据施工组织设计确定的项目、规模及工程量，采用定额按单项概（预）算计算程序计算或按类似指标计列。

大型临时设施和过渡工程，均应结合具体情况，充分考虑借用本建设项目正式工程的材料，以尽可能节约投资，其有关费用的计算要求如下：

（1）借用正式工程的材料。

① 钢轨、道岔计列一次铺设的施工损耗，钢轨扣配件、轨枕、电杆计列铺设和拆除各一次的施工损耗（拆除损耗与铺设同），便桥枕木垛所用的枕木，计列一次搭设的施工损耗。

② 该类材料一般应计列由材料堆存地点至使用地点和使用完毕由材料使用地点运至指定归还地点的运杂费。

③ 该类材料在设计概（预）算中一般不计使用费，材料工地搬运及损耗率按《铁路工程基本定额》执行。

（2）使用施工企业的工程器材。

使用施工企业的工程器材，按表 8.16 中所列的施工器材年使用费率计算使用费。

表 8.16　施工器材年使用费率

序号	材料名称	年使用率/%
1	钢轨、道岔	10
2	钢筋混凝土电杆	10
3	铁横担	10
4	铸铁管、钢管、万能杆件、钢铁构件	16
5	木质构件、油浸电杆	16
6	素材电杆、木横担	20
7	通信、信号及电力线材（不包括光缆、电杆及横担）	30
8	过渡工程用设备	25

注：① 不论按摊销或折旧计算，均一律按该列费率作为编制设计概（预）算的依据。其中通信、信号及电力线材的使用年限超过 3 年时，超过部分的年使用费率按 10% 计。困难山区使用的钢筋混凝土电杆，不论其使用年限多少，均按 100% 摊销。
　　② 光缆、接触网混凝土支柱不论其使用年限多少，均按 100% 摊销。
　　③ 计算单位为季度，不足一季度，按一季度计。

（3）利用旧道砟，除计运杂费外，还应计列必要的清筛费用。

（4）不能倒用的材料，如圬工用料、道砟（不能倒用时）等，计列全部价值。

（5）铁路便线的养护费计费定额：

为使铁路便线经常保持完好状态，其养护费按表 8.17 规定的标准计列。

表 8.17　铁路便线养护费定额

项　目	人　工	零星材料费	道砟/[立方米/（月·千米）]		
			3 个月以内	3～6 个月	6 个月以上
便线	32 工日/（月·千米）	—	20	10	5
便线中的便桥	11 工日/（月·百换算米）	1.25 元/（月·延长米）	—	—	—

注：① 人工费按概（预）算编制期 I 类综合工费单价计算。

②　便道长度不满 100 米者，按 100 米计；便桥长度不满 1 米者，按 1 米计；计算便线长度，不扣除道岔及便桥长度。

③　便桥换算长度的计算：钢梁桥 1 米=1 换算米；木便桥 1 米=1.5 换算米；圬工及钢筋混凝土梁桥 1 米=0.3 换算米。

④　养护的期限，根据施工组织设计确定，按月计算，不足 1 个月者，按 1 个月计。

⑤　道砟数量采用累计法计算（例：1 千米便线当其使用期为 1 年时，所需道砟数量 = 3×20+3×10+6×5=120 立方米）。

⑥　定额内包活冬季积雪清除和雨季养护等一切有关护费用。

⑦　通行工程列车或临管列车的便线，并需计列运费者，因运价中已包括了养护费用，不应另列养护费；运土、运料等临时便线，只计取送车费或机车、车辆租用费者，可计列养护费。

⑧　营业线上施工，为保证不间断行车而修建通行正式运营列车的便线，在未办理交接前，其养护费按照表列定额加倍计算。

（6）汽车便道养护费计费定额：

为使通行汽车运输便道经常保持完好的状态，其养护费按表 8.18 规定的标准计算。

表 8.18　汽车运输便道养护费定额

项　目		人工	碎石或粒料
		工日/（月·千米）	立方米/（月·千米）
土　路		15	—
粒料路（包括泥结碎石路面）	干　线	25	2.5
	引入线	15	1.5

注：① 人工费按概（预）算编制期 I 类综合工费单价计算

②　计算便道长度，不扣除便桥长度。不足 1 千米者，按 1 千米计。

③　养护的期限，根据施工组织设计确定，按月计算，不足 1 个月者，按 1 个月计。

④　定额内包括冬季积雪清除和雨季养护等一切有关养护内容。

⑤　便道中的便桥不另计养护费。

9. 间接费

间接费指施工企业为完成承包工程而组织施工生产和经营管理所发生的费用。

1）间接费用内容

间接费包括企业管理费、规费和利润。

（1）企业管理费，指建筑安装企业组织施工生产和经营管理所需的费用。内容包括：

① 管理人员工资，指管理人员的基本工资、津贴和补贴、辅助工资、职工福利费、劳动保护费等。

② 办公费，指管理办公用的文具、纸张、账表、印刷、邮电、书报、宣传、会议、水、电、煤（燃气）等费用。

③ 差旅交通费，指职工因公出差、调动工作的差旅费，助勤补助费，市内交通费和误餐补助费，职工探亲路费，劳动力招募费，职工退休、退职一次性路费，工伤人员就医路费以及管理部门使用的交通工具的油料、燃料及牌照费。

④ 固定资产使用费，指管理和试验部门及附属生产单位使用的属于固定资产的房屋、车辆、设备仪器等的折旧、大修、维修或租赁费。

⑤ 工具用具使用费，指不属于固定资产的生产工具、器具、家具、交通工具和检验、试验、测绘、消防用具等的购置、维修和摊销费。

⑥ 检验试验费，指施工企业按照规范和施工质量验收标准的要求，对建筑安装的设备、材料、构件和建筑物进行一般鉴定、检查所发生的费用，包括自设试验室进行试验所耗用的材料和化学药品费用等，以及根据需要由施工单位委外检验试验的费用。不包括应由研究试验费和科技三项费用支出的新结构、新材料的试验费；不包括由建设单位要求对具有出厂合格证明的材料进行试验，对构件破坏性试验及其他特殊要求检验试验的费用；不包括由建设单位委外检验试验的费用；不包括施工质量验收标准以外设计要求的检验试验费用。

⑦ 财产保险费，指施工管理用财产、车辆保险费用。

⑧ 税金，指企业交纳的房产税、车船税、土地使用税、印花税、城市维护建设税、教育费附加、地方教育附加等各项税费。

⑨ 施工单位进退场及工地转移费，指施工单位根据建设任务需要，派遣人员和机具设备从基地迁往工程所在地或从一个项目迁至另一个项目所发生的往返搬迁费用及施工队伍在同一建设项目内，因工程进展需要，在本建设项目内往返转移，以及劳动工人上、下路所发生的费用。包括：承担任务职工的调遣差旅费，调遣期间的工资，施工机械、工具、用具周转性材料及其他施工装备的搬运费用；施工队伍在转移期间所需支付的职工工资、差旅费、交通费、转移津贴等；劳动工人上、下路所需的车船费、途中食宿补贴及行李运费等。

⑩ 劳动保险费，指由企业支付离退休职工的易地安家补助费、职工退职金、6个月以上病假人员的工资以及支付给离休干部的各项经费等。

⑪ 工会经费，指企业按照职工工资总额计提的工会经费。

⑫ 职工教育经费，指企业为职工学习先进技术和提高文化水平，按职工工资总额计提的费用。

⑬ 财务费用，指企业为筹集资金而发生的各种费用，包括企业经营期间发生的短期贷款利息净支出，金融机构手续费、担保费，以及其他财务费用。

⑭ 工程排污费，指施工现场按规定缴纳的工程排污费用。

⑮ 其他，包括技术转让费、技术开发费、业务招待费、绿化费、广告费、公证费、法律顾问费、审计费、咨询费、无形资产推销费、投标费、企业定额测定费、企业信息化管理系统建设及使用费、工程验收配合费等。

（2）规费，指按政府和有关部门规定必须缴纳的社会保障费用（简称规费）。内容主要包括：

① 社会保险费，指企业按规定缴纳的基本养老保险费、失业保险费、基本医疗保险费、工伤保险费、生育保险费等。

② 住房公积金，指企业按规定缴纳的住房公积金。

（3）利润，指施工企业完成所承包的工程应获得的盈利。

2）间接费用计算

间接费以各类工程的基期人工费与基期的施工机具使用费之和为基数乘以表 8.19 所列间接费费率计算。

间接费＝（基期人工费＋基期施工机具使用费）×间接费费率

表 8.19　间接费费率

类别代号	工程类别	费率/%	附　注
1	人力施工土石方	47.4	包括人力拆除工程，绿化防护，各类工程中单独挖填的土石方，石方爆破工程
2	机械施工土石万	21.9	包括机械拆除工程，填级配碎石、砂砾石、渗水土、公路路基路面，各类工程中单独挖填的土石方、综合维修通道、大临土石方工程
3	汽车运输土石方采用定额"增运"部分	10.9	仅指区间路基土石方及站场土石方，包括隧道出渣洞外运输
4	特大桥、大桥下部建筑	26.4	含附属工程
5	预制混凝土梁	56.7	含各种桥梁桥面系、支座、梁横向连接和湿接缝
6	现浇混凝土梁	43.6	包括分段预制后拼接的混凝土梁
7	运架混凝土简支箱梁	29.9	
8	隧道、明洞、棚洞，自采砂石	33.9	不含隧道的照明、通风与空调等工程，不含大型机械化施工及掘进机、盾构施工的隧道
9	路基附属工程（不含附属土石方）	33.5	含区间线路防护栅栏，与路基同步施工的接触网支柱基础等
10	框架桥、公路桥、中小桥下部（含附属工程）、涵洞、轮渡码头，一般生产房屋和附属，给排水、工务、站场、其他建筑物等建筑工程	44.2	含除大临土石方、大临轨道、临时电力、临时通信以外的大临工程，环保降噪声工程
11	铺轨、铺岔，架设其他混凝土梁（简支箱梁除外）、钢梁、钢管拱、钢结构站房（含站房综合楼）、钢结构雨棚、钢结构车库等	89.5	包括轨道附属工程，线路备料及大临轨道；钢管拱包括钢管、钢管内混凝土、系杆、吊杆、梁及桥面板
12	铺砟	40.4	包括道床清筛、沉落整修、有砟轨道调整
13	无砟道床	67.1	包括道床过渡段

类别代号	工程类别	费率/%	附 注
14	通信、信号、信息、灾害监测、电力、牵引变电、供电段、机务、车辆、动车，所有安装工程	59.8	含桥梁、隧道的照明工程，隧道通风与空调工程、临时电力、临时通信、管线路防护、管线迁改
15	接触网建筑工程	59.4	含不与路基同步施工的接触网支柱基础

注：① 采用大型机械化施工开挖定额的隧道工程，间接费费率按25.9%，掘进机、盾构施工的隧道间接费费率另行分析计列。

② 过渡过程按表列同类正式工程的费率计列，大型临时设施按表列同类正式工程的费率乘以0.8的系数计列。

10. 税 金

税金指按照设计概（预）算构成及国家税法等有关规定计算的增值税额。

建筑安装工程费税金按下式计算：

$$税金=（基期人工费+基期材料费+基期施工机具使用费+价外运杂费+价差$$
$$+填料费+施工措施费+特殊施工增加费+间接费）×税率$$
$$=（直接费+间接费）×税率$$

建筑安装工程费税金的税率为11%。

8.4.2 设备购置费

设备购置费指购置的达到固定资产标准的设备、工器具、生产家具和虽低于固定资产标准，但属于设计明确列入设备清单的设备等所需的费用。购买计算机硬件设备时所附带的软件若不单独计价，其费用应随设备硬件一起列入设备购置费中。设备购置费包括设备费、设备运杂费和税金。

1. 设备费

设备费指根据设计确定的设备规格、型号、数量，按相应的设备原价计算的费用。

$$设备费=\sum 设备数量×设备原价$$

编制期设备费与基期设备费差额按设备费价差计列。

（1）设备原价，指标准设备的出厂价（含按专业标准要求的保证在运输过程中不受损失的一般包装费，及按产品设计规定配带的工具、附件和易损件的费用）或非标准设备的加工订货价（包括材料费、加工费及加工厂的管理费等）。

（2）基期设备原价的确定，基期设备原价的确定按《铁路工程建设设备费预算价格》执行，若《铁路工程建设设备预算价格》为含可抵扣进项税额的价格，则应以扣除可抵扣进项税额后的价格作为基期设备原价。

（3）编制期设备原价，采用不含可抵扣进项税额的价格。标准设备原价可根据生产厂家的出厂价及国家机电产品市场价格目录和设备信息价格等资料综合分析确定；非标准设备原价可按厂家加工订货等价格资料，并结合设备信息价格，经分析论证后确定。

2. 设备运杂费

设备运杂费指设备自生产厂家（来源地）运至施工安装地所发生的运输费、装卸费、手续费、采购及保管费等费用的总称。

$$设备运杂费=基期设备费×设备运杂费费率$$

设备运杂费费率：一般地区按 6.5%计列，新疆、西藏、青海按 8.4%计列。

3. 设备购置费税金

设备购置费税金按下式计算：

$$税金=（基期设备费+设备运杂费+设备费价差）×税率$$

设备购置费税金的税率为 11%。

8.4.3　其他费

其他费，指应由基本建设投资支付并列入建设项目投资内，除建筑安装工程费、设备购置费、基本预备费之外的有关静态投资费用。不包括政府有关部门对建设项目实施审批、核准或备案管理，委托专业服务机构等中介提供评估评审等服务所发生的费用。

1. 土地征（租）用及拆迁补偿费

土地征（租）用及拆迁补偿费，指按照《中华人民共和国土地管理法》等规定，为进行铁路建设所需的土地征（租）用及拆迁补偿等费用。

1）费用内容

（1）土地征用补偿费，指土地补偿费，安置补助费，必须缴纳或发生的失地农民保险，被征用土地地上附着物及青苗补偿费，征用城市郊区菜地缴纳的菜地开发建设基金，征用耕地缴纳的耕地开垦费，耕地占用税等。

（2）拆迁补偿费，指被征用土地上的房屋及附属构筑物、城市公共设施等迁建补偿费等，既有管线路迁改、改沟（渠、河），导流设施、消能设施、挑水坝修建及河道加固防护等所发生的补偿性费用，项目建设造成封井，农田、水利设施、水系损坏及房屋损坏修复费或补偿费。

（3）临时用地费，指取弃土（石）场（含隧道弃渣场）以及大型临时设施中的临时场站工程等的临时占地费用，包括租用土地、青苗补偿、拆迁补偿、复垦及其他所有与土地有关的费用等。

（4）征地拆迁工作经费，指在征地拆迁过程中，工程所在地有关部门配合征地拆迁工作所发生的相关人员的工作经费、资产评估费及土地登记管理费等。

（5）用地勘界费，指委托有资质的土地勘界机构对铁路建设用地界进行勘定所发生的费用。

（6）土地预审费，指铁路工程建设项目用地预审工作的组织协调、技术方案制定、组卷汇总、各级的材料核查初审及上报自然资源部等工作所需的费用。内容包括图件费、咨询费、听证费及差旅费等。

（7）森林植被恢复费，指为保护森林资源，促进我国林业可持续发展，按照《中华人民共和国森林法》和《中华人民共和国森林法实施条例》等规定缴纳的所征用林地的植被恢复费用。

（8）临时用地复垦方案报告编制费，指在铁路工程建设申请用地之前，依据土地开发整理相关规范和要求，对铁路工程临时用地复垦开展设计、提出具体工程措施，编制详细的土地复垦方案，计算土地复垦费用，编制临时用地复垦方案报告等所需的费用。

（9）压覆矿藏评估与补偿费，指按照有关规定，为了解铁路建设工程所在地区的矿产资源分布和开采情况，由建设单位组织对压覆矿藏进行评估与补偿所需的费用。

2）费用计列

（1）土地征用补偿费、拆迁补偿费、临时用地费等，应根据设计提出的建设用地面积和补偿动迁工程数量，按国家有关部门及工程所在地区的省（自治区、直辖市）政府有关规定和标准计列。

（2）征地拆迁工作经费、用地勘界费、土地预审费、森林植被恢复费、临时用地复垦方案报告编制费、压覆矿藏评估与补偿费等，按国家和工程所在地区的省（自治区、直辖市）政府有关规定计列。

2. 项目建设管理费

项目建设管理费，指项目建设单位从项目筹建之日起至办理竣工财务决算之日止发生的管理性质开支。包括：不在原单位发工资的工作人员工资及相关费用、办公费、办公场地租用费、差旅交通费、劳动保护费、工具用具使用费、固定资产使用费、招募生产工人费、技术图书资料费（含软件）、业务招待费、施工现场津贴、竣工验收费和其他管理性质开支。

本项费用以建设项目静态投资（不含项目建设管理费）价差预备费和建设期投资贷款利息总额扣除土地征（租）用及拆迁补偿费为基数，按表 8.20 所列费率采用累进法计算。项目建设管理费按上述方法计算确定后，再对因项目建设管理费计入概算而引起的相关章节费用变化做一次调整。

由多个建设单位承担的建设项目（代建除外），按各建设单位管理范围计算。

表 8.20 项目建设管理费费率

总概算/万元	费率/%	算例/万元	
		总概算	建设单位管理费
1 000 及以内	2.0	1 000	1 000×2.0%=20
1 001～5 000	1.5	5 000	20+（5 000－1 000）×1.5%=80
5 001～10 000	1.2	10 000	80+（10 000－5 000）×1.2%=140
10 001～50 000	1.0	50 000	140+（50 000－10 000）×1.0%=540
50 001～100 000	0.8	100 000	540+（100 000－50 000）×0.8%=940
100 000 以上	0.4	200 000	940+（200 000－100 000）×0.4%=1340

3. 建设单位印花税及其他税费

建设单位印花税及其他税费，指项目建设单位发生的各类与建设相关的合同印花税、资本金印花税、房产税、车船税、契税及按规定缴纳的其他税费等。

本项费用的计算按第一章～第十章费用总额扣除土地征（租）用及拆迁补偿费为基数，乘以 0.07% 的费率计列。

4. 建设项目前期费

建设项目前期费指建设项目在预可行性研究及可行性研究阶段，由建设单位组织进行项目论证评估、立项批复、申报核准等工作所发生的有关费用。主要包括可行性研究费、建设项目选址报告编制费、社会稳定风险评估报告编制费、环境影响报告编制与评估费、水土保持方案报告编制与评估费、节能评估报告书编制与评审费、洪水影响评价报告编制费、职业病危害预评价费、地质灾害危险性评估费、地震安全性评估费通航论证费、文物保护费等。

（1）可行性研究费，指编制项目建议书（或预可行性研究报告）、可行性研究报告（含初测）所需的费用。

（2）建设项目选址报告编制费，指按照国家有关规定，就项目规划选址报批编制建设项目选址意见书等所需的费用。

（3）社会稳定风险评估报告编制费，指按照国家有关规定，就项目建设方案建设用地及征地拆迁补偿，生态环境、文物保护以及对沿线生产生活的其他影响等编制社会稳定风险评估报告等所需的费用。

（4）环境影响报告编制与评估费，指按照有关规定编制建设项目环境影响报告，以及由建设单位组织的评估等所发生的费用。

（5）水土保持方案报告编制与评估费，指按照有关规定编制建设项目水土保持方案报告以及由建设单位组织的评估等所发生的费用。

（6）节能评估报告书编制与评审费，指根据国家有关规定，由国家发展和改革委核报国务院审批或核准以及由国家发展和改革委审批或核准的新建、改建铁路建设项目（含独立枢纽、大型客站等）的节能评估报告书的编制，以及由建设单位组织的评审等发生的费用。

（7）洪水影响评价报告编制费，指按照有关规定，就洪水对建设项目可能产生的影响和建设项目对防洪可能产生的影响做出评价，并编制洪水影响评价报告所需的费用。

（8）职业病危害预评价费，指建设项目因可能产生职业危害，而编制职业病危害预评价报告及由建设单位组织的报告评审所需的费用。

（9）地质灾害危险性评估费，指为避免和减轻地质灾害对铁路工程建设运营造成的损失，对建设项目所在地区的地质灾害危险性进行评估所需的费用。

（10）地震安全性评估费，指按照有关规定对建设项目进行地震安全性评估所需的费用。

（11）通航论证费，指根据有关规定，对修建的与通航有关的铁路工程设施进行安全论证和尺度论证等工作所需的费用。

（12）文物保护费，指按照有关规定，建设单位在进行大型基本建设工程前，请从事考古发掘的单位，在工程范围内有可能埋藏文物的地方进行考古调查、勘探，以及对受建设项目影响的文物进行原址保护、迁移、拆除所需的费用。

本项目费用按项目预可行性研究和可行性研究阶段的实际发生金额计列。

5. 施工监理费

施工监理费指由建设单位委托具有相应资质的单位,在铁路建设项目施工阶段实施监理的费用。

考虑设计概(预)算编制需要,制定了施工监理费的费用定额,本项费用的计算按照《铁路基本建设工程设计概(预)算费用定额》执行,工程实际发生的费用按国家有关规定实行市场调节价。

1)计算公式

$$施工监理费=计算基数×施工监理费费率×施工监理费复杂程度调整系数×$$
$$高程调整系数×工期调整系数$$

2)公式中有关因素

（1）计算基数

本项费用以总概算编制范围的第一章~第十章建筑安装工程费用总额为计算基数。

（2）施工监理费费率

施工监理费费率,根据总概算编制范围的第一章~第十章建筑安装工程费用总额,按表8.21所列费率采用直线内插法确定。

（3）施工监理费复杂程度调整系数

施工监理复杂调整系数根据工程特征,按表8.22所列系数选用。

表 8.21　施工监理费费率表

序号	第一~第十章建筑安装工程费用总额/万元	施工监理费费率/%
1	5 000	2.42
2	10 000	2.19
3	50 000	1.70
4	100 000	1.51
5	500 000	1.17
6	1 000 000	1.04

注:第一~第十章建筑安装工程费用总额大于1 000 000万元的,施工监理费费率按1.04%。

表 8.22　施工监理费复杂程度调整系数表

复杂程度等级	工程特征	施工监理复杂调整系数
I	新建 II、III、IV 级铁路	0.85
II	1. 新建时速200千米客货共线 2. 新建 I 级铁路 3. 货运专线 4. 独立特大桥 5. 独立隧道 6. 改扩建和技术改造铁路	新建双线 0.85 其他 1.0
III	1. 客运专线 2. 技术特别复杂的工程	0.95

（4）高程调整系数

施工监理费高程调整系数根据设计线路海拔高度，按表8.23所列系数选用。

（5）工期调整系数

施工监理费工期调整系数根据设计施工工期，按表8.24所列系数选用。

表 8.23　施工监理费高程调整系数表

序号	海拔高度/m	高程调整系数
1	2 000（含）以下	1.0
2	2 000（不含）～3 000（含）	1.1
3	3 000（不含）～3 500（含）	1.2
4	3 500（不含）～4 000（含）	1.3
5	4 000 以上	由发包人和监理人协商确定

表 8.24　施工监理费工期调整系数表

序号	设计施工工期/月	工期调整系数
1	≤60	0.8
2	61～72	0.9
3	73～84	1.0
4	85～96	1.1
5	≥97	1.2

6. 勘察设计费

1）勘察费

指勘察人根据发包人的委托，收集已有资料、现场踏勘、制定勘察纲要，进行测绘、勘探、取样、试验、测试、检测、监测等勘察作业，以及编制工程勘察文件和岩土工程设计文件等收取的费用。

本项费用按下列方法计算后，纳入设计概（预）算，工程实际发生的费用应按国家有关规定实行市场调节价。

（1）计算公式：

$$勘察费=（勘察费定额+七项费用定额）×实物工作量×勘察费附加调整系数×\\（1+主体勘察协调费系数）$$

（2）公式中有关因素：

① 勘察费定额。勘察费定额根据铁路工程勘察复杂程度，按表8.25所列定额采用直线内插法确定。

表 8.25　铁路工程勘察费定额表

建设项目类型	工作阶段	计费单位	勘察费定额/万元				
			勘察复杂程度				
			I	II	III	IV	V
新建单线非电气化铁路	初测	正线公里	2.46	3.16	4.64	6.30	8.50
	定测		3.00	3.86	5.66	8.67	11.67
	合计		5.46	7.02	10.30	14.97	20.17

注：① 铁路工程勘察复杂程度按表 8.26 的复杂程度划分，根据表 8.27 所列勘察因素的赋分值计算确定。

② 铁路工程全线复杂程度按里程加权平均确定。

③ 若可行性研究费中已经包含初测费用，则不应重复计算。

④ 施工图设计阶段的补充定测勘察费定额按定测勘察费定额的 0.6 倍计算。

⑤ 在铁路线路工程勘察正线千米范围内引起的其他铁路改建的工程勘察不再计算费用。

⑥ 正线长度在 30 km 以下的独立项目的勘察费定额按本表相应定额的 1.5 倍计算。

⑦ 枢纽内正线，1 km 以上的联络线（包括干线与干线、干线与支线、专用线之间的联络线）、环到线、环发线、疏解线，1 km 以上专用线的工程勘察费定额，按本表相应定额计列。

⑧ 本勘察费定额对应的基本钻探含量见表 8.28，相邻复杂程度之间的基本钻探含量采用直线内插法计算。超出表 8.28 钻探量的，或者需要做工程地质加深勘察，或者需要进行专项工程勘察的，由发包人与勘察人根据市场价格另行计算需增加的费用。

表 8.26　铁路工程勘察复杂程度表

复杂程度	I	II	III	IV	V
类别分值	4	10	15	20	≥25

注：复杂程度分值处于两档之间，采用直线内插法确定勘察复杂程度。

表 8.27　铁路工程勘察复杂程度赋分表

复杂程度 因素 分类	I		II		III		IV		V	
	因素	分值	因素	分值	因素	分值	因素	分值	因素	分值
地形	地形平坦或稍有坡度	1	地形起伏小，高差≤20 m 的丘陵地区	3	地形起伏大，高差≤80 m 的重丘地区	5	地形起伏变化大，高差≤150 m 的山区	7	地形起伏变化很大，高差>150 m 的山区	9
通视通行	地区开阔，通视良好；通行方便的平原或草原	1	高草、高农作物、树林、竹林隐蔽地区面积≤20%；有部分杂草和低农作物或高差较小的梯田地区	2	高草、高农作物、树林、竹林隐蔽地区面积≤40%；容易通过的沼泽水网、高差较大的梯田地区	4	高草、高农作物、树林、竹林隐蔽地区面积≤50%；沙漠、较难通行的水网、沼泽、较深的冲沟、石峰、石林及难于通行的岩石露头地区	6	高草、高农作物、树林、竹林隐蔽地区面积>50%；岭谷险峻、地形切割剧烈、攀登艰难的山区、很难通行的沼泽、密集的荆棘灌木丛林区	8

复杂程度	I		II		III		IV		V	
因素分类	因素	分值	因素	分值	因素	分值	因素	分值	因素	分值
地物	房屋、矿洞、地质勘察点（线）、沟坎、道路、水系、灌网及各种管线等面积≤5%	1	房屋、矿洞、地质勘察点（线）、沟坎、道路、水系、灌网及各种管线等面积≤10%	2	房屋、矿洞、地质勘察点（线）、沟坎、道路、水系、灌网及各种管线等面积≤25%	3	房屋、矿洞、地质勘察点（线）、沟坎、道路、水系、灌网及各种管线等面积≤40%	4	房屋、矿洞、地质勘察点（线）、沟坎、道路、水系、灌网及各种管线等面积>40%	5
工程地质	地质构造简单、地层岩性单	1	地质构造、地层岩性较简单，不良地质及特殊地质现象较少	3	地质构造、地层岩性较复杂，不良地质现象较发育，特殊地质现象较多	5	地质构造复杂、地层岩性变化大，不良地质现象发育，特殊地质现象多	7	地质构造很复杂、地层岩性种类繁多，变化复杂，不良地质、特殊地质现象规模大且复杂	9

表 8.28 铁路工程勘察基本钻探含量表

复杂程度	I	II	III	IV	V
初测/（米/正线公里）	27.0	36.0	45.0	54.0	63.0
定测/（米/正线公里）	37.8	50.4	63.0	79.4	93.4

② 七项费用定额。七项费用是指：办理铁路工程勘察相关许可，以及购买有关资料费；拆除障碍物，开挖以及修复地下管线费；修通至作业现场道路，接通电源、水源以及平整场地费；勘察材料以及加工费；水上作业船、排、平台以及水监费；勘察作业大型机具搬运费；青苗、树木以及水域养殖物赔偿费等。本项费用根据铁路工程勘察复杂程度，按表 8.29 所列定额采用内插法计算。

表 8.29 铁路工程勘察七项费用定额表

费用名称	工作阶段	计费单位	七项费用定额/万元				
			勘察复杂程度				
			I	II	III	IV	V
七项费用	初测	正线公里	0.56	0.88	1.22	1.66	2.20
	定测		1.16	1.42	1.76	2.38	2.68
	合计		1.72	2.30	2.98	4.04	4.88

③ 实物工作量。铁路工程勘察费的实物工作量为铁路线路长度，以正线公里计，但下列情况需特殊考虑。

a. 枢纽内的大站（包括编组站、工业站、含客技站的客站）的勘察费计算时，除其贯通正线按线路长度作为实物工作量外，另应增列大站长度 2 倍的实物工作量。

b. 枢纽内进出大站上、下行分开的疏解线，其实物工作量按照上、下行线路长度之和计算。其他方向引入正线，环到线、环发线、疏解线，1 km 以上联络线和专用线等在大站长度范围以内的部分，其实物工作量按照线路长度的 0.5 倍计算。

c. 枢纽内的勘察为独立复杂的技术设施，如机务段、车辆段、独立货场等，或者上述设施不在大站长度范围内的工程勘察，其实物工作量按基线长度的 1 ~ 2 倍计算。

d. 单独委托勘察的铁路特大桥、长隧道的工程勘察费由发包人与勘察人根据市场价格另行计算。

④ 勘察费附加调整系数。勘察费附加调整系数是对工程勘察的自然条件、作业内容和复杂程度差异进行调整的系数。附加调整系数为两个或者两个以上的，附加调整系数不能连乘。将各附加调整系数相加，减去附加调整系数的个数，加上定值 1，作为附加调整系数值。铁路工程勘察费附加调整系数包括气温附加调整系数、高程附加调整系数、铁路专业附加调整系数。

a. 气温附加调整系数。在气温（以当地气象台、站的气象报告为准）≥35 ℃ 或者 ≤10 ℃ 条件下进行勘察作业时，气温附加调整系数为 1.2。

b. 高程附加调整系数。在海拔超过 2 000 m 地区进行工程勘察作业时，高程附加调整系数见表 8.30。

表 8.30　铁路工程勘察费高程附加调整系数表

序号	海拔高度/m	高程附加调整系数
1	2 000（含）以下	1.0
2	2 000（不含）~ 3 000（含）	1.1
3	3 000（不含）~ 3 500（含）	1.2
4	3 500（不含）~ 4 000（含）	1.3
5	4 000 以上	由发包人和勘察人协商确定

（3）铁路专业附加调整系数表，表 8.31。

表 8.31　铁路专业附加调整系数表

序号	项　目	铁路专业附加调整系数	备　注
1	一次勘察	0.80	按初、定测勘察费定额之和计算费用
2	$v<160$ km/h 新建电气化单线铁路	1.05	
3	$v<160$ km/h 新建双线非电气化单线铁路	1.10	
4	$v<160$ km/h 新建双线电气化单线铁路	1.15	
5	160 km/h $\leq v \leq$ 200 km/h 铁路	1.30	不再考虑双线系数

序号	项　目	铁路专业附加调整系数	备　注
6	200 km/h≤v≤250 km/h 铁路	初测：1.40 定测：1.54	不再考虑其他铁路专业附加调整系数
7	300 km/h≤v≤350 km/h 铁路	初测：1.60 定测：1.74	不再考虑其他铁路专业附加调整系数
8	非电气化铁路增建第二线	1.00	
9	既有线(含电气化铁路)技术改造	0.60~0.90	根据项目的实际情况，由发包人和勘察人协商确定本系数的取值
10	电气化铁路增二线	1.05	
11	既有线技术改造并电化	0.80~1.05	根据项目的实际情况，由发包人和勘察人协商确定本系数的取值
12	既有线现状电化	0.70	
13	永久砟场专用线	1.00	

⑤ 主体勘察协调费系数。铁路建设项目工程勘察由两个或者两个以上勘察人承担的，可根据需要计算主体勘察协调费。主体勘察协调费系数按不超过 5%计列。

2）设计费

设计费是指设计人根据发包人的委托，提供编制建设项目初步设计文件施工图设计文件等服务所收取的费用。

考虑设计概（预）算编制需要，制定了勘察设计费的费用定额。勘察设计费的计算按《铁路基本建设工程设计概（预）算费用定额》执行，工程实际发生的费用应按国家有关规定实行市场调节价。

铁路工程设计费采用按照工程概算投资额分档定额计费方法计算。

（1）计算公式：

$$设计费=计算基数×设计费费率×设计复杂程度调整系数×$$
$$设计费附加调整系数×（1+其他设计费系数）$$

（2）公式中有关因素：

① 计算基数。以建设项目初步设计概算第二章~第十章费用总额为计算基数。

② 设计费费率。根据建设项目初步设计概算第二章~第十章费用总额，按表 8.32 所列费率采用直线内插法确定。

表 8.32　设计费费率表

序号	建设项目初步设计概算第二章~第十章费用总额/万元	设计费费率/%
1	5 000	1.18
2	10 000	1.10
3	50 000	0.92

序号	建设项目初步设计概算第二章～第十章费用总额/万元	设计费费率/%
4	100 000	0.86
5	500 000	0.73
6	1 000 000	0.68
7	2 000 000	0.58

注：① 建设项目初步设计概算第二章～第十章费用总额大于 2 000 000 万元的，设计费费率按 0.58%计列。

② 设计费费率中，初步设计费占比为 45%，施工图设计费占比为 55%。

③ 设计复杂程度调整系数。设计复杂调整系数根据工程特征，按表 8.33 所列系数选用。

表 8.33　设计复杂程度调整系数表

复杂程度等级	工程特征	设计复杂调整系数
Ⅰ级	新建单线铁路	0.85
Ⅱ级	1. 新建时速 200 km 及以下双线铁路； 2. 改扩建和技术改造铁路	1.10
Ⅲ级	1. 时速 200 km 以上双线铁路； 2. 技术特别复杂的工程	1.15

④ 设计费附加调整系数。根据铁路建设工程的设计速度目标值，设计费附加调整系数如下：

$v \leqslant 200$ km/h 铁路：1.00；

200 km/h$<v \leqslant 250$ km/h 铁路：1.11；

300 km/h$\leqslant v \leqslant 350$ km/h 铁路：1.22。

⑤ 其他设计费系数。根据工程设计实际需要或者发包人要求所发生的总体设计费、主体设计协调费等其他设计费，按不超过 5%的系数计算。

7. 设计文件审查费

设计文件审查费指为保证铁路工程勘察设计工作质量，由建设单位组织有关专家或委托有资质的单位，对设计单位提交的建设项目预可行性研究（项目建议书）、可行性研究、初步设计、Ⅰ类变更设计及调整概算文件进行审查（核）所需要的相关费用。

考虑设计概（预）算编制需要，制定了设计文件审查费的费用定额。本项费用从建筑安装工程费为基数，按表 8.34 所列费率计算后，纳入设计概（预）算，工程实际发生的费用应按国家有关规定实行市场调节价。

表 8.34　设计文件审查费费率

建设项目投资总额/亿元	10 及以下	50	200	500	1 000 及以上
费率/%	0.22	0.16	0.09	0.06	0.03

注：① 建设项目设计审查费应根据建设项目投资总额，采用直线内插法确定费率，并以建设项目投资总额对应的建筑安装工程费为基数计算。

② 根据设计复杂程度，计算本项费用时乘以设计复杂程度调整系数，见表 8.33。

8. 其他咨询服务费

其他咨询服务费，指由建设单位委托具有相应资质的单位，在铁路项目建设过程中实施咨询服务的相关费用，包括招标咨询费、勘察监理与咨询费、设备（材料）采购监造费、施工图审查（核）费、第三方审价费、环境保护专项监理费、水土保持监测费、无砟轨道铺设条件评估费环境保护和水土保持设施验收报告编制费、职业病危害控制效果评价费、第三方检测费、计算机软件开发与购置费等。

（1）招标咨询费，指具有相应资质的单位接受建设单位委托，提供代理工程、货物、服务招标，编制招标文件、最高投标限价，审查投标人资格，组织投标人踏勘现场并答疑，组织开标、评标、定标，以及提供招标前期咨询，协调合同的签订等服务收取的费用。

（2）勘察监理与咨询费，指具有相应资质的单位接受建设单位委托，在铁路建设项目勘察阶段，对勘察工作中的相关规程、规范和勘察合同的符合性进行检查，对工程地质、水文地质、物探、钻探、原位测试、室内试验的全过程进行监理等工作所收取的费用。

（3）设备（材料）采购监造费，指具有相应资质的单位接受建设单位委托，按照有关法规和价格，对铁路建设工程中出现的新材料新设备（或非标材料、非标设备）制造过程的质量实施监督服务所发生的费用。

（4）施工图审查（核）费，指具有相应资质的单位接受建设单位委托，按照有关法律、法规、规范、标准，对施工图涉及公共利益、公共安全和工程建设强制性标准进行审查，对施工图的图纸及施工图预算等进行审核所发生的费用。

（5）第三方审价费，指具有相应资质的单位接受建设单位委托，对铁路建设项目的征地拆迁、岩溶处理、材料价差等进行专项审价所发生的费用。

（6）环境保护专项监理费，指为控制铁路工程施工阶段的环境污染和生态破坏，由建设单位委托具有工程环境监理资质的单位对铁路工程施工进行环境监测检查、监理所发生的费用。

（7）水土保持监测费，指有水土流失防治任务的铁路建设项目，按照有关规定设立专项监测点对水土流失状况进行监测，并定期向项目所在地县级监测管理机构报告监测成果所需的费用。

（8）无砟轨道铺设条件评估费，指根据铁路建设需要，在无砟轨道铺设之前，受建设单位委托的评估单位对观测数据抽检、检查，建立沉降变形观测数据库，对观测数据及无砟轨道铺设条件进行评估等所需要的费用。

（9）环境保护和水土保持设施验收报告编制费，指在铁路建设工程验收之前，对工程中的环境保护设施、水土保持设施进行验收报告编制所需的费用。

（10）职业病危害控制效果评价费，指对建设项目的职业病危害控制效果进行评价，编制评价报告及由建设单位组织的报告评审所需的费用。

（11）第三方检测费，指为保证工程质量，由建设单位委托具有相应资质的单位对根据要求必须进行第三方检测的工程项目进行检测所需的费用。

（12）计算机软件开发与购置费，指购买计算机硬件所附带的单独计价的软件，或需另行开发与购置的软件所需的费用。不包括项目建设、设计、施工监理、咨询工作所需软件。

本项费用按第一章～第十章费用总额扣除土地征（租）用及拆迁补偿费为基数，乘以0.5%的费率计算后，纳入设计概（预）算，工程实际发生的费用应按国家有关规定实行市场调节价。

9. 营业线施工配合费

营业线施工配合费，指施工单位在营业线上或邻近营业线进行建筑安装工程施工时，需要运营单位在施工期间参加配合工作所发生的费用（含运营单位安全监督检查费用）。

营业线施工配合费情况较复杂，编制设计概（预）算时，可按不同工程类别的计算范围，以编制期人工费与编制期施工机具使用费之和为基数，乘以表8.35费率计列。

表 8.35　营业线施工配合费费率表

工程类别	费率/%	计算范围
一、路基		
1. 石方爆破	4.1	在铁路线路路堤坡脚、路堑坡顶、铁路桥梁外侧起向外各1000 m范围内，以及在铁路隧道上方中心线两侧各1000 m范围内
2. 邻近营业线路基工程	1.3	距离铁路路堤坡脚、路堑坡顶、设备或设施外缘，向外延伸20 m范围，含涵洞配合费
3. 营业线路基工程	1.7	路基改建工程（不含土方的运输）
二、桥涵		
1. 邻近营业线桥梁（含上跨营业线）	3.9	距离铁路路堤坡脚、路堑坡顶、设备或设施外缘，向外延伸20 m范围
2. 营业线桥涵改建	4.8	桥涵改建工程
3. 顶进框架桥、顶进涵洞	2.5	包括主体预制、工作坑、引道及框架桥、涵洞的路面，排水工程
三、隧道及明洞		
1. 邻近营业线隧道	4.4	距离铁路路堤坡脚、路堑坡顶、设备或设施外缘，向外延伸20 m范围，及距离洞口1000 m范围内的爆破工程
2. 营业线隧道改建	5.0	隧道改建工程
四、轨道		
1. 邻近营业线轨道（包括有砟轨道、无砟轨道）	3.1	距离铁路路堤坡脚、路堑坡顶、设备或设施外缘，向外延伸20 m范围
2. 邻近营业线铺道岔	5.6	
3. 营业线铺轨	5.3	轨道改建工程
4. 营业线铺道岔	7.9	
5. 营业线铺道床	3.6	
五、通信（含信息、灾害监测）		
1. 邻近营业线	4.8	距离铁路路堤坡脚、路堑坡顶、设备或设施外缘，向外延伸 20 m范围内建安工程
2. 营业线	5.4	改建建安工程

工程类别	费率/%	计算范围
六、信号		
1. 邻近营业线	22.0	距离铁路路堤坡脚、路堑坡顶、设备或设施外缘，向外延伸 20 m 范围内建安工程
2. 营业线	25.0	改建建安工程
七、电力		
1. 邻近营业线	4.6	距离铁路路堤坡脚、路堑坡顶、设备或设施外缘，向外延伸 20 m 范围内建安工程
2. 营业线	5.2	改建建安工程
八、接触网		
1. 邻近营业线	5.5	距离铁路路堤坡脚、路堑坡顶、设备或设施外缘，向外延伸 20 m 范围内建安工程
2. 营业线	6.2	改建建安工程
九、牵引变电所		
1. 邻近营业线	4.1	距离铁路路堤坡脚、路堑坡顶、设备或设施外缘，向外延 20 m 范围内建安工程
2. 营业线	4.6	改建建安工程
十、给排水		
1. 邻近营业线	2.1	距离铁路路堤坡脚、路堑坡顶、设备或设施外缘，向外延伸 20 m 范围内建安工程
2. 营业线	2.3	改建建安工程
十一、站场		
1. 邻近营业线	8.7	距离铁路路堤坡脚、路堑坡顶、设备或设施外缘，向外延伸 20 m 范围内建安工程
2. 营业线	9.9	改建建安工程

注：本表费率为参考费率，供设计概（预）算编制时参考使用。具体设计概（预）算编制时，设计单位应调查并综合考虑相关铁路运营企业的规定以及市场在资源配置中的作用。

10. 安全生产费

安全生产费，指施工企业按照规定标准提取在成本中列支、专门用于完善和改进施工企业安全生产条件的资金。铁路工程安全生产费使用范围见表 8.36。按费率计算部分，以建筑安装工程费的 2.0%计列。表 8.36 中安全生产项目在设计概（预）算其他部分中不应再重复计列相关费用。

表 8.36 安全生产费使用范围表

一、完善、改造和维护安全防护设施设备支出（不含"三同时"要求初期投入的安全设施）
1."洞口"（楼梯口、电梯井口、预留洞口、通道口等）、"临边"（未安装栏杆的平台临边、无外架防护的层面临边，升降口临边、基坑沟槽临边、上下斜道临边等）、挖井、挖孔、沉井、泥浆池等防护防滑设施
2. 施工场地安全围挡设施
3. 施工供配电及用电安全防护设施（漏电保护、接地保护、触电保护等装置，变压器、配电盘周边防护设施，电器防爆设施，防水电缆及备用电源等）
4. 各类机电设备安全装置
5. 隧道及孔洞开挖过程中有毒有害气体监测、通风设备设施，隧道内粉尘监测设备设施
6. 地质灾害监控防护设备设施
7. 防火、防爆、防尘、防毒、防雷、防台风等设备设施及备品
8. 机械设备（起重机械、提升设备、锅炉、压力器、压缩机等）上的各种保护、保险装置及安全防护措施
9. 爆破及交叉作业（穿越村镇、公路、河流、地下管线进行施工运输等作业）所增设的防护、隔离、拦挡等防护措施
10. 高处作业中防止物体、人员坠落设置的安全带、棚、护栏等防护设施
11. 防治边帮滑坡设备
12. 各种安全警示、警告标志
13. 航道临时防护及航标设置等
14. 安全防护通信设备
15. 其他临时安全防护设备、设施
二、配备、维护、保养应急救援器材、设备支出和应急演练支出
1. 应急电源、照明、通风、抽水、提升设备及锹镐铲、千斤顶等
2. 防洪、防坍塌、防山体落石、防自然灾害等物资设备
3. 急救药箱及器材
4. 应急救援设备、器械（包括救援车等）
5. 救生衣、圈、船等，船只靠帮设备
6. 各种消防设备和器材
7. 安全应急救援及预案演练
8. 其他救援器材、设备
三、开展重大危险源和事故隐患评估、监控和整改支出[含临近既有线或建（构）筑物施工所产生的影响等]
1. 超前地质预报（不含Ⅰ级风险隧道中极高风险段落的加强超前地质预报：超前钻孔、加深炮孔、地震波反射法物理探测），重大危险源评估、监控费用
2. 水上及高空作业评估、整改

3. 危险源辨识与评估（高路堑开挖、深基坑开挖、瓦斯隧道、既有线隧道评估等）
4. 邻近既有线或建（构）筑物施工危险源和事故隐患评估、监控和整改支出
5. 重大事故隐患评估、整改支出
6. 应急预案措施投入
7. 自然灾害预警费用
8. 爆炸物运输、储存、使用时安全监控、防护费用及安全检查与评估费用
9. 施工便桥安全检测评估费用
10. 其他重大危险源、重大事故隐患的评估、整改、监控支出
四、安全生产检查、评价（不包括新建、改建、扩建项目安全评价）、咨询和标准化建设支出
1. 聘请专家参与安全检查、评价和咨询费用
2. 各级安全生产检查、督导与评价费
3. 安全生产标准化建设费用
五、配备和更新现场作业人员的安全防护用品
配备现场作业人员的安全防护用品
更新现场作业人员的安全防护用品
六、安全生产宣传、教育、培训支出
1. 购置编印安全生产书籍、刊物、影像资料等
2. 举办安全生产展览和知识竞赛活动，设立陈列室、教育室等
3. 召开安全生产专题会议等
4. 专职安检人员、生产管理人员安全生产专业培训等
5. 全员安全及特种（专项）作业安全技能培训等
6. 各种安全生产宣传支出
7. 其他安全教育培训费用
七、安全生产适用的新技术、新标准、新工艺、新装备的推广应用支出
1. 各种安全设施及特种设备检测检验支出
各种安全设备设施的检测、检查费
2. 特种机设备、压力容器、避雷设施等检查检测费
九、其他与安全生产直接相关的支出
1. 特种作业人员（从事高空、井下、尘毒作业的人员及炊管人员等）体检费用
2. 办理安全施工许可证
3. 办公、生活区的防腐、防毒、防四害、防触电、防煤气、防火患等支出
4. 安全员有关的费用支出
5. 其他

注：① Ⅰ级风险隧道中极高风险段落的超前钻孔、加深炮孔、地震波反射法物理探测的加强超前地质预报费用按相关定额另计，列入第十一章安全生产费项下。

② 本表所列使用范围均指保障施工企业安全生产的支出，保障施工企业之外的其他安全性支出，需按设计的保障措施另计费用，列入相关正式工程章节中。

11. 研究试验费

研究试验费指为建设项目提供或验证设计数据、资料等所进行的必要的研究试验，以及按照设计规定在施工中必须进行的试验、验证所需的费用。不包括：

（1）应由科技三项费用（即新产品试制费、中间试验费和重要科学研究补助费）开支的项目。

（2）应由检验试验费开支的施工企业对建筑材料、设备、构件和建筑物等进行一般鉴定、检查所发生的费用及技术革新的研究试验费。

（3）应由勘察设计费开支的项目。

本费用应根据设计提出的研究试验内容和要求，经建设主管单位批准后按有关规定计列。

12. 联调联试等有关费用

联调联试等有关费用包括静态检测费、联调联试费、安全评估费、运行试验费及综合检测列车高级修费用等。本项费用按有关部门的规定计列。

13. 利用外资有关费用

利用外资有关费用指铁路基本建设项目利用国外贷款（用于土建工程或采购材料和设备）时，发生的有关附加费用。工程实际发生的费用应按国家有关规定实行市场调节价。

（1）附加支出费，指外资项目通过招标方式采购材料、设备，引进技术和服务，所需支出的关费用。

① 手续费，由于贷款方不同，所发生的手续费也不同。目前主要有国内代理银行手续费、建设期国外贷款转贷手续费、采购代理人手续费以及商检费。不同货款方发生的手续费计列定额如下：

a. 国内代理银行手续费：根据商务部有关文件规定，国内代理银行为办理进口业务而收取手续费，以贷款总额按现汇率折合人民币后的0.1%计列。

b. 建设期国外贷款转贷手续费：根据转贷协议规定，国内转贷银行收取的转贷手续费，以评估报告的建设期内已提取未偿还部分的贷款额，按有关费用定额计算。

c. 采购代理人手续费：根据商务部有关文件规定，作为采购代理人的进出口公司，为进行国家招标、合同签约、执行等业务所收取的费用，以材料、设备中标数额，按现行汇率折合人民币后为计算基数，乘以下列费率计算。

材料、设备中标数额500万美元以下部分：1.0%。

材料设备中标数额500万美元以上部分：0.5%。

d. 商检费：根据国家规定，进口材料、设备，抵达中国口岸、工地后，商检部门进行商检所发生的费用，原则上以进口材料、设备费用，按现行汇率折合人民币后的0.2%计列。

为简化概（预）算编制，设计阶段手续费以外资贷款总额按现行汇率折合人民币后的1.5%计列，实施阶段应按有关合同约定计算。

② 港杂费，指进口材料和设备海（空）运到达我国指定的口岸起，至港口车站装车前止，所发生的既不属于海（空）运费，又不属于国内运杂费的有关费用。本项费用原则上应按交通

部有关规定以及采购合同的运货条件计算。为简化概（预）算编制，在设计阶段，无论利用外资采购材料设备是国内或国外中标，均以外资采购费用按现行汇率折合人民币后为计算基数，设备按 0.4%计列，材料按 1.4%计列，实施阶段应按有关合同约定计算。

③ 国内运杂费，指由港口存货地点运往工地发生的运费、过路费、装卸费、工地保管费等。本项费用按国内采购材料设备运杂费的计算方法计列。

④ 汇兑损益，指因采用不同的汇率而产生的会计记账本位币金额的差异。项目利用外资完成后，本项费用按初验完成之日的汇率折算，与实际支付人民币的差值计列。

⑤ 利用外资管理其他费，指对外资项目进行管理所发生的费用，内容包括：项目预评估与评估费、标书编译及评标费、竣工报告及后评价费等。本项费用以利用外资贷款总额按现行汇率折合人民币后的 0.13%计列。利用国外贷款实施的土建工程，另以外资土建工程建筑工程费总额的 0.10%计列建设单位利用外资管理费。

（2）利用外资可行性研究报告编译费，指编制、翻译和评估项目利用外资可行性研究报告所需的费用。本项费用以利用外资贷款总额按现行汇率折合人民币后的 0.05%计列。

（3）外资设计概（预）算编制费。指承担利用国外贷款项目设计任务的设计单位，完成各阶段外资概（预）算编制所发生的费用。本项费用以利用外资贷款总额按现行汇率折合人民币后的 0.05%计列。

（4）征地拆迁和移民安置实施计划编译费，指按照国外贷款机构的要求，对外资项目征地拆迁和移民安置进行社会调查、建立信息管理系统和实施计划编译等工作所发生的费用。当国外贷款机构有此要求时，以本项目利用外资贷款总额按现行汇率折合人民币后的 0.05% ~ 0.10%计列。

（5）征地拆迁和移民安置监控费，指按照国外贷款机构的要求，对外资项目征地拆迁和移民安置进行监控所发生的费用。当国外贷款机构有此要求时，本项费用根据建设期年限，按 1 210 元/（年· 正线公里）计列。

外部监控的内容包括：对移民安置总量 5%的基底调查，每半年一次的现场调查，移民安置监控报告和后评估报告的编译，陪同国外贷款机构检查，参加谈判等。

内部监控的内容包括：每半年编制一份工程进度和移民安置进展情况的报告，配合外部监控单位开展工作，配合国外贷款机构检查等。

（6）环境监控费，指按照国外贷款机构的要求，在外资项目实施过程中对周围环境的影响进行监控所发生的费用。当国外贷款机构有此要求时，本项费用根据建设期年限按照铁路正线长度计算，400 km 以内按 1 210 元/（年· 正线公里）计列，1 000 km 以上按 605 元/（年· 正线公里）计列，400 ~ 1 000 km 按内插法计列。

（7）环境影响评价报告编译费，指按照国外贷款机构的要求，对外资项目进行环境影响评价报告编译工作所发生的费用。本项费用以本项目环境影响报告编制与评估费的 40%计列。

（8）引进技术和进口设备项目的其他费用，指由于利用国外贷款，在执行贷款协议或贷款合同时所发生的有关费用。本项费用根据贷款协议或贷款合同的要求，分人民币支付和外币支付两部分计列。

（9）进口关税及增值税，指利用国外贷款采购的材料、设备，应交纳的进口关税及增值税。

$$进口关税及增值税=进口货物到岸价格\times[A+（1+A）\times B]\times C$$

式中：A 为进口关税税率；B 为增值税税率；C 为现行汇率。

（10）国外贷款承诺费，指国外贷款协议生效后，其货款余额部分（即未提取部分）必须按其要求支付贷款方一定数额的承诺费。当国外贷款机构有此要求时，本项费用根据评估报告的支付进度及建设期各年度贷款余额，按有关费率计列。

（11）国外贷款项目启动费，指国外贷款机构收取的项目启动费，一般从贷款本金中直接扣取。当国外贷款机构有此要求时，本项费用以利用外资贷款总额按现行汇率折合人民币后计算基数，按有关费率计列。

（12）社会影响评估报告编译费，指根据国外贷款机构的规定，有关单位对外资项目进行社会影响评估报告编译工作所发生的费用。

（13）少数民族发展计划编译费，指根据国外贷款机构的规定，有关单位对外资项目进行少数民族发展计刘编译工作所发生的费用。

（14）生物多样性研究报告编译费，指根据国外贷款机构的规定，有关单位对外资项目进行生物多样性研究报告编译工作所发生的费用。

14. 生产准备费

1）生产职工培训费

生产职工培训费指新建和改扩建铁路工程，在交验投产以前对运营部门生产职工培训所必需的费用。内容包括：培训人员的工资、津贴和补贴、职工福利费、差旅交通费、劳动保护费、培训及教学实习费等。生产职工培训费按照表 8.37 所列定额计算。

表 8.37　生产职工培训费定额　　　　　　　单位：元/正线公里

铁路类型		非电气化铁路	电气化铁路
设计速度>200 km/h 铁路		—	17 000
设计速度≤200 km/h 铁路	新建单线	7 500	11 200
	新建双线	11 300	16 000
	增建第二线	5 000	6 400
	既有线增建电气化	—	3 200

注：独立建设项目的站房、动车段、专用线、车站改造等项目的生产职工培训费按 1 400 元/定员计列。其中新建项目按照设计定员计算，改建项目按新增定员计算。

2）办公和生活家具购置费

办公和生活家具购置费指为保证新建、改扩建项目初期正常生产、使用和管理，所必须购置的办公和生活家具、用具的费用。范围包括：行政、生产部门的办公室、会议室、资料档案室、文娱室、食堂、浴室、单身宿舍、行车公寓等的家具用具。不包括应由企业管理费、奖励基金或行政开支的改扩建项目所需的办公和生活家具购置费。本项费用的计算按表 8.38 所列定额计算。

表 8.38 办公和生活家居购置费定额　　　　　　单位：元/正线公里

铁路类型		非电气化铁路	电气化铁路
设计速度>200 km/h 铁路		—	11 000
设计速度 ≤200 km/h 铁路	新建单线	6 000	7 000
	新建双线	9 000	10 000
	增建第二线	3 500	4 000
	既有线增建电气化	—	2 000

注：独立建设项目的站房、动车段、专用线、车站改造等项目的办公和生活家居购置费按 800 元/定员计列。其中新建项目按照设计定员计算，改建项目按新增定员计算。

3）工器具及生产家具购置费

工器具及生产家具购置费指新建、改建项目和扩建项目的新建车间验交后为满足初期正常运营必须购置的第一套不构成固定资产的设备、仪器、仪表、工卡模具器具、工作台（框、架、柜）等的费用。不包括：构成固定资产的设备工器具和备品、备件。已列入设备购置费中的专用工具和备品、备件。本项费用按表 8.39 所规定的标准计列。

表 8.39　工器具及生产家具购置费定额　　　　　　单位：元/正线公里

铁路类型		非电气化铁路	电气化铁路
设计速度>200 km/h 铁路		—	22 000
设计速度 ≤200 km/h 铁路	新建单线	12 000	14 000
	新建双线	18 000	20 000
	增建第二线	7 000	8 000
	既有线增电气化	—	4 000

注：独立建设项目的站房、动车段、专用线、车站改造等项目的工器具及生产家具购置费按 1 000 元/定员计列，其中新建项目按设计定员计算，改建项目按新增定员计算。

15. 其　他

其他指以上费用之外，按国家、相关部委及工程所在省（自治区、直辖市）规定应纳入设计概（预）算的费用，或在设计阶段无法准确核定的特殊工程处理措施估算费用，以及铁路专利专有技术等知识产权使用费。

8.4.4　基本预备费

1. 概　念

铁路工程基本预备费属于静态投资部分，是指为建设阶段各种不可预见因素的发生而预留的可能增加的费用。

2. 主要用途

（1）在进行设计和施工过程中，在批准的初步设计范围，必须增加的工程和按规定需要增加的费用。本项费用不含工程变更设计增加的费用。

（2）在建设过程中，未投保工程遭受一般自然灾害所造成的损失和为预防自然灾害所采取的措施费用，及为了规避风险而投保全部或部分工程的建筑、安装工程一切险和第三者责任险的费用。

（3）验收委员会（或小组）为鉴定工程质量，必须开挖和修复隐蔽工程的费用。

（4）由于设计变更所引起的废弃工程，但不包括施工质量不符合设计要求而造成的返工费用和废弃工程。

（5）征地、拆迁的价差。

3. 基本预备费的计费标准

本项费用以第一章~第十一章费用总额为基数，乘以5%的费率计列。

8.4.5 动态投资及其他

1. 价差预备费

价差预备费指为正确反映铁路基本建设工程项目的概（预）算总额，在设计概（预）算编制年度到项目建设竣工的整个期限内，因形成工程造价诸因素的正常变动（如材料、设备价格的上涨，人工费及其他有关费用标准的调整等），导致必须对该建设项目所需的总投资额进行合理的核定和调整而需预留的费用。本项费用应根据建设项目施工组织设计安排，以其分年度投资额及不同年限，按国家有关部门公布的工程造价年上涨指数计算。计算公式：

$$E = \sum_{n=1}^{N} F_n [(1+p)^{c+n} - 1]$$

式中　E——价差预备费；

　　　N——施工总工期（年）；

　　　F_n——施工期第 n 年的分年度投资额；

　　　c——编制年至开工年年限（年）；

　　　n——开工年至结（决）算年年限（年）；

　　　p——工程造价年增长率。

2. 建设期投资贷款利息

建设期本项费用指建设项目中分年度使用国内贷款，在建设期应归还的贷款利息。

（1）利用国内贷款的建设期投资贷款利息计算公式：

$$建设期国内投资贷款利息 = \sum（年初利息贷款本金累计+$$
$$本年度付息贷款额 \div 2）\times 年利率$$

（2）利用国外贷款的建设期投资贷款利息，以评估报告确定的建设期限为准，按评估报告采用的利率及折算系数，采用以下公式计算：

$$建设期国外投资贷款利息=\sum（上半年累计贷款额本金+本年度贷款额×折算系数）×贷款利率×现行汇率$$

3. 机车车辆（动车组）购置费

机车车辆（动车组）购置费指根据铁路机车、客车投资有偿占用有关办法的规定，在新建铁路、增建二线和电气化改造等基建大中型项目总概（预）算中计列按初期运量所需新增机车车辆的购置费。本项费用按设计确定的初期运量所需新增机车车辆（动车组）的型号、数量及编制期机车车辆（动车组）购置价格计算。

4. 铺底流动资金

铺底流动资金指为保证新建铁路项目投产初期正常运营所需流动资金有可靠来源，而计列本项费用。主要用于购买原材料、燃料、动力，支付职工工资和其他有关费用。

本项费用按下列定额计算：

设计速度>200 km/h 新建铁路：16.0 万元/正线公里。

设计速度≤200 km/h 新建双线铁路：12.0 万元/正线公里。

设计速度≤200 km/h 新建单线 I 级铁路：8.0 万元/正线公里。

设计速度≤200 km/h 新建单线 II 级铁路：6.0 万元/正线公里。

新建单线 I 级铁路：6.0 万元/正线公里。

新建单线 II 级铁路：4.5 万元/正线公里。

如初期运量较小，上述指标可酌情核减。

既有线改扩建、增建二线以及电气化改造工程等不计列铺底流动资金。

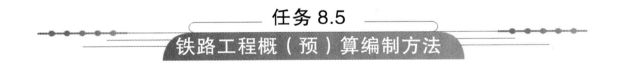

任务 8.5
铁路工程概（预）算编制方法

8.5.1 概（预）算编制的基本方法

单项概（预）算是以各项工程类别和一些重大特殊工程为单位进行编制的，它是计算组合总概（预）算的最基本单元。单项概（预）算的编制一般采用两种方法，即地区单价分析法和调整系数法。地区单价分析法内容细致，项目具体，条件符合实际，计算比较正确，便于基层开展核算，因此是编制概（预）算常用的方法；调整系数法虽然计算时工作量小一些，出成果较快，但内容项目比较粗，与实际出入较大，不便于基层开展核算，一般只作为编制概（预）算和比较方案时采用。

1. 地区单价分析法

1）地区定额单价分析

（1）根据汇总工程量内的工作项目，查阅有关的定额。

（2）从定额中查得的工、料、机单位定额数量乘以该建设项目所分析出的工、料、机地区单价，即可算出该项目的地区定额单价及重量（利用单价分析表分析）。

（3）将全部工作项目的地区定额单价分析成果，填入"单价汇总表"以便编制单项（分项）概（预）算时查用，加快编制速度。

2）计算人工、材料、机械台班数量

（1）根据汇总工程量中的工作项目，查单项定额得数工、料、机的定额数量。

（2）用工作项目工程量分别乘以相应的工、料、机的定额数量，即得出该工作项目所需的人工工天、消耗材料数量及使用机械台班数量。

（3）将各工作项目的人工工天、材料数量及使用机械台班数量分别相加就可求出该单项工程所需的总劳力，各种材料消耗数量及各种机械使用的台班数量（利用工、料、机数量表计算）。

计算工、料、机数量，其作用就是：为分析平均运杂费，提供各种材料所占运量的比重；为计算各种备用机械台班，提供台班数量；为编制施工计划，进行基层核算提供可靠依据。

3）运杂费单价分析

（1）根据材料供应计划和运输线路，确定外来材料和各种当地材料的运输方法、运距以及各种运输方法的联运关系，并在此基础上计算全运输过程每吨材料的运杂费单价。

（2）根据工、料、机数量计算表中材料质量，并据以分析各类材料运输质量比重。

（3）将各类材料的每吨全程运杂费单价分别乘以相对应的材料质量比重，然后汇总其价值，即为每吨材料的平均运杂费单价。

2. 调整系数法

用调整系数法编制单项（分项）概（预）算，其方法和地区单价分析方法基本相同，所不同之处是调整系数法不进行单价分析，而直接采用定额基价编制单项（分项）概（预）算，算出工、料、机费用结果后用一个系数进行调整，此系数即为调整系数。

求算调整系数主要有两种方法。

1）用工、料、机费用分析法计算调整系数

用"地区单价分析法"，分析计算出人工、消耗材料及施工机具台班的总数量，分别乘以地区价中的人工单价、各种材料单价及各种施工机具台班单价，加总后或求出地区总价值；分别乘以地区采用基价中的人工单价、各种材料单价及各种施工机具台班单价，加总后求出基价总价值，地区总价值（设计价）与基价总价值之比即为调整系数。

调整系数=地区总价值/基价总价值

（1）核算工程数量：核算方法同单价分析法。

（2）按定额基价及工程数量计算各工程项目的合价，加总求出单项（分项）工程的工、料、机总费用。

（3）计算工、料、机数量：统计出该单项（分项）工程的人工、各种材料、各种机械台班的总数量。

（4）用对比系数法求调整系数：用工、料、机数量表中统计的各级人工、各种材料、各种机械台班，分别乘以定额基价及工程所在地的单价，计算出合价，各自加总，求出按定额基价及工程所在地单价（地区价、设计价）的工、料、机总费用，后者与前者之比即为调整系数。

（5）用调整系数乘以按定额基价计算的工料机总费用，即为工程所在地该单项（分项）工程工、料、机总费用。

（6）以下按单价分析法的步骤继续完成平均运杂费单价的分析、计算运杂费、其他直接费等单项（分项）工程应计算的费用。

2）价差系数调整方法

价差系数调整法是编制综合概（预）算的另一种方法。其单项（分项）概（预）算的编制，是利用定额基价（如2014年基期年价格水平）乘以工程数量，得出整个单项工程的工料机总费用，然后计算运杂费、其他直接费、现场经费、间接费、计划利润、税金等，列入各章。由基期年度至概（预）算编制年度所发生的价差（尤其是材料价差），则应根据有关部门每年制定、发布的不同地区、不同工程类别的价差系数，在各章、各工程类别工料机费用的基础上计算，这种方法是铁路工程概（预）算普遍采用的方法。

8.5.2 概（预）算的价差调整与其他要求

1. 价差调整

1）价差调整的概念

设计概（预）算价差调整是指基期至设计概（预）算编制期对价格所做的合理调整，由设计单位在编制概（预）算时，按概（预）算编制办法列出的价差调整方法计算，列入单项概（预）算。

2）价差调整的方法

以人工费、材料费、施工机具使用费、设备费等主要项目基期至设计概（预）算编制期价差调整为例说明。

（1）人工费价差调整方法：

按定额统计的人工消耗量（不包括施工机具台班中的人工）乘以编制期综合工费单价与基期综合工费单价的差额计算。

（2）材料费价差调整方法：

① 水、电价差（不包括施工机具台班消耗的水、电），按定额统计的消耗量乘以编制期价格与基期价格之间的差额计算。

② 水泥、木材、钢材、砖、瓦、砂、石、石灰、粉煤灰、风沙路基防护用稻草（芦苇）、

黏土、花草苗木、土工材料、钢轨、道盆、轨枕、钢轨扣件（混凝土枕用）、钢梁、钢管拱、斜拉索、桥梁高强螺栓、钢筋混凝土梁、铁路桥梁支座、桥梁防水卷材、桥梁防水涂料、钢筋混凝土预制桩、隧道防水板、火工品、电杆、铁塔、机柱、接触网支柱、接触网及电力线材、光电缆线、给水排水管材、钢制防护栅栏网片等材料的价差，按定额统计的消耗量乘以编制期价格与基期价格之差计算。

③ 上述材料以外的辅助材料价差以基期辅助材料费（定额辅助材料消耗量乘以基期价格）为计算基数，按有关部门发布的辅助材料价差系数调整，调整公式如下：

$$辅助材料价差=基期辅助材料费×（辅助材料价差系数-1）$$

（3）施工机具使用费价差调整方法：

按定额统计的施工机械台班及施工仪器仪表台班消耗量，乘以相对应的编制期台班单价与基期台班单价的差额计算。

（4）设备费的价差调整方法：

编制设计概（预）算时，以《铁路工程建设设备预算价格》中的设备原价作为基期设备原价。编制期设备原价由设计单位按照国家或主管部门发布的信息价和生产厂家的编制期出厂价分析确定。基期至编制期设备原价的差额，按价差处理，不计取设备运杂费。

2. 计算工程数量应注意的事项

（1）计算前，应熟悉设计文件、资料及有关规范，弄清设计标准、规格，按图计算。

（2）熟悉定额的内容及应用方法，注意计量单位及包括的工作内容等。

（3）了解有关文件、规定及协议。

（4）设计断面以外并为施工规范所允许的工程数量，应计算在内。

（5）由于地质、地形、地貌以及设计阶段等原因，常出现设计与实际不符情况，计算前应核对。

（6）由于沉落、涨余、压缩而引起的数量变化，应按规范和合同予以计列。

（7）由于施工原因，不可避免而造成的数量增加应予考虑，如给排水工程破坏路基、道砟等。

（8）由于客观原因造成的特殊情况处理所增数量应按规范和合同予以计算，如隧道的坍方、超挖、溶洞等。

（9）有关术语的含义要符合规定，如桥长、桥梁延长米、桥梁单延米、涵渠横延米，正、站线建筑长度与铺轨长度等。

（10）工程数量计列范围要符合规定，如桥、路分界及桥、隧、路分界的相应工程，平交道的土石方应列入路基附属，而铺砌应列入轨道工程。

（11）铺轨的工程数量按设计图示每股道的中心线长度（不含道盆）计算。

（12）铺道盆的工程数量按设计图示数量计算；铺道砟的工程数量按设计断面尺寸计算。

3. 概、预算编制计算精度

1）人工、材料、施工机具台班单价

单价的单位为"元"，取 2 位小数，第 3 位四舍五入。

2）定额（补充）单价分析

单价和合价的单位为"元"，取 2 位小数，第 3 位四舍五入；单重和合重的单位为"t"，单重取 6 位小数，第 7 位四舍五入，合重取 3 位小数，第 4 位四舍五入。

3）运杂费单价分析

汽车运价率的单位为"元/吨公里"，取 3 位小数，第 4 位四舍五入；大车运价率的单位及运价率按《铁路货物运价规则》执行；装卸费单价单位为"元"、取 2 位小数，第 3 位四舍五入；综合运价单位为"元/吨"，取 2 位小数，第 3 位四舍五入。

4）单项概（预）算

单价和合价的单位为"元"，单价取 2 位小数，第 3 位四舍五入，合价取整数。

5）材料重量

材料单量和合重的单位为"t"，均取 3 位小数，第 4 位四舍五入。

6）人工、材料、施工机具台班数量统计

按定额中的单位，均取 2 位小数，第 3 位四舍五入。

7）综合概（预）算

概（预）算价值和指标的单位为"元"，概（预）算价值取整，土石方指标取 2 位小数，第 3 位四舍五入，其他指标取整。

8）总概（预）算

概（预）算价值和指标的单位为"万元"，均取整；费用比例的单位为"%"，取 2 位小数，应检算是否闭合。

9）工程数量

（1）计量单位为"m³""m²""m"的，取 2 位，第 3 位四舍五入。
（2）计量单位为"千米（公里）"的，轨道工程取 5 位，第 6 位四舍五入；其他工程取 3 位，第 4 位四舍五入。
（3）计量单位为"吨（t）"的，取 3 位，第 4 位四舍五入。
（4）计量单位为"个、处、组、座或其他可以明示的自然计量单位"取整。

8.5.3 概（预）算编制的内容及要求

1. 拆迁及征地费用

一般以总承包单位或独立工程段（标段）担负的施工范围进行编制。

1）改移道路

改移道路的费用指对既有道路进行改移、改建、平顺等引起的有关工程费用，含下穿铁路立交桥（涵）内道路及两端的引道。包括市政道路，含为确保既有道路交通及施工与运营安全所修建的过渡工程。

2）立交桥综合排水

立交桥综合排水指为满足立交桥排水要求修建的工程，包括排水泵房屋、排水设施。

3）砍伐及挖根

砍伐及挖根按棵计算，指修建铁路正式工程所发生的砍伐、挖根或移栽。若土地征用补偿费中已含此费用，则不计列。

4）改河（沟渠）

改河（沟渠）的费用指因修建铁路正式工程而对原有河道、沟渠进行平顺、改移、防护等所发生的有关费用。其费用根据设计的工程数量（包括土石方、路面、桥涵、挡墙以及其他有关工程和费用）进行定额单价分析编列。

5）迁移通信、电力线路

迁移通信、电力线路的费用指对既有通信线路、电力线路进行改移、改建等引起的有关费用。其费用按设计数量和分析单价或有关单位提出的预算资料进行编列，但对拆迁补偿费中已含此费用的则不计列。

6）其　他

其他的费用包括管线路防护、隔声窗、既有建筑物拆除后的垃圾清运等费用。

2. 路　基

路基工程一般以总承包单位或独立工程段（标段）担负的施工范围和根据基层核算要求，分别编列各段的区间路基土石方、站场土石方、路基附属工程等项目，并分别编制单项概（预）算。

1）区间路基土石方、站场土石方

区间路基土石方、站场土石方的编制首先根据填料类别分类，分为土方、AB组填料、石方、渗水土、改良土、级配碎石（砂砾石），又分为清除表土、挖淤泥和挖多年冻土，其后按土石方调配所确定的施工方法、运输距离等条件进行编制，如按挖土弃方、挖土利用方、利用土填方、借土填方等计列，因各种费用费率不同，所以必须分别编列。

区间路基土石方、站场土石方包括路堑、填筑路堤（含过渡段），挖除池沼淤泥、多年冻土等。桥头锥体土石方、桥台台后缺口土石方不包括在本项目内，应列入第三章的桥涵项目中。

路桥分界处，不设置路桥过渡段时，桥台台后缺口填筑属桥梁范围，设置路桥过渡段时，台后过渡段属路基范围。

2）路基、站场路基附属工程

路基、站场路基附属工程包括区间和站场内的附属工程及涵洞（顶进除外）地基处理工程。

（1）支挡结构。

支挡结构包括抗滑桩、桩板挡土墙、锚杆挡土墙、锚定板挡土墙、加筋土挡土墙、土钉、预应力锚索、预应力锚索桩等特殊形式的支挡结构，其费用列入独立的项目；其余重力式挡土墙、扶壁式挡土墙、悬臂式挡土墙等一般形式的支挡结构按圬工类别划分，其费用分别列入其他挡土墙。其他挡土墙又分为挡土墙浆砌石、挡土墙片石混凝土、挡土墙混凝土、挡土墙钢筋混凝土、挡土墙喷混凝土、挡土墙栏杆六个项目计划；土钉墙含边坡加固锚杆，不含挂网、喷混凝土及锚杆挡土墙中的锚杆；预应力锚索包括预应力锚索、预应力锚索桩、预应力锚索柱板挡土墙形式中的预应力锚索。

（2）地基处理。

地基处理包括涵洞地基处理，分别按基底填筑（垫层）、水泥（混凝土）置换桩、打入（沉入）桩、其他桩（井）（袋装砂井、砂井、碎石柱、石灰柱）、基底夯（压）实（强夯、夯实及碾压）及其他地基处理方式（真空预压、堆载预压、塑料排水板）六种不同的施工方法确定项目，其费用按设计圬工类型，分别计算工程数量，然后进行定额单价分析编列。

（3）平（坡）面防护。

平（坡）面防护分别按喷射混凝土、喷射水泥砂浆、绿色防护（绿化）、风沙路基防护、高强金属柔性防护网、土工合成材料不同的施工方法确定项目，其费用按设计圬工类型，分别计算工程数量，然后进行定额单价分析编列。

（4）其他。

路基、站场路基附属工程有护坡及冲刷防护[除取弃土（石）场处理和沟渠外的所有混凝土及砌体]、取弃土（石）场处理（包括干砌石、浆石、混凝土、钢筋混凝土、绿化等）、沟渠（包括干砌石、浆砌石、混凝土、钢筋混凝土等）、地下排水设施[包括混凝土管、钢筋混凝土管、聚氯乙烯（UPVC管）、铁铸管、渗沟等]、地下洞穴处理[包括钻孔、灌注浆（砂）、填筑等]、路基地段相关工程（包括路基地段护轮轨、路基地段电缆槽和接触网支柱基础）、土石方、线路防护栅栏（包括路基段、桥梁段、隧道段防护栅栏）以及其他路基附属（平交道路面、基床表层隔水层、保湿层、检查井、路肩封闭等），其费用按设计工程数量，进行定额单价分析编制。

3. 桥　涵

桥涵工程按特大桥、大桥、中小桥、框架桥、涵洞，按座编列单项工程概预算。

（1）特大桥中分复杂特大桥和一般特大桥，复杂特大桥指基础水深在 10 m 以上、墩高 50 m 以上，或有跨度 100 m 以上梁的桥梁，或有特殊结构的桥梁。

（2）桥梁工程分为下部工程、上部工程、附属工程和施工辅助设施。

① 下部工程。

桥梁下部工程按类型和施工方法不同分为基础和墩台。基础包括明挖基础、承台、沉井基础、挖孔桩基础、钻孔柱基础、沉入柱基础、管柱基础和挖井基础；墩台分混凝土、钢筋和浆砌石计列，其费用按设计工程数量，进行定额单价分析编制。

② 上部工程。

上部工程因桥跨种类和施工方法繁多，分类项目较多，主要有预应力混凝土简支箱梁、预应力混凝土 T 梁、预应力混凝土连续梁、钢桁梁（钢桁拱）、钢板梁、钢混凝土结合梁、斜拉桥、钢管拱、道岔梁、其他特殊梁、支座及桥面系（包括围栏、吊篮、防护网、避车台、桥梁检修设备走行轨、检查梯、铁蹬、护栅、通信、信号、电力支架、挡砟墙、竖墙、防撞墙、挡块、遮板、栏杆、人行道板及纵向盖板、电缆槽及盖板、护轮轨、地震区防止落梁设施、涂装等）。其费用按设计工程数量，进行定额单价分析编制。

③ 附属工程。

附属工程包括锥体填筑及护坡、边坡开挖与防护、不设置路桥过渡段的桥台后缺口填筑、桥头搭板、加固与防护、取弃土（石）场处理等项目，其费用按设计工程数量，进行定额单价分析编制。

④ 施工辅助设施。

施工辅助设施包括筑岛（堤），土、石堰，木板柱围堰，钢板柱围堰，混凝土及钢筋混凝土围堰、钢围堰、套箱围堰等，围堰下水滑道，栈桥，缆索吊，工作平台等。

（3）框架桥。

新建框架桥按明挖和顶进两种施工方法编制。明挖包括框架桥身及附属、明挖基础（含承台）和地基处理三个项目；顶进包括既有线加固及防护、框架桥身及附属、地基处理三项。

改建框架桥按框架桥身接长及附属、明挖基础（含承台）、地基处理和拆除分为四项。其费用按设计工程数量，进行定额单价分析编制。

（4）涵洞。

新建涵洞分为圆涵、拱涵、盖板箱涵、矩形涵、框架涵、肋板涵、倒虹吸管、渡槽八个项目，改建涵洞分为接长、局部加固、拆除砌体圬工三个项目。其费用按设计工程数量，进行定额单价分析编制。

4. 隧道及明洞

隧道及明洞均以座编列。

隧道单项概预算分别按正洞、明洞及棚洞、辅助坑道、洞门、附属工程分别编制，然后再汇总成一个隧道单项概（预）算。

（1）新建工程正洞分为钻爆法、掘进机、盾构法施工方法，按不同围岩级别又分为开挖、衬砌、支护、拱顶压浆四个工程细目。明洞及棚洞分为开挖、衬砌、拱顶回填三个细目。辅助坑道分为平行导坑、斜井、横洞、竖井、横通道、泄水洞六个细目。附属工程分为洞口防护、地表加固、隧道内地基及洞穴处理、洞口绿化、弃渣场处理、相关工程、隧道涌水处理及其他附属工程八个细目。其费用按设计工程数量，进行定额单价分析编制。

（2）改建工程有开挖、衬砌、支护、凿除混凝土及砌体、衬砌背后压浆、漏水处理、洞门、隧道附属工程八个项目，其各细目可参照新建工程。其费用按设计工程数量，进行定额单价分析编制。

5. 轨　道

轨道工程按正线、站线、线路有关工程编制单项概预算。

（1）正线。

① 新建线分为铺新轨、铺旧轨、铺道床三个项目。

铺新轨、铺旧轨包括铺轨、铺枕及安装防爬支撑、防爬器、调节器、轨距杆、轨撑等。又分为木枕、钢筋混凝土枕、钢筋混凝土桥枕、钢筋混凝土宽枕、无砟道床地段铺轨、无枕地段铺轨和过渡地段铺轨等细目，按不同轨型和枕型计。

铺道床分粒料道床、无砟道床道床过渡段、混凝土宽枕道床，按不同的粒料类型和道床类型结构分列细目。

② 改建正线按不同轨型、枕型分为线路和道床计列。

（2）站线。

新建站线除铺新轨、铺旧轨、铺道床外，增加铺新、旧道岔项目，包括铺岔、铺岔枕、无缝线路接头焊接、胶接绝缘接头及安装防爬支撑、防爬器、轨距杆和转辙器等，按轨型、岔型、枕型、速度值细目分别计列。

改建站线同样除按不同轨型、枕型分为线路和道床计列外，又增加了道岔项目，按轨型、岔型、枕型、速度值计列道岔拆除、重铺、起落和拨移分别计列。

（3）线路有关工程。

线路有关工程分为线路附属工程、线路备料、CPⅢ测设三个项目。

线路附属工程包括区间和站内平交道口铺砌（不包括平交道口土石方和路面），平交道口及防护设施，车挡，各种线路、信号标志（标牌），扳道器，钢轨脱鞋器。线路备料分为道岔备料和轨道备料两个细目计列。

8.5.4　概（预）算的编制步骤

1. 编制程序

1）制定编制原则，确定基础资料

（1）确定工料机及运杂费单价。

（2）确定各类费用计算费率和标准。

（3）补充分析定额单价。

（4）计算地区基价表。

（5）编写编制说明与要求。

2）编制单项概（预）算

3）编制综合概（预）算

填写综合概（预）算表，计算第十章大型临时设施及过渡工程费，第十一章其他费用，第十二章基本预备费，汇总静态投资；计算第十三章价差预备费，第十四章建设期投资贷款利息，汇总动态投资；计算第十五章机车车辆购置费；第十六章铺底流动资金；汇总全部工料机数量，填写工料机汇总表。

4）编制总概（预）算表，编写说明书

2. 单项（分项）概（预）算的编制

1）编制单元

大单元：单独的工程类别如区间路基土石方、大桥、中桥等，或规定要单独编制单项概（预）算的独立工点。

小单元："章节表"上最小的工程子项。如路基土石方中的人力施工、机械施工等。

2）基期工料机费（定额基价）的计算方法

可采用地区单价编制法，也可采用调整系数法。

3）工程数量的整理与归纳

统一计量单位；划分工作细目；补充应计费项目。

4）补充定额，做单价分析表

指定额不配套或缺项时的补充需随概（预）算一并送审。

5）填制单项概预算表

（1）取出"建筑工程单项概（预）算表"，按规定填好表头。

（2）根据工程项目、划分工作细目，选套定额编号、名称、单位、单价、单位重。把"工、料、机数量计算表"中的定额编号，工程项目，单位工程数量分别填入"建筑工程单项概（预）算表"相应项目内。

（3）把各工程项目的"定额分析"单价、质量（重量）分别填入"单项概（预）算表"中单价和单位重栏内。

（4）用工程数量乘以工、料、机单价（基价）及单位质量（重量）即可求出工、料、机合价及合重；如采用调整系数法，则填写"调整系数计算表"求算调整系数、调整工料机费用小计。

（5）把单项概（预）算表中各工程项目的合价及合计重累加，即可得出定额直接费用及材料总重。

（6）计算价外运杂费。

① 综合平均运杂费单价计算法：

$$价外运杂费=工程材料总质量（t）×综合平均运杂费单价（元/t）$$

② 单项平均运杂费单价计算法：

$$价外运杂费=\sum[某种（或类）材料总质量（t）×$$
$$该种（或类）材料平均运杂费单价（元/t）]$$

③ 综合费率计算法：对一些难以估算质量的材料和设备采用。

（7）计算人工费、材料费及施工机具使用费价差。

（8）汇总价差费用。

（9）计算填料费。

（10）汇总直接工程费。

（11）计算施工措施费。

（12）计算特殊施工增加费。

（13）汇总本单元的单项概（预）算价值，求算综合指标。

（14）把若干小单元的单项概（预）算总价汇总为大单元单项概（预）算总价。

思考题

8.1 简述投资进程与投资测算体系的关系。

8.2 简述概算和预算的区别与联系。

8.3 概（预）算文件和费用的组成内容有哪些?

8.4 简述铁路建筑安装工程费单项概（预）算计算程序。

项目 9

铁路线路大修工程预算编制

线路设备大修工程预算主要是针对本单位负责维修的线路情况、设备性能和可作业时间等，结合本单位具体条件及采用的施工方法、施工计划、安全施工措施，进行线路设备大修工程施工成本核算工作。

任务 9.1
线路设备大修预算定额应用

铁路线路设备大修工程预算定额没有统一的标准，是各铁路局集团有限公司根据大修施工作业条件（施工能力、技术水平、施工组织设备条件、行车速度与行车密度以及施工给点等情况），按照《铁路线路修理规则》线路大修的工作内容，汇总分析施工单位实际用工情况，本着平均简明、实用的原则进行制定的。

线路大修工程预算定额分为综合作业定额、分项作业定额和单项作业定额三大类。为了加深对大修定额的认识和理解，在此基于某铁路局的《线路大修工程预定定额》，给出定额应用的示例。

任务 9.2
线路设备大修预算费用计算

9.2.1 线路大修预算费用组成与计算

预算费用由直接工程费、间接费、其他工程费勘测设计费、预备费等组成，具体见图 9.1。

1. 直接工程费

由直接用于各项工程的直接费和其他直接费组成直接费包括人工费、材料费、运杂费和机械使用费。

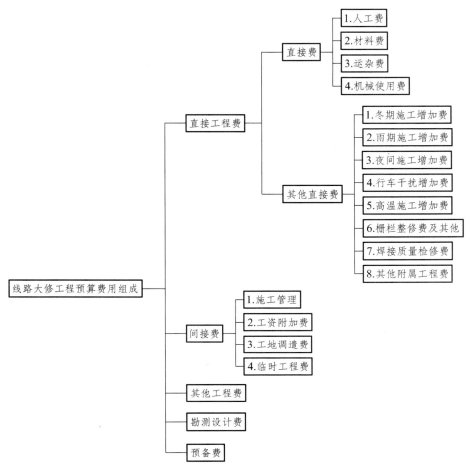

图 9.1　线路大修工程费用项目组成

1）人工费

人工费指从事线路大修施工的生产工人开支的各项工资性费用。包括直接工费、间接工费和辅助工费。

$$人工费=直接工费+辅助工费+间接工费$$

（1）直接工费。

直接工费指从事下列各项工作所需的工费：

① 按设计文件规定的工作内容所进行的各项设备的更换、修理、整修、巡养、防护等项工作及其辅助工程，如搭设（拆除）吊轨、防护网、枕木垛、便线便桥，以及拆除或恢复原有建设物及设备的工作。

② 施工现场各种工程材料的装卸、搬运、清点入库、旧料拆卸回收、分类堆码等。

③ 直接配合现场施工并在现场作业的各种装、吊、发电、运输等机具设备的使用及各种工程车辆的随乘人员工作等。

④ 在桥梁隧道及其他特殊地段时，需要增加的工时。

⑤ 从事大中型施工机械、钢轨焊接设备的操作及为保证上述设备正常运转而进行的日常检测检修工人的工作。

（2）辅助工费。

辅助工费指从事下列各项工作所需的工费：

① 直接工劳动定额之外，从事一般施工机械、动力设备、运输车辆、宿营车及其停车线、临时工棚以及附属的电力、照明、供水、采暖空调等设施的检修养护工作。

② 各种施工工具、零小配件的制作和修理，零小设施的修建及混凝土制品的加工。

③ 脱产工长、工地材料、巡守、烧水送饭、施工测量放样，基地维修、机具设备及专用车辆厂修的押送人员。

④ 后方运送施工材料的机车、轨道车、汽车等运输工具的操作人员。

$$辅助工费=直接工费×百分率$$

式中：百分率——专业大修单位施工取 15%，非专业大修单位施工取 10%。

（3）间接工费。

间接工费指因气候、春运而停工，职工参加会议及社会活动，为期一年以下的脱产学习探亲、婚丧产假、医疗期以内的病假、工伤及护理人员等所发生的费用。

$$间接工费=（直接工费+辅助工费）×百分率$$

式中：百分率——专业大修单位施工按 15%，非专业大修单位施工按 10%。

2）材料费

材料费指用于各项设备大修工程的材料费用，根据用途分为下列内容。

$$材料费=主要材料费+周转材料费+再用轨料费+零星材料费+\\钢轨焊接料费+焊缝淬火费$$

（1）主要材料费。

直接用于工程的材料费，包括按规定编列的备用及损耗数量。按大修工程用料的名称规格、数量、单价及消耗定额分项计算。

① 直发料：按实际进料价格计算，由物资部门通过招标等方式确定价格。

② 总公司管产品：按国家铁路局批准价格办理。

③ 厂发料：按铁路局规定价格计算。

④ 砂石等地方料：按铁路局核定价格计算。

（2）周转材料费。

可多次使用不能一次列销的材料。由设备单位根据大修项目进行分类核算，经铁路局审定后纳入大修预算。

（3）再用轨料费。

铁路局规定旧轨料管理计列整修管理费。计算勘测设计费时基数中应考虑新轨料费。

（4）零星材料费。

施工时需要的抬筐、工具把、麻绳、油漆防锈脂铁板、铁线钉、木板等费用，可按工程性质列为定额材料费用，不列细目。如：

铺设无缝线路：800 元/km。

铺设无缝线路前期工程：大机 900 元/km，中机（人工）1 000 元/km。

成段更换混凝土轨枕：Ⅱ型枕 600 元/km，Ⅲ型枕 800 元/km。

成组更换新道岔：低值易耗量 500 元/组。

线路中修（包括站线中修）：大机 800 元/km，中机 900 元/km。

成段更换再用轨枕：800 元/km。

（5）钢轨焊接料费。

厂内焊接 4 000 元/km，工地焊接料费 800 元/km。

（6）焊缝淬火费。

焊缝淬火费 500 元/km。

3）运杂费

运杂费指各项材料由供应点运到工地所发生的运输费、杂费、工地搬运费和其他运杂费。应与材料目录确定的供料地点或采购的交货地点及自行开采或烧制材料的堆存地点相衔接，不应重复或漏列。该项费用在施工定额中已计入的，不再计列。

运杂费=运输费+杂费+工地搬运费+其他运杂费

（1）运输费

根据不同运输方式分别进行计算。分段装运时应分别计算。

① 铁路运输按《铁路货物运价规则》的有关规定计算。计算运价的运距，以装车站算至卸车站的最短里程计。区间卸车时，里程计算至前方站。钢轨、轨枕、道岔（岔枕）、石砟、河砂路基（垫砂用）等大宗物资按整车运价率计算。按整车计算时因装车技术条件限制达不到车辆标定载重吨位时，应以实际吨数乘以欠载系数计算。钢轨欠载系数对于 50 kg/m 轨为 1.18，对 60 kg/m 轨为 1.14，石砟 36 m³/60 t，Ⅱ型枕 221 根/60 t，Ⅲ型枕（新Ⅱ型枕）184 根/60 t，道岔岔枕等其他材料的欠载系数根据实际调查确定。

② 汽车、水运等其他方式运输按当地县级以上政府物价部门的规定运价计算。

③ 材料单价为到站价时，不计运费。

（2）杂　费

装卸费、调车费及其他杂费按现行规定计算，需多次装卸的按实分别计列。

（3）工地搬运费

工地搬运费指工地范围内的材料、成品、半成品等由工地料库或堆料地点至工作地点的短途搬运，在施工操作基本运距（轨道工程 100 m，其他工程 50 m）以外的材料搬运工日及卸在基地或车站上的钢轨、轨枕分类堆码、倒货位等费用，可以根据不同工程性质制订人工定额，纳入到综合人工定额中计算工费，也可制订综合定额单价单独计算。定额已含部分不重列。

① 铺设无缝线路及前期工程：10 工日/km。

② 成段更换混凝土轨枕：Ⅱ型混凝土轨枕 20 工日/km，Ⅲ型混凝土轨枕 30 工日/km。

③ 成组更换新道岔：普通道岔 5 工日/组，TS 固定型道岔 20 工日/组，TS 可动心轨道岔 30 工日/组。

④ 成段更换再用轨：10 工日/km。

⑤ 线路中修（站线中修）：8 工日/km。

（4）其他运杂费。

① 定额外材料运杂费根据现场实际情况分析计列（含再用轨及再用混凝土枕运杂）。

② 路用车使用费、长钢轨运输车运费及空车挂运费，按《铁路货物运价规则》及铁路局集团有限公司相关规定计列。

4）机械使用费

机械使用费，指各项大修工程在施工过程中使用机械设备所发生的人工费以外的费用。它包括基本折旧费、大修理费、养护维修费、燃料动力费（柴油、汽油、电力、煤、水等）、养路费、牌照税及其他费用。机械使用费可分为大中型专用机械使用费、一般施工机械使用费、机车车辆及施工机械租用费等。施工机械的折旧费、大修理费由铁路局统一考虑，不纳入预算。

$$机械使用费 = 大中型专用机械使用费 + 一般施工机械使用费 +$$
$$机车车辆使用费 + 施工机械租用费$$

（1）大中型专用机械使用费。

大型养路机械（捣固车、清筛机、动力稳定车、道床配砟整形车）、中型清筛机、钢轨接触焊机（包括配套机械设备）、移动气压焊机（配套设备）、道岔更换专用机械等使用费按消耗定额计列。

（2）一般施工机械使用费。

一般施工机械使用费主要包括工地运送材料和施工人员的重型轨道车、汽车发电机组、长轨应力拉伸机、小型液压捣固机等。其使用费可按人工费的 2% 计列。

（3）机车车辆使用费。

机车使用费，指施工中必须使用机车配合作业所发生的费用，按照机车运营成本计算，其费用包括乘务员工资、奖金、机车使用期间的燃料、油脂消耗等。机车厂修、折旧一律不计入机车使用费。费用标准由铁路局核定发布并计入预算。车辆使用费，指根据《铁路货物运价规则》计取的费用及长轨车、宿营车日常使用维护费，按工费的 2% 计入预算。

（4）施工机械租用费。

施工需要租用施工机械时，按规定租费标准和设计台班数经铁路局主管部门核准后列入预算。

5）其他直接费

其他直接费，指预算定额未包括而应属于直接工程费范围内的其他费用。除行车干扰增加费外，按直接费的百分率计列。

$$其他直接费 = 冬期、雨期、夜间、高温施工增加费 + 行车干扰增加费 +$$
$$路基栅栏整修及其他费用 + 焊接质量检验费$$

（1）冬期施工增加费。

冬期施工增加费，指在冬期施工，由于防寒措施以及人工、机械工作效率降低等因素所增加的费用。

① 线路新轨大修、铺设无缝线路、成段更换轨枕、成组更换道岔及岔枕的冬期施工增加费：直接费 × 0.06%。

② 铺设无缝线路前期工程的冬期施工增加费：直接费 × 0.6%。

（2）雨期施工增加费。

雨期施工增加费，指在雨期施工，由于防雨措施以及人工、机械工作效率降低等因素所增加的费用。

① 线路换新轨大修、铺设无缝线路、成段更换轨枕、成组更换道岔及岔枕的雨季施工增加费：直接费 × 0.035%。

② 铺设无缝线路前期工程的雨季施工增加费：直接费 × 0.35%。

（3）夜间施工增加费。

夜间施工增加费，指线路大修天窗安排在夜间，由于人工、机械作业效率降低及夜间施工照明和防护措施等因素所增加的费用。实际发生时列入预算。

① 线路换新轨大修、铺设无缝线路、成组更换道岔及岔枕的夜间施工增加费：直接费 × 1.5%。

② 铺设无缝线路前期工程的夜间施工增加费：直接费 × 3.5%

③ 成段更换轨枕的夜间施工增加费：直接费 × 1.5%。

（4）行车干扰增加费。

行车干扰增加费，指因邻线行车干扰达不到线路大修施工定额要求，降低作业效率所损失的工费。符合下列条件之一者计列行车干扰费（具备两个及以上条件时不重列）：

① 在行车线上或在其中心平距 5 m 的邻线上施工。

② 在与行车线的线间距等于或小于 5 m 的邻线上施工。

③ 在车站内正线和到发线范围内各股道间施工。

④ 平面跨越行车线搬运材料或运弃土石。

为简化计算，行车干扰增加费按工费的百分率计列。百分率的取值见表 9.1。

表 9.1　线路大修施工行车干扰系数表

每昼夜行车对数	18及以下	19~36				37~60				61及以上			
行车速度/（km/h）	120及以下	120及以下	120~140	141~160	161~200	120及以下	121~140	141~160	161~20	120及以下	121~140	141~160	161~200
行车干扰系数/%	1.5	3	3.5	4	4.5	4.5	5	5.5	6	6	6.5	7	7.5

（5）高温季节施工增加费。

高温季节施工增加费，指夏季施工天窗时间在 10:00 ~ 16:00，由于人工、机械施工效率降低增加的费用。按全年施工情况综合计列。

① 线路换新轨大修、铺设无缝线路、成段更换轨枕、成组更换道岔及岔枕的高温施工增加费：直接费 × 0.06%。

② 铺设无缝线路前期的高温施工增加费：直接费 × 0.6%。

（6）路基栅栏整修费及其他费用。

路基栅栏整修费及其他费用，指线路大修地段的路肩整修（列入定额的不计），排水系统的整修、疏通清理，以及道口养路机械化平台、栅栏修补、桥梁栏杆油漆等零星工程费，大修施工污土外运费用。该项费用据设计调查计列，定额中已含部分不得重列。

（7）焊接质量检验费。

正常情况下的焊接质量检验费用列于其他直接费，轨型焊轨设备变化时的型式检验，根据实际发生在其他工程费中计列。正常情况下的焊接质量检验费用列于其他直接费按 500 元/km 计列。

2. 间接费

间接费分为施工管理费、工资附加费、宿营车大修费、基地建设费、工地调遣及临时工程费等。预算中计列施工管理费、工资附加费、工地调遣及临时工程费等。

间接费＝施工管理费＋工资附加费＋工地调遣费＋临时工程费

（1）施工管理费。

施工管理费指施工单位组织和管理施工所发生的全部行政管理费用。包括以下几部分：

① 管理人员和服务人员（政工、行政、保卫技术、生活服务人员等）及由施工管理费项目开支的其他人员的基本工资、企业工资、工龄工资及工资性质的各种津贴和奖金。

② 按照上级规定发放的劳动保护用品的购置和修理费、体检保健费、防暑降温及采暖费、卫生费、安全技术设施费等。

③ 职工出差、调转的差旅费、住宿费、市内交通补贴、探亲路费，行管部门使用的交通工具燃料、油脂、养路牌照、过桥过路及保养维修费等。

④ 办公用的文具、纸张、图书、报刊、通信、水电、空调采暖、燃料、家具备用品的购置、修理等费用。

⑤ 行管生活部门管理的低值易耗品，如办公用品、家具、交通工具、通信工具、检测用具、测绘用具及其备品的购置和维修费。

⑥ 施工单位自行管理和使用的属于固定资产的房屋、设施、仪器仪表（施工机械除外）等的养护维修费。固定资产的大修理费及折旧由铁路局统筹考虑，不含在预算中。

⑦ 施工单位进行革新和研究实验，对主要工程材料进行例行随机抽检、鉴定，对各种计量器具和标准器进行鉴定等项费用。

⑧ 政工宣传、计划生育需要支出的费用。

⑨ 环保、绿化、卫生、治安、警卫消防、社会办学民办活动业务招待、事故损失等需要行政开支的费用。

施工管理费按人工费的百分率计列，即

施工管理费＝人工费×百分率

其中，专业大修单位施工线路大中修按预算工费的 80% 计列，非专业大修单位施工线路大中修按预算工费的 40% 计列。

（2）工资附加费。

专业大修单位根据规定，按职工工资总额提取的 6% 福利费、2% 工会经费、1.5% 职工教育费、20% 职工基本养老保险金、8% 基本医疗保险金、2% 补充医疗保险金、2% 失业保险金、0.8%

工伤保险金、7%住房公积金等规定费用，该费用按人工费的49.3%计入预算。非专业大修单位工资附加费不计。即

$$工资附加费＝人工费×百分率$$

（3）宿营车大修费。

大修职工的宿营车更新购置费用及宿营车轴检、辅修、段修费用由铁路局统筹考虑，不计入预算。

（4）基地建设费。

大修施工需设有足够的股道用于轨排的组新拆旧、材料存放、工程列车编组、停放、调车等作业，这些股道的修建费及职工生活、文体活动场地的修建费为基地建设费，基地建设费用由铁路局按计划权限审批，不列入预算。

（5）工地调遣费。

工地调遣费指转移工地所耽误的工时损失和机具什物、宿营车搬迁所发生的费用等。该项费用按直接费与施工管理费之和的百分率计算。即

$$工地调遣费＝（直接费＋施工管理费）×百分率$$

其中，铺设无缝线路、更换标准轨、更换道岔、成段换枕按 0.1%计列，线路大修清筛按0.5%计列。

（6）临时工程费。

临时工程费，指施工单位进行施工所必须修建的生产和生活用的临时建筑物、构筑物和其他临时设施所发生的费用。包括临时搭建的生产生活用房屋费，临时给排水、通电、通信、生活照明、便线、便桥及临时道路的修建及养护费，租地、拆迁、补偿费及其他为施工准备、组织生产管理所必需的临时性费用。该项费用按照直接费的百分率计列。即

$$临时工程费＝直接费×百分率$$

其中，专业大修施工单位铺设无缝线路、更换标准轨、更换道岔、成段换枕按0.5%计列，线路大修清筛按2%计列，由施工单位包干使用。非专业大修施工单位按照直接费的0.4%列入预算包干使用。

3. 其他工程费

$$其他工程费＝小型机具购置费＋特殊工程检算设计咨询费＋特殊试验费＋$$
$$施工配合费＋环保及青苗补偿费$$

（1）小型机具购置费

小型机具购置费为大修生产需要购置的不构成固定资产的小型机具购置费按直接费的比例计取。无缝线路前期工程、铺设无缝线路、更换标准轨、更换道岔、成段换轨预算可按直接费的 0.3%计取。

（2）特殊工程检算设计咨询费。

根据铁路局核定的标准计列，或由设计单位提出申请，经铁路局主管部门审查批准，按批准额度列入预算。

（3）特殊试验费。

轨型、焊轨设备变化时的型式检验及特殊的一次性的试验费，由发生单位提出申请，列出明细，经铁路局主管部门审查批准，按批准额度列入预算。

（4）施工配合费。

施工配合费，指大修工程施工中必须由其他部门配合时，引起实物工作量增加而发生的费用。线路大修施工需其他单位配合时，根据线路设备大修设计要求、需配合的工程数量和铁路局的有关规定列入该工程预算中。

（5）环保及青苗补偿费。

环保及青苗补偿费，指大修施工时损坏的青苗补偿，施工对当地环境污染引起的环境保护补偿费。青苗补偿费及环境保护补偿费在大修施工中应尽量避免，发生之前必须经铁路局主管部门批准后方能列入预算。

4. 勘测设计费

勘测设计费，指按规定提取的支付给设计单位的费用。勘测设计费由直接工程费、间接费之和的百分率计算。局管内的计划大修项目，独立大修设计单位按 1%～2%计列勘测设计费。

$$勘测设计费=（直接工程费+间接费）×百分率$$

5. 预备费

预备费，指在设计时不可预见而在施工中必须增加的工程费用。包括材料价格和工资的价差、设计和施工计划的变更（非施工单位责任）而引起的废弃工程和新增工作量等。预备费按直接工程费、间接费之和的 1%计列，由铁路局主管部门掌握使用。

$$预备费=（直接工程费+间接费）×百分率$$

6. 预算总额

$$预算总额=直接工程费+间接费+其他工程费+勘测设计费+预备费$$

9.2.2　其他几个问题的规定

1. 使用机车

线路大修使用的机车，属运营性质，不应以出租机车办理，但需缴纳机车使用费。缴费标准按机车运营成本计算，其费用包括乘务员工资、奖金、机车洗架修和使用期间发生的燃料、油脂消耗等。机车厂修费、折旧费一律不计费。

2. 重点病害审批

投资在 500 万元以上的计划任务书和概算由铁路局根据具体情况审查后，报铁路总公司批准。

3. 概（预）算审查

概预算审查要严格把关，各铁路局应该根据具体情况采取下列不同方式进行审批：

（1）由计划处组织审查，业务处会签。

（2）由业务处组织审查，计划处会签。

（3）按定额单价包干项目，由业务处审批，抄送计划处。

无论哪种方式，都必须按铁路总公司下达的计划综合单价限额控制大修成本。

任务 9.3
线路设备大修工程预算的编制

9.3.1 线路设备大修工程预算的编制原则

1. 预算编制依据

线路设备大修工程预算，应根据已批准的设计说明书、设计图表工程数量，采用先进定额及先进施工方法编制，以提高效率，降低成本，少投入，多产出。

在施工过程中，由于各种原因引起的预算总额的变动，或者更改设计标准和方案时，应由施工单位提出变更理由，报原设计单位签注意见后由原批准单位批准。

2. 预算文件的组成

大修施工预算，应包括下列文件：

（1）大修工程预算书。包括工程名称、施工地点工程总量、预算总额及预算指标等。

（2）详细预算表。包括各项直接费、间接费、其他费等。

（3）主要附件。包括直接人工计算表、材料数量计算表、运杂费计算表、工程数量汇总表、工程数量计算统计表、补充单价分析表等。

3. 预算的编制原则

（1）施工预算的编制应按线别、工程类别和施工单位分别编制，原则上以一个计划件名编制一份预算，也可根据技术分段编制分预算。如同一件名地段遇有性质不同的附属工程或是需委托其他单位配合施工的项目，可单独编列预算，汇总费用并装订在一起。如轨型、道岔型号不一致，清筛及换砟在一个件名中应分别编列。

（2）定额标准：

① 线路大中修、成段更换混凝土轨枕、成段更换钢轨、成组更换道岔及岔枕等工程项目定额标准按铁路局颁布的定额标准执行。

② 线路大中修工程中的路基土石方，有关信号、通信、电力、房建等工程项目，参照现行基建、修缮定额办理。圬工桥涵工程则参照铁路局桥梁大修现行定额执行。

③ 线路大中修中的路基和道口土方、养路机械平台、路基刷坡、清理整修、新设排水沟、修补栅栏及其他零星路基防护设施，根据调查工作量按单项定额编入预算内。工程数量大及技术性复杂的项目，应单独设计另编预算。

9.3.2 线路设备大修工程预算的编制程序

1. 线路大修工程预算的计价程序 (表 9.2)

表 9.2 线路大修工程预算计价程序

序号	名 称			计算公式	备 注
1	一、直接工程费	(一)直接费	1. 人工费 · 直接工费	直接工×工费单价	
2			辅助工费	直接工×系数×工费单价	专业大修单位、非专业大修单位费率不同
3			间接工费	（直接工+辅助工）×系数×工费单价	
4			人工费合计	序号 1~3 合计	
5			2. 材料费 · 主要材料费	材料数量×单价	
6			周转材料费	工程数量×单价	
7			零星材料费	工程数量×单价	
8			焊接料费	按规定标准计列	
9			材料费合计	序号 5~8 合计	
10			3. 运杂费 · 运费	按照现行运价规则计算	按照设计考虑亏吨系数
11			杂费	按照现行运价规则计算	按照设计考虑亏吨系数
12			工地搬运费	按照规定定额计算	
13			其他运杂费	按照规定分析计算	
14			运杂费合计	序号 10~13 合计	
15			4. 机械使用费 · 大中型专用机械使用费	按定额计算	
16			一般施工机械使用费	序号 4×百分率	
17			机车车辆使用费	按照规定标准及批准费用计列	
18			施工机械租用费	按照路局核定标准计列	
19			机械使用费合计	序号 15~18 合计	
20			直接费合计	序号 4+9+14+19	

序号	名 称		计 算 公 式	备 注
21	一、直接工程费	(二)其他直接费	1. 冬期、雨季、夜间、高温施工增加费	序号 20×系数	
22			2. 行车干扰施工增加费	序号 4×系数	
23			3. 路基栅栏整修及其他费	根据实际工程量	含污土外运等
24			4. 焊接质量检验费	按 500 元/km(实际换轨数量)	
25			5. 其他附属工程费	根据设计工程量	
26			其他直接费合计	序号 21~25 合计	
27			直接工程费合计	序号 20+26	
28	二、间接费		(一)施工管理费	序号 4×百分率	
29			(二)工资附加费	序号 4×百分率	
30			(三)工地调遣费	序号(20+28)×百分率	
31			(四)临时工程费	序号 20×百分率	
32			间接费合计	序号 28~31 合计	
33			直接工程费十间接费	序号 27+32	
34	三、其他工程费		(一)小型机具购置费	序号 20×系数	
35			(二)特殊工程检算设计咨询费	按实际发生经批准计列	
36			(三)型式检验及特殊试验费	按照实际发生经主管部门批准	
37			(四)施工配合费	按铁路局规定标准计列	
38			(五)环保及青苗补偿费	按照实际发生经主管部门批准计列	
39			其他工程费合计	序号 34~38 合计	
40	四、勘测设计费			序号 33×百分率	
41	五、预备费			序号 33×百分率	
42	六、预算总额			序号 33+39+40+41	

注：因铁路总公司没有制定统一的取费标准，各铁路局集团有限公司在工、料、机等各项费用的取值上均按各公司的情况来制定，在此，不再对此项内容作详细说明。

2. 线路大修工程预算的编制程序

（1）确定每千米工作数量。逐千米列出各项工作的工作量，最后汇总。

（2）确定人工及材料数量。根据单价分析计算各项工作所需的人工及材料数量汇总。

（3）计算工费。根据各项工作所需的人工，按直接工、辅助工、间接工等，分别计算各项工作所需的工费并汇总。

（4）计算材料费。根据各项工作所需的各种材料，按不同规格、数量、单价及损耗定额，分项计算每项材料的材料费及其质量并汇总。

（5）计算运杂费。根据各项施工所用材料，按运距运价、单价，分项计算由供应地运至工地所需的运输费、调车费、装卸费等运杂费并汇总。

（6）编制详细预算书。

思考题

9.1　线路设备大修工程预算费用由哪几大部分组成？

9.2　简述大修施工预算文件的组成。

9.3　简述线路设备大修工程预算的编制程序。

参 考 文 献

[1] 铁路工程施工组织设计规范. 中国铁路总公司企业标准, 中国铁路总公司. 2015.

[2] 铁路基本建设工程设计概（预）算编制办法（国铁科法〔2017〕30 号）. 国家铁路局, 2017.

[3] 铁路工程定额丛书. 国家铁路局, 2017.

[4] 朱永伟, 陈维英. 铁路工程施工组织及概预算[M]. 2 版. 北京：中国铁道出版社, 2019.

[5] 李明华. 铁路工程施工组织与概预算[M]. 北京：中国铁道出版社, 2018.

[6] 张向东. 铁路施工组织与管理[M]. 北京：中国铁道出版社, 2017.

[7] 向群. 铁路工程概预算[M]. 北京：中国铁道出版社, 2019.

[8] 王军龙, 林楠. 铁路施工组织与概预算[M]. 成都：西南交通大学出版社, 2017.

[9] 尚利云. 铁路工程施工组织设计[M]. 成都：西南交通大学出版社, 2012.

[10] 吴安保. 铁路工程施工组织[M]. 北京：人民交通出版社, 2009.

附录 1　实施性施工组织设计范例

附录 2　铁路工程预算定额

附录 3　铁路工程施工图预算范例

附录 4　线路大修定额应用范例

附录 5　线路大修清筛施工预算范例